KB250923

X와의 안전 이별

SLAY

X와의 안전 이별

레베카 정 지음
고영훈 옮김

THE BULLY

생각정거장

맞습니다, 뱀과 장어는 다릅니다. 나르시시스트는 사람을 닮았으되 본성이 전혀 다른, 타인의 생애를 잠식하는 침식자입니다. 우리의 고통을 와인처럼 음미하는 이 섬뜩한 포식자의 손아귀에서 벗어나 안전의 노래를 되찾고, 생존자를 넘어 승리자로 설 수 있다면, 이보다 큰 위안이 또 있을까요.

이 책은 바로 그 길을 연주합니다. 병리의 낮은 저음으로 시작된 한 편의 어두운 악보가 어떻게 독립과 분리라는 부활 대합창으로 솟아오르는지를, 한 악장씩 증언합니다. 독자는 페이지를 넘기며 단테의 심장과 심리학자의 너른 손과 협상가의 날카로운 눈동자를 차례로 빌려 쓰다가, 마침내 신의 입김이 불어넣어진 치유 오페라의 주인공으로 무대에 오르게 됩니다.

글의 연주가 이어지며, 안전한 이별을 향한 소망은 영혼의 근력으로 단단해지고, 진짜 자기의 손을 잡은 나는 도망을 넘어 맞서고 치유하는 사람으로 거듭납니다. 무력했던 한 존재가 감사라는 돌을 들어 회복의 탑을 쌓고 새 영혼으로 일어서는 길, 병리적이고 고약했던 관계가 주체적이고 힘 있는 삶으로 전조轉調되는 그 길을, 저자는 나직하되 단호한 목소리로 안내합니다.

책의 한복판을 지날 즈음, 독자는 혼란스럽던 침범의 순간을 감지하고, 겁에 질려 물러서던 발걸음을 돌려세우며, 질끈 감았던 눈을 떠 저열하고 잔인한 상대를 꿰뚫어 읽어내고, 공포의 들숨에서 안전과 치유의 마인드셋으로 조調를 옮겨 가며 날숨을 쉬는 자신을 보게 될 겁니다. 책장을 넘길 때마다 스스로를 믿는 시작점에 짜릿함을 느끼고, 나르시시스트에게 내주었던 나의 손을 나의 영혼에 올리며 나도 모르는 눈물이 흐를 겁니다, 그 평안과 기쁨 그리고 희망을 만끽하길 바랍니다. 이제 여러분만의 해방의 아리아를 시작하시기 바랍니다.

이호선

숭실사이버대학교 교수,
《이호선의 가족 상담소》 저자

긴장됐다. 당연한 일이었다.

하지만 내색할 수 없었다. 나쁜 놈들 앞에선 단 1초라도 겁먹은 얼굴을 보여선 안 된다.

내 생애 첫 인질 협상이었다. 진짜 인질이 걸린 실전 상황. 벌써 오래전 일이지만, 지금도 어제 일처럼 생생하다. 장소는 뉴욕 브루클린, 세븐스 애비뉴와 캐럴 스트리트 모퉁이에 있는 체이스맨해튼은행. 신고를 받고 몇 분 만에 그곳에 도착했다.

그때 나는 아직 신참이었다. 협상 훈련을 마친 지 겨우 1년 남짓. 그런데 눈앞엔 정말로 위험한 놈들이 있었다. 2인조였는데 한 놈은 그냥 따라다니던 공범이었고, 다른 한 놈은 보스 행세를 하려 들었다. 주범인 그놈은 머리 회전이 빠르고, 교활했다. 차갑도록 침착했고, 철저히 계산적인 놈이었다. 양심이라고는 눈곱만큼도 없었다.

그날은 자기가 무대의 주인공이라도 된 듯, 모든 걸 주도하고, 통제하고, 힘을 쥐려 했던 날이었다. 공범한테조차 계획의 전말을 전혀 알리지 않았으니까. 공범은 그냥, 한탕 하고 돈 좀 써보자는 가벼운 마음뿐이었던 것 같다.

우리가 도착했을 때는 이미 여성 직원 두 명과 남성 경비 한 명이 인질로 잡혀 있었다. 놈은 그중 한 명의 머리를 357 매그넘 권총으로 가격했고, 또 한 명에게는 총을 겨누고 방아쇠를 당기는 시늉까지 했다. 천만다행으로 총은 장전되지 않은 상태였다.

악랄했다. 그 말 외에는 달리 설명할 방법이 없었다. 이런 상황에서는 협상을 힘으로 밀어붙이면 안 된다. 그렇게 나가다가는 누군가 목숨을 잃게 된다. 인질범은 억지로 굴복시키는 게 아니라, 스스로 항복하게 만들어야 한다. 직관에 어긋나 보여도 그래야 모두가 살아남는다.

인질범을 움직이려면 극도로 정밀한 접근이 필요하다. 자존심을 건드리지 않되, 허점은 노려야 한다. 최소한 그들이 존중받고 있다고 느끼게 해야 한다.

그날 협상은 12시간 가까이 이어졌다. 결국 두 놈 모두 항복했고, 인질들은 무사히 풀려났다. 공범은 일찌감치 손들고 우리에게 협조했다. 그때부터 주범이 짜놓은 게임의 판이 무너지기 시작했다. 긴 하루를 마무리하는 드라마 같은 결말이었다.

내 경험상, 인질범과 나르시시스트는 놀라울 정도로 닮았다. 대개는 권력에 대한 과대망상에 사로잡혀 있고, 과도한 찬사를 요구하며, 타인을 수단처럼 이용한다. 다른 사람의 감정이나 욕구 따위는 관심조차 없다.

이런 인간들에겐 타협이 통하지 않는다. 협상의 접근법 자체가 달라야 한다. 그래서 나는 레베카 정의 《X와의 안전 이별SLAY the Bully: How to Negotiate with a Narcissist and Win》에 끌렸다. 협상 전문가인 그녀는, 나르시시스트의 심리를 놀랍도록 정확하게 꿰뚫고 있었다.

레베카는 슬레이SLAY[1]라는 독창적인 방식으로 이 난제를 풀어낸다. 나르시시스트의 정신 구조가 얼마나 기이하고, 때로는 악랄하고, 변덕스럽고, 심지어 광적일 수 있는지를 꿰뚫는다. 그리고 그것을 토대로 협상의 기술을 정교하게 설계해냈다. 누구든 따라 할 수 있을 만큼 간결하고 실용적인 구조다.

나르시시스트와 인질범은 주목받고 싶어 안달이 난 존재들이다. 협상 과정에서는 그들이 통제권을 쥐고 있다고 착각하게 만들어야 한다. 그래야 그들의 자존심을 건드리지 않고 협상의 주도권을 잡을 수 있다. 그런 상대에게 '그들이 틀렸고 당신이 맞다'는 것을 인정하게 만드는 시도는 헛수고일 뿐 아니라 오히려 분노를 불러일으켜 대화 자체를 깨뜨릴 수 있다. 이런 점에서 레베카의 협상 프레임은 현실적이고 강력하다.

내가 이끄는 협상 컨설팅 회사 이름은 '블랙 스완 그룹'이다. 블랙 스완(검은 백조) 이론은 '절대 일어날 것 같지 않던 일이 실제로 벌어진다'는 믿음에서 출발한다. 협상에서 블랙 스완이란, 아무도 몰랐던 결정적인 정보를 알아내 결과의 흐름을 통째로 바꾸는 한 수를 뜻한다.

---

1) 역자 주: 이 책의 원제인 **SLAY the Bully**에 맞춰 저자는 'SLAY 프레임워크'라는 이름의 해결책을 제시한다. 한국어판에서는 '안전 이별 공식'으로 소개하고자 한다.

레베카의 협상법은 그런 의미에서 협상 현장의 블랙 스완이다. 많은 이들이 나르시시스트와는 협상 자체가 불가능하다고 믿는다. 하지만 레베카는 그 불가능을 실현 가능한 전략으로 바꿔냈다. 슬레이는 상대를 이기는 방법일 뿐 아니라 당신의 사고방식을 바꾸고, 새로운 인생을 시작할 수 있는 길이기도 하다. 당신이 겪고 있는 싸움이 개인적인 일이든, 직장이나 사회 속 일이든 반드시 도움이 될 통찰을 담고 있다. 우리 모두에게 필요한 무기가 될 것이다.

요즘은 주변에 나르시시스트가 넘쳐난다. 불과 10년 전만 해도 이 단어를 듣기 힘들었는데, 이제는 하나의 전염병처럼 번지고 있다. 이 문제는 당분간 사라지지 않을 것이다.

나는 늘 말해왔다. 인생의 모든 순간, 모든 대화, 모든 인간관계는 곧 협상이다. 특히 나르시시스트와의 관계는 더욱 그렇다. 이로 인해 치러야 할 대가는 매우 클 수 있다. 감정적, 재정적, 신체적, 정신적으로까지.

이 책은 그 고통에서 빠져나와 평온한 삶으로 나아가는 첫걸음을 안내한다.

바로 지금이, 그 첫발을 내디딜 순간이다.

크리스 보스 *Chris Voss*

전 **FBI** 수석 협상가,
블랙 스완 그룹 대표,
《우리는 어떻게 마음을 움직이는가》 저자

당신을 무너뜨리는 관계를 벗어날 시간

괴롭힘은 내게 익숙하다. 안타깝게도, 아주 익숙하다. 익숙하다는 게 이렇게 아픈 일인 줄 몰랐다.

나는 1970년대 미국 교외에서 자랐다. 내 유년 시절은 그 시절 교외에서 자란 다른 아이들과 크게 다르지 않다. 그 시절 그 동네 애들처럼 나도 공립학교에 다녔다. 노란 스쿨버스를 타고 등하교했고, 급식을 먹었다. 방과 후에는 동생과 둘이서 집을 지켰다. 부모님이 맞벌이를 해서 늘 우리가 먼저 집에 도착했기 때문이다. 결국, 동생과 나는 늘 우리끼리만 시간을 보내야 했다. 집에는 TV 한 대뿐이었는데, 그나마도 채널이 네 개밖에 없었다. 그 TV로 〈브래디 번치〉와 〈길리건의 섬〉 재방송을 보고 놀았다. 우리는 식용색소 적색 2호[2]가 들어간 쿨 에이드를 마셨고, 마당에서 스프링클러 물을 맞으며 뛰놀고, 집 앞 골목에서 깡통 차기 놀이를 했다.

---

[2] 역자 주: 해당 식용색소는 1976년 미국 FDA에 의해 식품 및 화장품용 사용이 금지되었다.

하지만 나는 여느 아이들과는 분명 달랐다. 나는 중국계 혼혈이다. 워싱턴 D.C. 외곽, 버지니아 북부에 살았는데, 그 시절 그곳은 여전히 인종차별이 심했다.

내 부모님은 1960년대에 결혼했다. 하지만 당시 버지니아에서는 서로 다른 인종끼리의 결혼이 불법이었다. 엄마는 백인이었고, 아빠는 아시아계였기 때문에, 두 사람은 워싱턴 D.C.까지 가서 결혼식을 올려야 했다. 얼마 지나지 않아 미국 대법원은 '러빙 대 버지니아Loving v. Virginia 사건'에서 타 인종 간 결혼 금지법은 위헌이라는 역사적인 판결을 내렸다. 이 이야기를 꺼내는 이유는 내가 자란 그 시절 그 지역이 얼마나 보수적이고, 인종차별이 일상이었는지를 보여주고 싶어서다.

동생이 태어난 뒤, 엄마는 간호사 일을 그만두고 부동산 자격증을 땄다. 아빠는 마취과 의사로 일할 만큼 머리는 좋았지만, 부동산엔 영 소질이 없었다. 그래서 엄마가 직접 공부에 나섰다. 처음에는 단지 배우기만 할 생각이었지만, 엄마는 이내 부동산 중개인 일에 뛰어들었고 곧 자신의 회사를 차릴 만큼 성공했다. 반면 아빠는 매일 같은 시간에 집에 와서 저녁을 차려줬다. 역할만 놓고 보면 '엄마 같은' 존재였지만, 아빠는 결코 자상한 사람은 아니었다. 결과적으로 동생과 나는 대부분의 시간을 우리끼리 지내야 했다.

아빠는 아침마다 병원에 일찍 나가셨다. 우리는 스스로 일어나서 대충 아침을 챙겨 먹고, 스쿨버스를 타러 갔다. 아침은 늘 똑같았다. 시리얼에 우유를 부어 먹는 게 전부였다. 그렇게 엄마의 보살핌 없이 시간을 보내는 아이들은 엄마가 늘 집에 있는 아이들과는 이미 많이 다르다고 느낀다. 그런 데다 온통 백인뿐인 동네에서 유일한 동양계 혼혈이라면, 나 자신이 아웃사이더처럼 느껴지는 건 당연했다.

지옥의 시작점은 스쿨버스 정류장이었다.

"칭총~?"

아이들이 웃음을 터뜨렸다.

"야, 째진 눈!"

말하면서 눈을 옆으로 찢어 보였다.

"네 중간 이름 뭐더라? 킹콩 아냐?"

내 중간 이름은 '유캉Yu-Kang'이다. 우리 집안 이름이다. 아이들은 그렇게 말하며 또 웃음을 터뜨렸다. 버스가 오기 전까지, 매일이 그랬다.

나는 그나마 친구라고 느꼈던 마이마이와 함께 앉았다. 유대계였고, 나처럼 '인기 없는 애들' 무리에 속한 아이였다. 수업은 그럭저럭 괜찮았다. 문제는 쉬는 시간이었다. 그때가 되면 괴롭힘이 다시 시작되곤 했다. 이번엔 다른 아이들, 다른 집단이었다. 흑인 여자아이들이 나를 괴롭히기 시작했다. 이유는 똑같았다. 내가 중국계라는 이유였다.

지금 생각하면 흑인 아이들에게 인종차별을 당했다는 건 정말 아이러니한 일이다. 하지만 그때는 그런 생각조차 들지 않았다. 그저, 그런 일이 다시 일어나지 않기를 바랐다.

한번은 아빠가 학교에 함께 온 적이 있었다. 그날, 그중 한 아이가 말했다.

"오늘은 보디가드를 데려왔네?"

재미있게도 아빠가 중국계라는 점은 아무도 언급하지 않았다. 그저 보디가드 같다고 말했을 뿐이었다.

그 시절의 나는 되받아치겠다는 생각을 해본 적이 없다. 왜 그랬는지 지금도 모르겠다. 아마 나는 그냥 평범한 애라고 여겼기 때문이었을 거다. 잘난 구석 하나 없는, 그저 그런 아이. 게다가 운동도 정말 못했다. 인기 있는 아이들은 대부분 운동을 잘했다. 그러니 나는 '멋진 애들' 무리에 낄 수 없었다.

그래서 나는 그 괴롭힘에 어떻게 대응했을까?

아무것도 하지 않았다. 정말로, 아무것도. 그저 가만히 앉아 있었다. 아무 말도 하지 않았다. 위협, 공격을 받거나, 혹은 해를 입을 상황에 처하면 뇌가 본능적으로 반응해 우리 몸에 호르몬을 쏟아붓는다. 그러면 싸우거나Fight 도망치거나Flight 얼어붙는Freeze 이 세 가지 반응 중 하나가 튀어나오게 된다. 내 경우는 아마도 '얼어붙기'였던 것 같다.

나는 다른 아이들에게 아무 말도 하지 않았다. 선생님에게도, 부모님에게도. 아무에게도 말하지 않았다. 그냥 조용히 있었다. 파문을 일으키고 싶지 않았기 때문이다.

이건 1970년대 이야기다. 그땐 괴롭힘을 주제로 한 토크쇼도 없었다. 반反괴롭힘 정책도 없었다. 그리고 우리 엄마는 이런 이야기를 털어놓을 수 있는 사람이 아니었다. 독일 이민자 가정에서 자란 엄마는 참는 데 익숙한 사람이었다. 감정을 나누는 데엔 익숙하지 않았다. 아빠도 마찬가지였다. 좋은 아빠였지만 '감정 나누기'는 아빠의 사전에는 없는 말이었다. 아빠는 중국에서 자랐고, 내가 태어났을 땐 이미 마흔이 넘은 중년이었다.

하지만 내 안쪽, 아주 깊은 곳에는 다른 무엇이 있었다. 겉으론 평범해 보여도 나는 더 큰 무언가를 위해 태어났다는 걸 어렴풋이 느끼고 있었다. 아주 미세한 목소리였지만, 분명히 들렸다. 그건 내 영혼의 속삭임이었다. 영혼은 늘 기억하고 있다. 늘 알고 있다.

신학자 피에르 테야르 드 샤르댕Pierre Teilhard de Chardin은 말했다. "우리는 영적 체험을 하는 인간이 아니라, 인간의 체험을 하는 영적 존재다."

그런데도 괴롭힘은 내 안에 흔적을 남겼다. 육체의 기억은 지워진다 해도 흔적은 남는다. 몸은 언제나 트라우마를 함께 끌고 다닌다.

그 후 오랜 시간이 흘렀다. 나는 그 흔적을 없앴다고 생각했다. 인간으로서 해야 할 몫은 다했다고 여겼다. 치료도 받았고, 열아홉에 결혼했고, 스물두 살까지 세 아이를 낳았다. 그리고 이혼했다.

명상 수업도 들었고, 자기 계발서를 수도 없이 읽었다. 자책도 해봤고, 자기 파괴적 삶도 살아봤다. 다시 결혼했고, 아이 하나를 더 낳았다. 또 치료를 받았다. 불교 수행에도 참여했고, 랍비와 함께 카발라도 공부했다. 그리고 마흔이 가까워졌을 무렵, 나는 경력을 완전히 전환하기로 마음먹고 유능한 비즈니스 코치를 고용했다. 덕분에 단기간에 전국 상위 1% 변호사로 자리매김할 수 있었다.

삶은 괜찮았다. 베스트셀러도 두 권 썼고, 좋은 친구들로 이뤄진 든

든한 네트워크도 있었다. 괜찮은 결혼 생활, 안정적인 가정. 운동장에서 말 못하고 괴롭힘당하던 소녀는 이제 먼 과거의 잔상일 뿐이었다.

그렇게 믿었다.

그런데, 수동 공격성Passive-Aggressive[3]을 보이는 나르시시스트 사업 파트너가 내 삶에 불쑥 들어왔다.

법률 일과 별개로, 몇 년 전 나는 한 여성과 창업 프로젝트를 시작했다. 똑똑하고, 경력이 있고, 성격도 좋아 보이는 사람이었다. 하지만 겉보기와 달리 그 안에는 질투와 분노, 불안으로 가득 찬 사람이 숨어 있었다.

나는 전혀 눈치채지 못한 채 그녀의 표적이 되고 말았다. 얼마 지나지 않아, 내 안 깊은 곳에서 오래된 기억들이 들끓기 시작했다. 나는 다시 체스터브룩초등학교 운동장에 서 있는 기분이었다.

'나는 별 볼 일 없다.'

'나는 작고, 존재감도 없다.'

그때의 감정이 다시 살아났다. 사그라든 줄 알았던 감정들이 다시 타오르기 시작했다. 그 감정들은 고통스럽고, 답답하고, 미칠 것만 같았다.

이 관계가 막바지로 치달을 무렵, 나는 내 비즈니스 코치와 이야기를 나눴다. 그녀는 인간 심리와 뇌에 정통한 전문가였고, 10년 넘게 나

---

[3] 역자 주: 직접적인 공격 대신 침묵, 비꼼, 비협조 같은 간접적인 방식으로 적대감을 드러내는 행동 패턴을 뜻한다. 쉽게 말해 '조용한 폭력성'이라 할 수 있으며, 직장과 가정 내 정서적 소진을 유발하는 대표적인 심리 유형이다.

와 함께해온 사람이었다. 그녀는 내게 이렇게 말했다.

"레베카, 중요한 건 그 사람이 무슨 말을 하느냐가 아니에요. 그 말이 당신에게 어떻게 다가오느냐가 중요하죠."

정말이지, 뼈를 때리는 말이었다.

다르게 말해보자. 누군가 나한테 "너 바나나 같아"라고 한다면, 웃고 넘기지 않겠는가? 그 말에 아무 감정도 없을 것이다. 왜냐하면, 나는 내가 바나나가 아니라는 걸 아니까. 상대의 말이 우리를 흔드는 순간은, 그 말에 아주 조금이라도 진실이 섞여 있다고 느껴질 때다.

그게 바로 나의 전환점이었다. 그 순간부터 그녀의 말과 행동은 더 이상 나를 괴롭히지 않았다. 하지만 그런 깨달음을 얻기 전, 나는 그녀가 나르시시스트라는 사실을 먼저 알게 됐고, 관련 책도 수십 권 읽었다. 그러다 문득, 변호사로 일하면서도 나르시시스트들을 제대로 상대해본 적이 없었다는 걸 실감하게 됐다.

나는 수년간 자산가와 유명인들의 이혼 소송을 맡아왔고, 찬사도 정말 많이 받았다. 베스트셀러 이혼 책도 냈다. 그런데 나르시시즘에 대해서는 정말 아무것도 몰랐던 것이다.

법조계에서 '나르시시스트'라는 단어가 쓰이기 시작한 건 그리 오래되지 않았다. 예전엔 아내는 남편이 모든 걸 지배하려 든다고 말하고, 남편은 아내가 미쳤다고 말하곤 했다. 그런데 최근 몇 년 사이에 양쪽 모두가 서로를 '나르시시스트'라고 부르기 시작했다. 그 덕에 판사, 변호사, 중재자, 조정인들도 나르시시스트라는 단어를 자주 듣게 됐지만,

정작 그 의미를 제대로 아는 사람은 거의 없었다.

이 책을 읽다 보면 내 이야기도 점점 더 구체적으로 드러날 것이다. 많은 나르시시스트들은 자라서 어른이 된 학교 폭력 가해자들일 뿐이다. 이보다 더 직설적으로 말할 순 없다.

문제는 지금 이 세상에 그런 사람들이 넘쳐난다는 점이다. 전문가들에 따르면, 전 세계 인구의 최대 15%가 자기애성 성격장애Narcissistic Personality Disorder, NPD, 또는 공감 능력이 결여된 반사회성 성격장애Antisocial Personality Disorder, APD 같은 성향을 지닌 사람들이다.

지금 세계 인구는 약 80억 명, 미국은 약 3억 4,000만 명이다. 이 15%의 사람들이 평생 단 세 사람만 감정적으로 괴롭힌다고 가정해도, 전 세계에서 약 36억 명, 미국에서는 1억 5,000만 명이 그 피해자가 된다는 계산이 나온다. 이쯤 되면 왜 그렇게 많은 사람들이 그런 유형의 인간들에게 휘둘리고 상처받는다고 느끼는지 납득이 갈 것이다.

이제 진짜 문제는 이거다. 확실하게 말할 수 있다. 우리는 지금까지 나르시시스트와 대화하거나 협상하거나, 소송까지 벌일 때 완전히 잘못된 방식으로 대응해왔다.

나르시시스트는 일반 사람들과 전혀 다르게 사고한다. 그들의 뇌는 우리가 아는 방식대로 작동하지 않는다. 그러니 그들과 평범하게 대화하고, 똑같은 방식으로 협상하거나 대응하려 해봐야 결국엔 번번이 실패하고, 뼈저린 대가를 치르게 된다.

심각한 고통을 겪게 되고, 엄청난 비용을 치르게 되며, 결국엔 삶 전체, 심지어 영혼까지도 다 빨아먹히게 된다. 그리고 그 와중에, 나르시시스트는 당신의 고통을 유유히 즐긴다. 마치 영화 한 편 보듯, 아무렇지 않게.

정말이다. 이건 절대 과장이 아니다. 이건 나쁜 소식이다.

하지만, 다행히 좋은 소식도 있다.

나르시시스트는 다루기 어렵긴 해도 놀라울 정도로 예측 가능한 패턴을 지닌다. 속마음을 읽기도 생각보다 쉽다. 그 덕분에 나는 '안전 이별 공식SLAY Method®'을 고안할 수 있었다. 정확히 따라만 준다면, 이 공식은 실제로 통한다. 당신이 반드시 이길 수 있도록 설계된 방법이다. 심지어 나르시시스트가 당신에게 먼저 다가와 "우리 제발 좀 해결하자"라며 애원하는 일도 생기게 할 수 있다.

이 책을 집어 들었을 때, 당신은 아마 무력함을 느끼고 있었을 것이다. 이용당하고, 상처받고, 늘 불안하고, 늘 눈치 보며 걷고 있다고 느꼈을지도 모른다.

하지만 당신 안, 가장 깊은 곳은 알고 있다. 지금의 삶이 전부가 아니라는 걸. 당신은 원래 더 큰 삶을 위해 태어났다는 걸, 그 진짜 자아가 지금 말하고 있다.

지금 이 상황은 단지 싸워 이겨야 할 전쟁일 뿐이다. 당신의 강인함을 가늠하는 시험이다. 그 시험이 실제 재판이든, 마음속에서 벌어지는 싸움이든, 이겨내는 방법은 있다. 그걸 배우면 당신은 누구든, 무엇이든 이겨낼 수 있게 된다.

당신은 이유가 있어 이 세상에 태어났다. 당신은 빛나기 위해 존재하며, 무언가를 창조하고 세상과 나눌 수 있는 사람이다. 이제 그 길을 따라가면 된다. 이 책은 당신을 무너뜨리는 관계에서 벗어나 자신의 빛을 되찾을 수 있도록 도와줄 것이다. 나는 그 여정 끝까지 당신과 함께할 것이다.

오늘, 당신 인생을 바꿀 협상이 시작된다.

이제 안전 이별할 시간이다.

레베카 정 *Rebecca Zung*

CONTENTS

PART 1

지옥에 오신 것을
환영합니다

왜 나한테
이런 일이 일어난 거야?

지금까지 살아오면서 한 번쯤 겪었던 관계를 하나 떠올려보자. 비즈니스든, 개인적인 관계든 상관없다.

이번에 떠올릴 관계의 공통점은 이렇다. 그 사람은 처음엔 정말 매력적이었다. 말투도 부드럽고, 성격도 좋고, 모든 게 완벽해 보였다. 운명적인 만남 같았다. 비즈니스 파트너였다면, 내가 꿈꾸던 모든 역량을 갖춘 사람에 인맥까지 최고였다. 연애 상대였다면, 그냥 한마디로 완전히 빠졌을 것이다. 생각만 해도 심장이 뛰고 정신이 아찔할 정도였다. 너무 매혹적이라, 빠져드는 건 순식간이었다.

그리고 또 하나, 그 사람은 관계 초반에 나와 계속해서 소통하려 했다. 문자, 전화, 만남…… 뭐든지 그 사람은 나를 특별하게 대해줬다.

마치 지금껏 만나본 사람 중 내가 가장 멋진 사람이라도 되는 듯했다.

'세상에, 이 사람 뭐야. 왜 이제 나타난 거야?'

진심으로 그렇게 생각했을 거다.

그러고는 갑자기 관계를 빠르게 진전시키고 싶어 했다. 다시 말하지만, 비즈니스든 연애든 똑같다. 다음 단계로 얼른 가고 싶어 했다. 계약을 하자고 하거나, 같이 일하자고 하거나, 가족을 만나고 동거를 하고 결혼까지 전부 빨리 하자고 했다.

"왜 기다려? 우리 너무 잘 맞잖아. 그냥 하자, 지금!"

물론 마음속에서 뭔가 찜찜한 느낌이 있었을 수 있다. 확신이 안 들었을 수도 있다. 그런데도 그 사람은 말로 나를 이기고 행동으로 밀어붙였고, 나는 이미 빠져나올 수 없는 곳까지 와버린 거다.

그런데 그다음부터 이상한 일이 하나둘씩 벌어졌다. 말이 앞뒤가 안 맞기 시작했다. 해주겠다고 약속했던 걸 안 지키기도 하고, 예전처럼 연락이 바로 오지도 않았다. 어떤 날은 대놓고 거짓말을 하다가 들킨 적도 있을 것이다. 물론 항상 이유는 있었다. 다른 사람 때문이거나, 개인적인 사정이 있거나, 아니면 나 때문이라는 식이었다. 갑자기 문제가 '내 탓'이 되기 시작했다. 내가 너무 예민해서, 내가 너무 집착해서. 내가 문제를 만들고 있다는 식이었다.

예를 들어 그 사람이 주말에 친구들이랑 뭘 했는지 물어보거나, 비즈니스 미팅에서 어떤 부분을 다시 확인하려고 했다면 이렇게 말했을지도 모른다.

"우리 그 얘기 했잖아. 네가 동의했잖아. 기억 안 나?"

그런데 분명 그런 얘기는 없었다. 점점 헷갈리기 시작했다. '처음에 나를 휘어잡았던 그 멋진 사람은 어디로 간 걸까?'

그러다 어느 순간, 이 사람이 뒤에서 내 욕을 하고 있는 건 아닐까 싶을 정도로 불안해졌다. 의심스러운 문자나 이메일을 본 적도 있을 것이다. 그래서 그 얘기를 꺼냈는데,

"너 진짜 예민하다. 그걸 왜 그렇게 과하게 받아들이니?"

"넌 왜 이렇게 질투가 심하니?"

"네가 이상한 거야."

이런 식으로 반응했을 수도 있다.

어느 순간부터 자존감이 무너졌다. 설명할 수는 없었지만, 어딘가 이상하다는 '느낌'이 계속 들었다. 그런데 이미 너무 깊이 관계에 빠져 있어서 어떻게 해야 할지 몰랐다.

'그래도 가끔은 좋은 사람이잖아'라고 나도 모르게 그렇게 믿으려 했고, 나 자신을 의심하게 되었다. '이 사람이 문제인 건가, 아니면 내가 이상한 건가?' 밤에 자다 깨서 생각하고, 아침에 눈을 뜨자마자 생각하고, 양치하면서도 생각하게 된다. 그 관계가 머릿속을 잠식해버린 것이다.

심하면 피해망상처럼 느껴졌을 수도 있다. 미쳐가는 기분이었다. 왜냐하면 다른 사람들은 그 사람을 너무 괜찮은 사람이라고 생각했기 때문이다. 그래서 더더욱 헷갈렸다. '내가 잘못된 걸까?'

어느 순간, 그 사람이 내 영혼을 조금씩 갉아먹고 있다는 느낌이 들었을 것이다. 정말 천천히, 그러나 확실하게 내 삶의 에너지가 빠져나가고 있었다.

혹시 이런 관계를 겪어본 적이 있다면, 그건 나르시시스트와의 관계였을 가능성이 높다. 나도 겪어봤다.

지옥 클럽Hell Club에 온 걸 환영한다.

먼저, 그 지옥 같은 관계에서 벗어난 사람들에게 경의를 표한다. 정말 대단한 용기가 필요했을 거다. 아마 인생에서 가장 힘든 일이었을지도 모른다.

그리고 두 번째. 나는 지금 나르시시스트와 협상하는 법을 알려주는 변호사다. 맞다. 억만장자도 상대해봤고, 유명 인사도 맡아봤다. 그런 사람들과 일하면서 나르시시스트를 정말 많이 봤다. 그들과 협상하는 법도 익혔다. 이건 팩트다. 진심이다. 더도 말고 덜도 말고. 그런데 그게 전부는 아니다. 내가 왜 유튜브에 나르시시스트 관련 영상을 올리고, 협상 교육을 하고, 책을 쓰게 됐는지, 진짜 이유는 그게 아니다.

2년 전쯤, 그냥 일반적인 협상 관련 유튜브 영상을 만들기 시작했을 때의 이야기다. 당시에는 한 영상당 조회수가 고작 30회, 많아야 35회 정도였다. 그마저도 우리 엄마랑 엄마 교회 친구들이 눌러줬을 거다.

그러다 어느 날, '나르시시스트와 협상하는 법'이라는 주제로 영상을 하나 올렸다. 그런데 그 영상 하나가, 갑자기 700뷰 가까이 나왔다!

이제 고민에 빠졌다. 유튜브에서 조회수를 높이려면, 결국 나르시시즘 관련 콘텐츠를 더 만들어야 했다. 남편한테 거실에서 털어놓은 기억이 있다.

"나 진짜…… 나르시시즘 여왕으로 기억되고 싶진 않아."

그랬더니 남편이 이렇게 말했다.

"그냥 해. 반응 좋잖아."

그래서 시작한 거다. 하나 더 만들고, 또 하나 더. 그러다 또 하나 더. 그렇게 시작했을 뿐이다. 그리고 나는 알게 되었다. 왜 내가 이토록 진심으로 '나르시시스트와 협상하는 법'을 말할 수 있는지.

프롤로그에서도 언급했지만, 몇 년 전 내 법률 사무소와는 별개로 나르시시스트와 비즈니스 프로젝트를 함께한 일이 있었다. 그 비즈니스 파트너십은 내게 엄청난 불안을 안겨줬다. 정말 정신적으로 완전히 무너질 뻔했다. 그때부터 나르시시즘에 관한 책이라면 닥치는 대로 읽기 시작했고, 영상도 수천 시간은 본 것 같다. 그야말로 광적으로 파고들었다.

사실, 협상에 관해서는 이미 전국을 다니며 강연했고, 미국변호사협회에서 기조연설도 했다. 거의 20년 가까이 협상 교육과 강의를 해왔고, 《나를 잃지 않는 협상 Negotiate Like You M.A.T.T.E.R.》이라는 책도 썼다. 그 책 추천사는 O. J. 심슨 사건의 변호인으로 유명한 로버트 샤피로 Robert Shapiro 가 직접 써줬다.

그러니 협상 전문가라고 자부하고 있었던 거다. 하지만 솔직히, 나르시시스트에 대해서는 진짜 아무것도 몰랐다. 완전 무지 그 자체였다.

실제로 나르시시스트와 개인적인 관계를 맺고, 그 지옥 같은 상황에 휘말려보기 전까지는 이 주제에 대해 본격적으로 공부한 적이 없었다.

나도 처음엔 나르시시스트가 어떤 사람인지 안다고 생각했다. 변호사로서 수많은 협상과 조정을 진행했고, 상대방이든 의뢰인이든 나르시시즘 성향을 가진 사람도 많이 상대해봤다. 그들과 협상도 하고, 소통도 나름 잘해왔다고 믿었다. 그런데 실제로 그들의 심리를 깊이 파고들고 나서야 깨달았다. 전혀 아니었다는 걸.

그 후로는 아예 책을 파고들고, 영상을 뒤지고, 공부에 매달렸다. 처음엔 오로지 나 자신을 위해서였다. 그냥 알고 싶었다. 그러다 어느 날, 번쩍하고 깨달음이 왔다. 그때도 난 여전히 법률 업무를 하고 있었는데, 문득 이런 생각이 들었다.

'지금 내가 배우는 걸 내 사건에 적용해볼 수 있지 않을까?'

'혹시 이 나르시시스트들을 진짜 변화시키는 게 가능하지 않을까?'

유레카! 마치 내가 페니실린이라도 발견한 것 같았다. 정말로. 그때부터 막혀 있던 사건들이 하나둘 풀리기 시작했다. 그런데 코로나19가 터져서 한동안 법률 업무를 할 수 없게 되었다. 그래서 유튜브에 집중하게 된 거다.

그때부터 본격적으로 '나르시시스트와 협상하는 법' 콘텐츠를 만들기 시작했다. 이 주제에 대한 자료는 너무 부족했고, 사람들은 절실하게 정보를 원하고 있었다. 그리고 2년이 조금 지난 2023년, 내 유튜브 조회수는 2,500만 뷰를 넘겼고, 나는 '나르시시스트와의 협상 전략 프로그램SLAY Your Negotiation with a Narcissist '을 전 세계 수천 명에게 판매했다. 거의 모든 대륙, 모든 나라, 미국의 모든 주에 있는 사람들에게.

왜일까? 단지 정보가 필요해서? 물론 그 이유도 있다. 하지만 더 중요한 이유는 따로 있다. 사람들은 안다. 나도 그 고통을 겪어봤다는 걸.

이 책에서 안전 이별 공식을 설명하면서 그 나르시시스트 사업 파트너와의 이야기도 더 자세히 나누겠지만, 지금 이 순간에 내가 꼭 하고 싶은 말이 하나 있다.

나는 믿는다. 지금 내가 이 일을 하게 된 건, 내 인생의 모든 일이 결국 이 길로 나를 이끌었기 때문이라고.

그 사람과 엮인 후 밤마다 미쳐버릴 것 같은 불안에 뒤척이고, 아침엔 그 생각으로 눈을 뜨고, 양치하면서도 불안에 휩싸였던 그 시간들. 가슴이 답답하고 속이 메스껍고 숨을 쉴 수 없을 것 같았던 순간들. 사실 처음엔 이 얘기를 공개하고 싶지 않았다. 나는 강해야 했으니까. 나는 센 변호사여야 했으니까.

속으로는 이렇게 생각했다. '아니, 이런 일이 왜 나한테 일어난 거야?'

그런데 어느 순간, 그 질문을 바꿔야 한다는 걸 깨달았다. '왜 나한테 이런 일이 생겼을까?'가 아니라, '왜 이런 일이 나를 위해 생긴 걸까?'라고.

그때부터 난 죄책감도, 수치심도 내려놓고, 그냥 말하기로 했다. 진짜 이야기를 해야 했다. 남을 위해서가 아니라, 나 자신을 위해서. 그렇게 말하고 나서야 비로소 알게 됐다. 어쩌면 내 인생에 일어난 모든 일이 지금 내가 하는 일을 위해 있었던 거라는 사실을.

웨인 다이어Wayne Dyer는 이렇게 말했다.

"세상을 바라보는 방식을 바꾸면, 바라보는 세상이 달라진다."

이제는 믿는다. 나는 창조주에게 선택받은 목소리라는 것을. 나는 단지 그 메시지를 전달하는 사람일 뿐이다.

아직까지도 솔직히 이 일이 내게 일어난 게 '잘된 일'이라고까지는 말하지 못하겠다. 그만큼 끔찍했으니까. 하지만 지금은 그 일에 감사하려고 노력한다. 이유가 있어서 일어난 일이라 믿기 때문이다.

이제 내게는 사명이 있다. 모든 사람이 독이 되는 관계와 상황에서 벗어나, 자기 인생을 되찾을 수 있도록 돕는 것. 그게 지금 내가 하는 일이다.

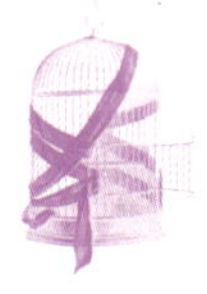

나르시시스트,
말이나 통할까?

파트 2에서 훨씬 깊이 다루겠지만, 여기서는 먼저 간단히 그들이 어떤 유형인지 감을 잡아보자. 완전히, 속까지 텅 빈 사람을 떠올려보면 된다. 내가 자주 하는 말인데, 나르시시스트는 마치 속이 빈 달걀모양 초콜릿 같다. 겉은 그럴듯해 보여도, 안에는 아무것도 없다. 나르시시스트는 자기 안에 아무런 가치가 없다고 느낀다. 모든 인간은 본래 존엄한 존재이지만, 이들은 내면의 가치를 느끼지 못한다. 그래서 살아남기 위해 끊임없이 바깥에서 인정과 칭찬을 끌어와야 한다.

항상 생존 모드인 셈이다. 마치 숨이 막힌 사람처럼, 숨통을 틔워줄 무언가를 끊임없이 찾아다닌다. 그러니 남을 제대로 볼 수조차 없다. 감정도 느끼지 못한다. 이게 바로 나르시시스트에게 공감 능력이 없는 이유다. 눈사태로 산에 고립됐다고 상상해보자. 당신은 누군가와 함께 갇혀 있고, 먹을 건 단 하나의 단백질 바뿐이다. 둘 다 굶주린 상태이니 그 하나를 놓고 다투게 될 거다. 살아남으려면 어쩔 수 없다. 나르시시스트는 항상 이 상태다. 그래서 상대방의 감정을 헤아릴 여유가 없다.

그들의 내면은 블랙홀처럼 공허하다. 그래서 당신이 그걸 채워주길 바란다. 어쩌면 당신도 그렇게 해주고 싶었을지 모른다. 하지만 결코 채워지지 않는다. 왜냐하면 이들은 진짜 사랑을 받을 수 없는 상태이기 때문이다. 자기혐오가 뿌리 깊고, 자존감 또한 결여되어 있다.

그래서 나르시시스트와 관계를 맺고 있으면, 나는 지치고 소모됐는데도 그들은 여전히 굶주려 있다. 언제나. 계속. 반복이다. 마치 잘못 꽂힌 링거가 몸속 생기를 조금씩 빨아들이는 것처럼. 에너지가 줄줄 새어나가는 느낌이다. 이건 쉽게 고칠 수 없다. 절대로.

이건 결핍 사고Scarcity Mindset, 즉 부족함에 갇힌 사고방식이다. 그것도 극단적인 형태의.

정말 나르시시스트와 협상이 가능할까? 시도할 의미가 있을까?

사실 '나르시시스트'라는 단어만 들어도 몸서리치는 사람이 많다. 이쯤에서 이 책 부제(원제)를 다시 보자. 나르시시스트와 협상하고 이기는 법. 어딘가 앞뒤가 안 맞는 느낌이 들 수도 있다. '엥, 뭐라고? 나르시시스트랑은 원래 협상이 안 되는 거 아닌가? 애초에 시도할 가치도 없지 않나?'라는 반응 말이다. 하지만 나는 이렇게 말하고 싶다. 충분히 해볼 만한 가치가 있다. 사실은 나르시시스트 쪽이 '당신'을 훨씬 더 무서워하고 있으니까.

나는 20년 넘게 나르시시스트를 대리하거나, 그들의 반대편에 서서 소송을 진행하거나, 고객으로 만나거나, 심지어 사적으로도 겪으며 살아왔다. 그 과정에서 나르시시스트의의 심리를 누구보다 깊이 이해하게 되었고, 그 이해를 바탕으로 원하는 것을 얻어내는 협상 프레임워크를 만들게 됐다.

대부분의 사람들은 이렇게 말한다. 나르시시스트와의 협상은 시간 낭비라고. 절대 이길 수 없다고.

하지만 나는 다르게 말한다. 당신도 이길 수 있다. 올바른 협상 프레임워크와 나르시시스트의 사고방식에 대한 정확한 이해만 있다면 충분히 이길 수 있다. 매번, 어떤 상황이라도.

나르시시스트가 만들어내는 드라마, 트라우마, 혼란. 나도 직접 겪어봤다. 이 책에서는 내가 만든 협상 프레임워크를 소개할 것이다. 이 프레임워크를 통해 당신은 대화를 바꾸고, 판을 바꾸고, 권력의 역학 관계를 바꾸는 법을 알게 될 것이다. 이를 통해 인생 전반에서 더 당당하고 강한 사람이 될 수 있다.

내 경험은 법률 분야에 뿌리를 두고 있지만, 이 책은 일상에서 독이 되는 사람들을 다루는 데 도움이 되도록 썼다. 가족, 직장 내 괴롭힘을 일삼는 직장 동료, 독한 이웃, 무서운 상사나 고객, 또라이 전 애인이나 공동 양육자⋯⋯ 어떤 상황이든, 상대가 누구든 협상에서 우위를 점하고 싶다면, 이 책은 당신을 위한 책이다.

이 프레임워크는 어디든 적용된다. 국적 불문 언어 불문, 상대가 사람이기만 하면 된다.

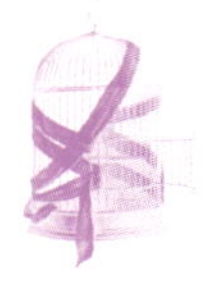

안전 이별:
나르시시스트를 이기는 공식

나르시시스트는 당신을 들쑤시고, 조종하고, 괴로워하는 모습을 보며 쾌감을 느낀다. 그러니 보통 사람 다루듯 이들과 협상하려 들면, 반드시 실패하게 된다. 무조건이다.

그래서 프레임워크가 꼭 필요하다. 이게 유일한 방법이다. 수년간 나르시시스트에게 눌려 지내며 두려움에 마비돼 있던 내 의뢰인들도 이 프레임워크를 생명줄처럼 붙잡고 불과 몇 주 만에 판을 뒤집어버렸다. 진짜 믿기 힘든 변화였다. '나르시시스트와의 협상에서 이기는 안전 이별 공식'은 이 책 전반에 걸쳐 자세히 다룰 테지만, 여기서는 간단히 개요를 살펴보자.

'안'은 안전 이별을 위한 전략 Strategy**을 뜻한다.** 여기서 '초강력 전략을 세우게 된다. 협상 전체를 아우르는 프레임이자 나침반 역할을 한다. 자동차 내비게이션처럼, 목표부터 설정해야 길이 보인다. 먼저 협상의 비전을 만들고 구체적인 실행 단계와 조사 항목을 정한다. 그런데 나르시시스트를 상대할 땐 방어하느라 정신이 팔려, 정작 내가 협상에서 뭘 원하는지조차 잊어버리기 쉽다. 뒤집힌 거북이처럼 꼼짝 못 하게 된다. 원하는 게 뭔지 모르면, 당연히 얻을 수도 없다. 이 프레임워크는 몇 가지 단계를 따라가며 진행된다. 그리고 바로 여기서부터 당신은 상황을 뒤집을 수 있다. 더 이상 이용당하고, 마비되고, 짓밟히지 않게 된다.

'전'은 전황을 뒤집을 협상 카드 Leverage**다.** 여기서 당신은 상대의 속성을 제대로 이해하고, 평화로운 합의로 이끌 동기와 유인책을 만든다. 나르시시스트는 건강한 사람들과 다르게 움직이고 다르게 생각한다. 그러니까, 일반인과 협상하듯 접근하면 절대 안 된다. 협상 전략을 똑똑하게 세운 다음, 협상 카드를 제시하면 나르시시스트가 도리어 해결을 애원하게 만들 수 있다.

'이'는 이면까지 꿰뚫는 상황 예측 Anticipate**이다.** 나르시시스트의 행동, 주장, 동기를 미리 내다보는 것이다. 이 파트에서는 상대가 어떤 유형의 나르시시스트인지, 협상에서 어떤 식으로 움직이는지 예측할 수 있게 된다. 유형마다 양상이 판이하게 다르다. 그리고 이 파트에서는 대응하는 법, 감정을 다스리는 법, 유혹에 휘말리지 않는 법까지 알려준다. 그들이 던지는 미끼에 걸리지 않고, 진흙탕에 끌려 들어가지 않게 된다. 나르시시스트가 펼칠 수 있는 술책을 미리 파악해, 시작도 못하게 막을 수 있다.

'별'은 별것 아닌 것처럼 털어내는 당신_{You}과 당신의 입장이다. 이 파트는 크게 두 가지로 나뉜다. 첫째는 '전술'이다. 당신은 공격적으로 생각해야 한다. 훌륭한 미식축구팀은 수비만으로 이기지 않는다. 야구도 마찬가지다. 좋은 수비력을 지닌 외야수만으론 안 된다. 점수를 내는 건 공격 이닝이다. 홈런을 치는 타자 덕분에 이기는 것이다. 다시 말해, 강력한 공격 전술이 필요하다(이건 뒤에서 자세히 설명하겠다).

둘째는 '마인드셋'이다. 마음가짐이 전부다. 승부는 90%가 방 안에 들어가기 전에 결정된다. 스스로 이길 수 있다고 믿지 않으면, 아무도 도와줄 수 없다. '나는 늘 당하기만 하는 사람'이라는 생각을 바꾸지 않으면, 이 책은 당신과 맞지 않는다. 그냥 책을 덮으면 된다. 하지만 '정말 가능할지도 몰라', '믿고 싶어'라는 마음이 단 1%라도 있다면, 바로 거기서 시작하면 된다. 이 파트에서는 당신의 생각을 바꾸는 훈련을 함께 해나갈 것이다.

지옥에서 벗어나기

나르시시스트와 사업 파트너로 일했던 건 내 인생에서 가장 끔찍하고 참혹한 경험 중 하나다. 내가 빠져나가려 하자, 그 사람은 상황을 말도 안 되게 꼬아버렸다.

이건 다음 파트에서 좀 더 자세히 얘기하겠지만, 분명한 사실은 하나다. 나르시시스트와의 관계를 계속 유지하는 건 정말로 옳은 선택지가 아니라는 것이다. 그들은 보통 변하지 않는다. 나와 함께 일했던 파트너도 내가 거리를 두는 걸 눈치채자 한때는 나아지려는 척했지만, 내가 확실히 마음을 접은 걸 알게 되자 상상 이상으로 더 악랄해졌다. 오히려 이건 내 결정이 옳았음을 확인시켜주는 계기가 됐지만, 상황을 덜 힘들게 해주진 않았다. 핵심은, 그 사람이 진짜로 '변한' 건 아니었다는 점이다.

나는 여러 정신과 의사와 심리학자들을 인터뷰했다. 그들 대부분은 나르시시스트는 거의 변하지 않는다고 말한다. 아예 이런 사람들을 치료하지 않겠다고 말한 전문가도 있었다. 회복이 불가능하다는 것이다.

나르시시스트를 치료하기 어려운 건 성향 그 자체의 문제다. 이들은 자신의 결함이나 약점을 돌아보려 하지 않는다. 나르시시스트에게 비판은 마치 뱀파이어에게 햇빛처럼 치명적이다. 적어도 그들 입장에서는 치명적이라고 느끼기 때문이다. 그러니까 절대 받아들이지 않는다.

나는 영화 〈오즈의 마법사〉를 좋아했다. 지금 돌아보면, 오즈는 나르시시스트와 닮은 점이 많다. 커튼 뒤에 숨은 그는 사실 겁 많고 초라한 작은 남자였다. 도로시와 허수아비, 양철 나무꾼, 겁쟁이 사자는 그가 모든 걸 알고 있고, 모든 걸 줄 수 있는 존재라 믿었지만, 결국 그들은 자신 안에서 답을 찾아야 한다는 사실을 깨닫는다. 영화 마지막에 도로시는 신고 있던 빨간 구두 뒷굽을 톡톡톡 맞부딪혀 집으로 돌아간다. 자신의 본모습, 진짜 나로 돌아가는 것이다.

안전 이별 공식은 그 커튼을 확 젖히거나, 그렇게 하겠다고 위협함으로써 나르시시스트를 드러나게 만든다. 그와 동시에 당신은 용기, 마음, 나 자신을 되찾게 된다. 정말 멋진 일이다. 이제 그 여정을 함께 시작해보자. 파트 2에서는 지금 당신의 영혼이 왜 비명을 지르고 있는지, 그리고 우리가 어떻게 구원의 동아줄을 던져줄 수 있는지 깊이 파고들 것이다.

준비됐나? 좋다. 이제 구두의 뒷굽을 톡톡톡 맞부딪히며 파티를 시작하자!

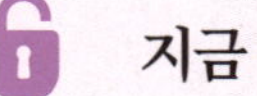

지금 당장 실천 가능한 안전 이별 공식

1. 멈추자
- 스스로를 탓하기
- 죄책감에 빠지기
- 나르시시스트와 진흙탕 싸움 벌이기
- 나르시시스트의 자극에 반응하기

2. 시작하자
- '3C'를 깨닫기 : 당신이 이 상황을 초래Cause한 게 아니다. 여기서 말하는 '이 상황'은 나르시시스트와의 관계, 그 사람이 당신에게 한 모든 행동, 그리고 그 사람이 당신을 대하는 방식 전반을 뜻한다. 당신은 이 상황도 통제Control할 수 없고, 그 사람 자체도 통제Control할 수 없다.
- 지금 이 책을 집어 든 건, 결코 우연이 아니라는 걸 알기
- 가장 고통스러운 순간 너머에, 가장 빛나는 내가 있다는 걸 믿기

오늘의 주문

오늘은 '내 인생 최고의 협상'을 시작하기 딱 좋은 날이다.
(아니면, 당신 마음에 더 와닿는 문장을 직접 만들어봐도 좋다.)

당신의 영혼이
지르는 비명

"고양이를 한 바퀴 휘두르기만 해도
나르시시스트 하나는 꼭 맞는다니까요."

−브레네 브라운 *Brené Brown*

탈출해야 한다는 절박함

"이제 이 결혼을 끝내든, 내 인생을 끝내든 해야겠어요."

그녀는 조용히 말했다. 겉보기에는 멀쩡했지만, 영혼은 이미 텅 비어 있었다. 30년 넘게 결혼 생활을 해온 그녀는 나에게 어떤 말을 하고 있었을까?

"나 미친 거 아니에요? 도대체 어떻게 이 지경이 된 거죠? 그 사람, 사실 그렇게 나쁜 사람은 아니에요. 욱하는 성질이 있긴 한데, 스스로도 어쩔 수 없는 것 같아요. 하지만, 더는 못 버티겠어요."

그러곤 눈물을 쏟아냈다. 그리고 말했다.

"제발 도와주세요. 탈출할 방법을 알아내야 해요."

탈출할 방법. 감옥에서 탈출할 계획이라도 짜는 걸까? 테러리스트

에게 납치돼 빠져나오려는 걸까? 뭐, 우리가 보통 떠올리는 그런 종류
는 아니다.

내 사무실에서 했던 첫 상담에서 나눈 대화다. 로레타는 산산이 부
서진 상태였다. 앞날을 너무도 두려워했고, 오랜 세월 감정적으로 짓밟
혀온 끝에 완전히 꺾여 있었다. 남편은 그녀를 세뇌하듯 몰아붙였고,
결국 그녀는 자신이 정말 미쳤다고 믿게 됐다. 게다가, 자신을 떠나면
지옥을 보여주겠다는 협박까지 받아왔다. 수십 년 가까이 욕을 듣고,
조롱당하고, 정신적으로 학대당하던 끝에 그녀는 더는 이 관계를 유지
할 수 없다는 걸 깨달았다. 이제 그녀는, 그가 어떤 짓을 할지 모른다는
위험을 무릅쓰더라도 자유를 택하는 편이 훨씬 가치가 있다고 판단했
다. 매력적인 50대 여성인 로레타는 목숨처럼 아끼는 두 딸을 키우고 있
었다. 아이들이 어릴 때는 남편에게 맡기기가 두려워 떠날 수 없었다.

로레타의 가족은 전문직 종사자들로 구성돼 있었다. 두 오빠는 의
사였고, 아버지는 성공한 사업가였다. 부모님은 다정하고 항상 곁에서
힘이 되어주는 사람들이었고, 가까운 곳에 살고 있었다. 가족들은 그녀
의 변호사 비용까지 지원해주고 있었다. 로레타는 남편과 사업을 함께
하며 꽤 성공적인 삶을 살았다. 몇 개의 사업을 시작했고, 모두 번창했
다. 좋은 집을 두 채나 갖고 있었고, 차도 여러 대 있었으며, 두 딸은 지
역의 명문 사립학교에 다녔다. 이런 배경을 가진 사람이 자살까지 생각
할 거라고는 정말 상상하기 힘들다.

하지만 나르시시스트와의 관계에서 벗어나려는 사람들은, 그냥 집

을 챙겨 문을 나서지 않는다. 편하게 작별 인사를 하고 서로의 앞날을 응원하지 않는다. 오히려 정반대다. 마치 머리에 불이라도 붙은 것처럼 미친 듯이 도망치거나, 한밤중에 몰래 빠져나오듯 조용히 탈출한다. 그것도 특수부대 작전만큼 은밀하게. 즉, 나르시시스트와의 관계를 떠나는 사람들은, 그게 비즈니스든 연애든 상관없이 '영혼을 지키기 위해 탈출해야 한다'는 절박함을 느끼는 것이다.

사실 로레타는 예전에 한 번 도망쳤던 적이 있다. 하지만 '계획'이 없었다. 자립할 자금도 충분치 않았고, 남편은 공포 분위기를 조성했다. 처음엔 위협하다가 나중엔 사정했고, 죄책감을 자극하며 뭐든 할 테니 돌아오라고 말했다. 로레타는 결국 돌아갔다. 남편은 처음엔 달라진 척했다. 상담도 받겠다고 했고, 자신이 바뀌었다고 말했다. 하지만 전부 연기였고, 결국 얼마 안 가 다시 지킬 박사에서 하이드로 돌아갔다.

두 번째 탈출은 달랐다. 그녀는 계획을 세웠다. 남편이 잠든 틈을 타 짐을 챙겨 조용히 집을 빠져나갔다. 엄마 집으로 갔다. 그 전에 이미 나를 선임했고, 우리는 이혼 소장을 제출한 상태였다. 남편에게 전달할 모든 서류도 집행관 손에 넘겨놓았다. 이제 남은 건 '전달해도 된다'는 신호뿐이었다. 로레타가 엄마 집에서 안전하게 자리를 잡자마자, 우리는 전달 날짜와 시간을 정해 집행관에게 보냈고, 남편 사진과 주소도 함께 넘겼다. 그리고 그대로 서류가 전달됐다.

처음엔 남편은 로레타가 어디에 있는지 몰랐다. 하지만 그녀가 엄마 집에 있다는 걸 알게 되자, 거기로 찾아왔다. 문과 창문을 두드리며 소리를 지르고, 난동을 부렸다. "당장 집에 돌아오라"라며 협박했고, 가족을 버렸다며 그녀를 비난했다. 사업도 버렸다며 욕설을 퍼부었다. 그러곤 로레타의 휴대폰에 문자 폭탄을 보내 죄책감을 자극했다.

그렇게까지 해도 소용이 없자, 그는 다음 수를 꺼냈다. 그녀가 가장 아끼는 것, 약점을 정조준했다. 이번엔 사업체 직원들을 협박하기 시작했다. 단순히 말로 위협해서는 그녀를 다시 끌어올 수 없다는 사실을 알았던 것이다. 그녀가 사업을 직접 관리하고 있었고, 직원들을 얼마나 깊이 아끼는지도 그는 잘 알고 있었다. 그래서 그는 결국 직원 한 명에게 손을 댔다. 직접 폭력을 행사한 것이다.

부부가 운영하던 사업은 건설업이었다. 거칠고 험한 사람들이 수시로 드나드는 환경이었고, 규모도 컸다. 트럭만 해도 서른 대, 직원은 수십 명에 이르렀고 공사 현장도 여럿이었다. 이해관계가 얽힌 사람이 많았고, 그도 그걸 알고 있었다. 그 복잡한 사업을 실질적으로 이끌고 있던 건 바로 그녀였다. 그런 그녀에게 또 한 번의 공격이 날아들었다. 이번엔 통째로 사업을 날려버리겠다고 협박했다. 말 그대로 다 때려 부수겠다고 덤벼들었다. 오직 그녀에게 상처를 주기 위해서였다.

이 이야기가 너무 과장돼 보이나? 책을 더 자극적으로 보이게 하려고 내가 일부러 부풀리는 것 같나? 나르시시스트는 집안에서만 저런 짓을 할 거라고 생각하나? 안타깝지만, 답은 전부 "아니요"다. 정말이다. 이쯤에서 잠깐 짚고 넘어가자. 우리가 본격적으로 더 깊이 들어가기 전에, 한 가지는 짚고 가야 한다. 도대체 '나르시시스트'란 무엇일까?

나르시시스트는 누구인가?

나르시시스트는 '자기 자신'이라는 감각이 없는 사람이다. 스스로가 누구인지조차 불분명하니 타인의 평가와 인정에 목숨을 건다. 그래서 비판을 끔찍이 싫어하고, 질투심이 많고, 속이 좁다. 모두가 자신을 '특별한 존재'로 봐주길 바라며, 다른 사람의 감정이나 자신의 행동이 불러올 결과는 전혀 고려하지 않은 채, 오직 자기 이익을 위해 사람들을 조종한다. 진짜 나르시시즘Narcissism은 명백한 성격장애이며, 완치되는 경우는 드물다.

요즘은 뉴스며 소셜 미디어며 어디서든 '나르시시스트'라는 말을 들을 수 있다. 하지만 정작 그 단어가 정확히 무엇을 뜻하는지 아는 사람은 많지 않다. 세부 내용을 다루지는 않겠지만, 이런 뉴스 헤드라인들이 떠오를 수도 있다.

조니 뎁과 앰버 허드의 재판에서 두 사람 모두 '나르시시스트'로 몰렸지만, 여론은 허드가 더 심하다고 봤다. 브리트니 스피어스가 아버지의 후견에서 벗어나려 할 때, 대중은 그녀의 아버지를 뭐라 불렀을까? '나르시시스트'.

이처럼 나르시시스트에 대한 얘기는 넘쳐나지만, 정작 중요한 건 따로 있다. 그들과 어떻게 대화하고, 그들을 어떻게 다루고, '어떻게 협상할 것인가'다.

사람들은 가끔 고민한다. '저 사람, 나르시시스트일까, 아니면 그냥 재수 없는 놈일까?' 슬픈 현실은 이렇다. 나르시시스트는 눈앞에 있어도 잘 안 보인다. 겉으론 매력 있고, 친근하고, 카리스마 넘치는 척하며 사람들을 홀린다. 하지만 문을 닫고 '특정한' 대상에게만 진짜 민낯을 드러낸다.

그러다 정신을 차리고 보면 말도 안 되는 상황에 끌려들어 있다. 말도 안 되는 협상에 응하고 있고, 모든 걸 포기할 지경이다. 그러고 나서야 이렇게 묻게 된다. '내가 어쩌다 여기까지 온 거지?'

그 시점엔 이미 늦다.

그들은 우리에게 러브 밤Love Bomb[4]을 퍼부었고, 우리는 그 안에 빠져 허우적대고 있다. 어쩌다 여기까지 왔는지는 중요하지 않다. 이미 도착

---

[4] 역자 주: 심리학 용어로, 가해자가 피해자에게 과도한 칭찬, 애정 표현, 선물 등을 퍼붓는 행위를 뜻한다. 주로 나르시시스트가 초반에 상대를 강하게 끌어들이고 의존하게 만들기 위한 조작 수법으로 사용된다.

해버린 그곳은, 말하자면 '사탄의 거실'이자 단테의 지옥 8번째 원[5] 같은 곳이니까. 그러니 꼭 기억해야 한다. 나쁜 놈과 나르시시스트는 다르다. 나쁜 놈도 만만하지는 않다. 하지만 가끔은 제정신이 돌아올 때도 있고, 후회할 줄도 안다. 나르시시스트는? 후회를 절대 하지 않는다. 정말, 거의 없다.

나르시시즘Narcissism이라는 단어는 나르키소스Narcissos의 이야기에서 유래했다. 그리스 신화에 따르면, 나르키소스는 놀라울 만큼 잘생긴 청년이었다. 그를 본 사람들은 죄다 반해버렸고, 심지어 정신을 잃기도 했다. 하지만 그는 다른 사람들을 철저히 무시했다. 그중 한 명이 바로 요정 에코Echo였다. 나르키소스는 그녀의 마음을 철저히 짓밟았고, 결국 신들은 그에게 벌을 내렸다. 영원히 이루어질 수 없는 사랑에 빠지게 된 것이다.

전해지는 이야기로는, 어느 날 나르키소스가 숲속에서 사냥을 하다가 우연히 연못에 비친 자신의 모습을 보고 반해버렸다고 한다. 그는 자신의 물그림자에 키스를 하려고 몸을 숙였지만 당연히 닿을 수 없었고, 결국 연못에 빠져 죽고 만다. 그 자리엔 아름다운 수선화Narcissus가 피어났다.

이 이야기에서 우리가 배울 수 있는 중요한 교훈들이 있다. 이 책 전

반에 걸쳐 이 교훈들이 어떻게 드러나는지를 보게 될 것이다. 첫째, 나르키소스는 다른 사람과 진정으로 연결되지 못했다. 둘째, 그는 진실하고 순수한 사랑을 경험하지 못했다. 셋째이자 가장 중요한 교훈은, 그는 타인에 대한 공감 능력이 전혀 없었기에 결국 그 파괴적인 길이 자신을 파멸로 이끌 것임을 끝까지 보지 못했다는 것이다. 실제로 많은 나르시시스트들이 이런 결말을 맞이한다.

정신 건강 전문가들은 미국정신의학회American Psychiatric Association의 《DSM-5-TR 정신질환의 진단 및 통계 편람》을 기준 삼아, 누군가가 자기애성 성격장애를 가지고 있는지를 판단한다. 이 진단은 다소 주관적인 성격을 띤다. 전문가들은 아홉 가지 기준을 살펴보고, 성인 피검자가 이 중 최소 다섯 가지에 해당하는지 평가한다. 다음은 그 아홉 가지 기준이다.

1. 첫 번째 기준은 **과장된 자기도취와 허풍**이다. 흔히 과대형 나르시시스트 Grandiose Narcissist라고 불리는 유형으로, 자신이 얼마나 대단한지를 모두에게 떠벌린다. 실상과는 거리가 먼 성취를 자랑하며, 모두가 자신을 우러러보도록 연출한다. 목표는 가능한 한 멋져 보이는 것이다. 그래야 주변 모두가 자신에게 아첨하고 찬사를 퍼붓게 만들 수 있으니까.

2. 두 번째는 **권력, 미모, 무한한 성공**에 대한 집착이다. 《DSM-5-TR 정신질환의 진단 및 통계 편람》에서는 **집착에 가까운 몰두**Preoccupied라는 표현

을 쓰지만, 사실상 강박에 가깝다. 타인이나 자신에게 해가 되더라도 그 집착을 멈추지 못한다.

3. 세 번째는 **특별 대우**를 받아야 한다고 느끼는 것이다. 자기가 **특별**하다고 믿으며, 응당 최고의 자리나 혜택을 누려야 한다고 생각한다. 당연히 주변 사람들에게 피해를 입힌다.

4. 네 번째는 **끊임없는 찬사와 칭찬**을 갈구한다는 점이다. 누구나 칭찬을 좋아한다. 하지만 나르시시스트는 차원이 다르다. 이들은 과도한 칭찬에 집착하고, 그것 없이는 버티지 못한다. 타인에게 해가 되더라도 집착을 멈추지 못한다.

5. 다섯 번째는 특별 대우를 요구하고, 그게 받아들여지지 않으면 분노하거나 적대감을 드러낸다는 점이다. 자기애적 상처Narcissistic Injury를 입어 자존심이 상하면 곧바로 자기애적 분노Narcissistic Rage가 터져 나올 수 있다.

6. 여섯 번째는 **타인을 도구로 이용**한다는 것이다. 인간관계가 전부 거래적이다. 뭔가 얻을 게 없다면 주지 않는다. 누군가를 이용하고 나면 미련 없이 버리고, 뒤돌아보지도 않는다.

7. 일곱 번째는 **공감 능력의 부재**다. 이 부분은 특히 중요하다. 상대의 감정이나 욕구에 진심으로 공감할 수 있는지를 파악하는 건 핵심 요소다(물론 진짜 공감을 진단한다는 건, 회의적인 시선으로 보면 꽤나 어려운 일이긴 하다).

8. 여덟 번째는 **타인에 대한 질투심, 혹은 타인이 자신을 질투한다고 믿는 심리**다. 우리 모두 질투심을 느낄 때가 있지만, 나르시시스트는 질투심을 일상처럼 달고 산다. 남이 가진 모든 것이 부럽고, 반대로 자신보다 못

하다고 여기는 사람도 자신을 질투하고 있다고 믿는다. 심지어 그들이 자신을 질투하기를 바라는 심리까지 내면에 자리 잡고 있다.

9. 마지막 기준은 **오만함**이다. 물론 이 오만함은 허세일 뿐이다. 자기 확신이 떨어지면, 나르시시스트는 다른 사람을 깎아내리는 방식으로 자기 위상을 다시 끌어올리려 한다.

2011년 6월, 미국정신의학회는 자기애성 성격장애를 진단하는 기준을 개정했다. 공감 능력 부재, 특권 의식, 타인 착취, 남을 깔보는 행동, 관심 끌기, 과대망상 등 여러 특성을 추가했다. 그리고 이 장애는 약물중독이나 외상 같은 생리적 원인 때문이 아니라, '병적Pathological' 상태에서 비롯된 것이라고 명시했다. 즉, 나르시시즘은 실제로 평가 가능한 정신질환이다. 다만, 이 장애를 가진 사람이 몇 명이나 되는지 정확히 알기는 어렵다.

숫자로 보는 나르시시즘

우선, 실제로 자기애성 성격장애 '진단을 받은' 사람은 전체 인구 중 극히 일부에 해당한다. 그리고 자기애성 성격장애를 가진 사람은 정신과 진료를 받으러 올 '가능성이 가장 낮은' 집단이다. 즉, 우리가 아는 것보다 훨씬 많은 나르시시스트들이 세상에 돌아다니고 있을 수 있다.

깊이 들어가지는 않겠지만, 앞에서 간략히 언급했듯《DSM-5-TR 정신질환의 진단 및 통계 편람》에 따르면 전체 인구의 약 15%는 공감 결핍이 나타나는 성격장애(자기애성, 반사회성 성격장애 등)를 가지고 있는 것으로 추정된다.

빌 에디Bill Eddy는 자신의 책《분열Splitting》에서 이 수치를 심층 분석하며 흥미로운 통계를 제시한다. 그는 최근 20년간 나르시시즘이 특히 젊은 세대에서 빠르게 증가하고 있다고 지적했다. 또한 남성 나르시시스트가 더 많긴 하지만, 여성 나르시시스트도 '매우 해로울 수 있다'고 했다. 이는 내가 법률 실무에서 경험한 바이기도 하다.

또 하나 짚고 넘어가야 할 점은,《DSM-5-TR 정신질환의 진단 및 통계 편람》의 추정치는 '극단적인 사례'만을 포함한다는 것이다. 즉, 나르시시스트적 경향은 있지만 정식 진단은 받지 않은 사람들은 제외된다. 하지만 이들은 주변 사람들의 삶을 꽤나 피곤하고 고달프게 만들 수 있다.

이건 내 경험에서도 드러난다. 고액 자산가 이혼 전문 변호사로 활동하던 시절, 전체 사건의 약 85%는 조정으로 해결됐다. 하지만 나머지 15%는 끝내 재판까지 갔다. 당시에는 나르시시즘에 대해 몰랐지만, 확실히 느낀 건 한쪽 혹은 양쪽(또는 담당 변호사)이 '비정상적으로 비합리적'인 경우가 대부분이었다.

그리고 성격장애 유병률이 15%, 재판까지 가는 이혼 사건이 15%

라는 점은 단순한 우연이 아니라고 생각한다. 결국 성격장애가 있는 사람들이 이혼 분쟁의 15%를 차지하며, 타협하는 대신 끝까지 싸우는 경향이 있다는 뜻이다. 왜냐고? 상대가 괴로워하는 걸 즐기기 때문이다.

여기서 몇 가지 구분을 명확히 해두자. 첫째, 누구나 인정받고 싶어 하고, 스스로를 의미 있는 존재라고 느끼고 싶어 한다. 이런 감정이 있다고 해서 나르시시스트는 아니다. 그건 인간이라면 느끼는 당연한 감정이다. 둘째, 자신감이 넘친다고 해서 나르시시스트는 아니다. 스스로에게 확신을 갖는 건 꼭 필요한 일이다. 자존감은 오히려 건강한 감정이다. 자존감은 자기 존재에 대한 존중감이다. 자신을 소중히 여기는 마음이다. 나르시시스트는 이 감정이 없다. 자신의 성취를 말하고 자랑스레 여기는 건 잘못이 아니다. 핵심은 타인의 감정을 얼마나 이해할 수 있느냐다.

크레이그 맬킨Craig Malkin은 《나르시시즘 다시 생각하기》에서 나르시시즘은 스펙트럼처럼 존재한다고 말한다. 그는 나르시시스트의 '어두운 삼각형Dark Triad' 개념도 소개한다. 첫째, 오직 자신만이 특별해야 한다는 강박. 둘째, 타인에게 상처를 줘도 전혀 죄책감을 느끼지 않는 성향. 셋째, 타인을 조종하려는 성향. 이 셋이 합쳐지면 정말 골치 아픈 조합이 된다.

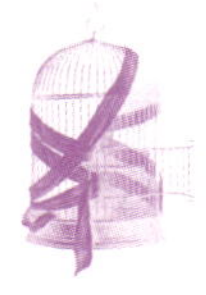

나르시시즘은
어디에서 비롯되는가?

과학은 말한다. 나르시시즘은 타고나는 것이 아니라 길러지는 것이다. 즉, 나르시시스트는 날 때부터 그렇게 태어나는 게 아니다. 대부분의 자료와 전문가들은 하나같이 이렇게 결론 내린다. 어릴 적 충격, 방임, 혹은 지나친 응석으로 인해 정서적 욕구가 제대로 채워지지 못했기 때문에 나르시시즘이 형성된다는 것이다.

드루 핀스키Drew Pinsky 박사는 《거울 효과The Mirror Effect》에서 나르시시즘의 기원에 대해 설명한다. 유아기에 우리는 생존과 욕구 충족에만 집중한다. 이후 성장 과정을 거치며, 타인과 건강한 관계를 맺고 안정 애착을 형성하기 마련이다. 안정 애착은 감정을 조절하고 공감을 형성하는 데 핵심적이다.

하지만 이 애착 형성이 제대로 이루어지지 않으면, 아이는 '해리 Dissociation'라 불리는 생존 반응에 의존하게 된다. '도망치기, 공격하기, 얼어붙기' 반응이 이때 작동한다. 해리는 트라우마와 연결되며, 공포로부터 우리를 지키기 위한 뇌의 방어 메커니즘이다. 고통에서 벗어나기 위해 현실에서 스스로를 분리해버리는 방식인 셈이다.

드루 박사는 반복되는 트라우마가 나르시시스트의 뇌를 끊임없이 스트레스 호르몬에 노출시킨다고 설명한다. 이러한 상태는 결국 뇌의 감정 발달을 지연시키고, 그 결과가 바로 자기애성 성격장애라는 토대를 만든다는 것이다.

결국 나르시시스트는 '어른 몸에 갇힌 아이'인 셈이다. 왜냐고? 이들에게는 오늘 하루를 살아가는 것조차 생존의 문제이기 때문이다.

나르시시즘은 '적자생존' 그 자체

어릴 때 정서적 욕구를 채우지 못한 이들은 '상처받지 않으려면, 살아남으려면 내가 어떻게든 해야 한다'는 결론에 다다른다. 어린 시절을 복합 트라우마 Complex Trauma에 노출된 채 보낸 이들은 그 결과, 감정과 생존을 담당하는 부위인 변연계(뇌의 '도망치기, 공격하기, 얼어붙기' 반응을 담당하는 부분)가 뇌의 주도권을 쥐게 된다. 애착이나 사랑을 느끼는 대신, 그들은 '생존'을 위해 행동하게 된다. 결과적으로 아이의 우선순위는 완전히 바뀌는 것이다.

이 변화가 미묘한 아이들은 나르시시스트적 경향만 지니지만, 일부는 전형적인 나르시시스트로 자라난다.

자기애적 상처

물론, 트라우마를 겪은 모든 아이가 완전한 나르시시스트가 되는 건 아니다. 스펙트럼이 존재한다는 걸 기억하자. 크레이그 맬킨은 '건강한 나르시시즘'이라는 개념도 제시한 바 있다. 이는 자기 강화Self-Enhancement 스펙트럼의 일부로, 자신을 지나치게 긍정적으로 평가하는 성향이다. 성인이 된 이후에도, 완전한 나르시시스트가 아니더라도 나르시시스트적 성향을 보일 수 있다. 드루 박사가 언급한 '도망치기, 공격하기, 얼어붙기' 반응도 포함된다.

일상생활 속에서 나르시시스트는 겉보기엔 비교적 정상적으로 기능한다. 대뇌피질이 작동하는 덕분이다. 대뇌피질은 계획, 자기통제, 판단 등을 담당하는 영역이다. 하지만 상황이나 자극에 따라, 더 정확히 말하면 특정한 자극이 발생하면 변연계가 다시 활성화되어 모든 통제를 장악해버린다. 그런 자극에는 이런 것들이 있다.

◇ 무시당하거나 모욕당했다고 느낄 때

◇ 잘못을 저질렀는데 들켰을 때

◇ 주목받지 못한다고 생각할 때

◇ 통제력을 잃었다고 느낄 때

◇ 비밀이 드러났을 때

이처럼 자기애적 상처Narcissistic Injury는 때때로 자기애적 수치심Narcissistic Shame이나 자기애적 내상Narcissistic Wound이라고도 불린다. 특정 트라우마나 심리적 상흔이 건드려지는 순간, 나르시시스트는 즉각적으로 분노하거나 자기방어 기제를 작동시킨다. 이때의 반응은 대부분의 이성적인 사람이라면 보일 법한 정상적인 대응과는 전혀 다르다. 나는 자주 말한다. 나르시시스트는 정말 쉽게 상처받는다고. 가끔 농담처럼 이렇게 말하기도 한다.

"나르시시스트와 말할 땐 말투도 조심해야 해. 약간의 빈정거림도 안 돼. 걔넨 개가 초음파 듣듯이 말투를 감지하거든."

말투가 아니라도 그들은 뭔가 이상하다고 느낀다. 왜일까? 그만큼 예민하기 때문이다. 이것은 나르시시스트와는 일반적인 방식으로 협상할 수 없는 이유를 이해하기 위한 빙산의 일각일 뿐이다.

자기애적 분노

자기애적 상처가 건드려지는 순간, 모든 게 무너진다. 곧바로 자기애적 분노Narcissistic Rage가 터져 나온다. 그 다음엔 감정의 해일이 몰아친다. 감정이 이성을 집어삼킨다. 이 시점에서, 나르시시즘의 심각도에 따라 그들은 0에서 100까지 단번에 폭주할 수 있다. 순식간에 유아적인 상태로 퇴행하며, 어른의 모습으로 아이 같은 짜증과 분노를 터뜨린다. 이때는 경계도 필터도 없다. 어떤 때는 상황이 위험해지기도 한다.

로레타의 사례를 보자. 첫 번째 조정 당시, 그녀의 남편은 변호사도 없이 나타났다. 악성 나르시시스트였던 그는 양육비를 요청하자 즉각 반응했다. 그는 중재인과 따로 만났고, 우리는 다른 방에 있었다. 그런데 그가 고함을 지르며 중재인에게 화를 내더니, 끝내 벽을 주먹으로 쳐서 구멍까지 냈다. 말이 통할 리 없었다.

결국 우리는 로레타의 사건을 해결했다. 아이러니하게도 남편 쪽에서 사건을 마무리하자고 애원했다. 우리가 안전 이별 공식을 썼기 때문이다. 이 책에서 소개할 안전 이별 과정을 따라가다 보면 알게 될 것이다. 단, 마법처럼 모든 일이 순식간에 해결되는 건 아니다. 나도 그랬으면 좋겠다.

자기애적 분노는 다양한 요인으로 촉발된다. 이들은 깊은 수치심을 안고 있다. 브레네 브라운Brené Brown은《마음 가면》에서 이렇게 말했다. 나르시시스트에게 상처받은 사람들은 '그들의 자만심을 꺾어줘야 한다', '쟤네는 특별하지도, 대단하지도 않고 아무 자격도 없다는 걸 뼈저리게 느끼게 해줘야 한다' 같이 생각하게 된다고. 하지만 그런 식으로 소통하고 협상하려 해서는 절대 안 된다. 오히려 자기애적 분노만 더 자극할 뿐이다.

브라운은 나르시시즘의 바탕에는 깊은 수치심이 있다고 설명한다. 단지 자존심을 꺾고 현실을 상기시키는 것으로는 절대 해결되지 않는다. 오히려 상황을 악화시킨다. 그녀는 여러 강연과 글을 통해, 나르시시스트들이 가장 심각하게 겪는 감정이 바로 수치심이며, 그 고통이 이들의 감당하기 힘든 행동의 근원이라고 지적했다.

나르시시스트는 겉으로는 거만하고 잘난 척하지만, 속은 텅 비어 있고 무기력하며 열등감으로 가득하다. 진짜 자신이 얼마나 작고 하찮게 느껴지는지를 가리고 싶어 연극하듯 행동하는 것이다. 이걸 이해하지 못하면, 나르시시스트와 협상하거나 맞서는 건 늘 실패할 수밖에 없다. 상식과 이성이 통하지 않는 사람에게는 완전히 다른 방식으로 접근해야 한다.

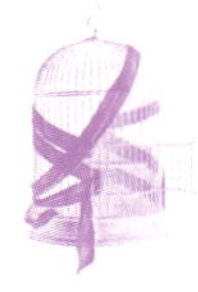

'보통' 아닌 사람에게
'보통 방법'은 통하지 않는다

협상 체계의 근본적인 문제

내가 로스쿨에서 불법행위법Torts을 배울 때, 교수는 항상 이렇게 말했다. 과실 여부를 따질 때는 '합리적인 사람'을 기준으로 판단한다. 특정 상황에서 '합리적인 사람'이라면 어떻게 행동했을지 가정하는 것이다. 예측 가능성을 기준으로 한다.

이 기준은 법에서도 '합리적인 보통 사람Reasonably Prudent Person' 기준이라고 부른다. 상식 있고 신중하게 행동하는 사람을 뜻한다. 판사도, 변호사도 대부분 이 기준에 따라 판단한다. 우리 모두가 인간이라는 존재를 이렇게 평가하려는 경향이 있다. 그래서 나 또한 알면서도 자꾸 나르시시스트에게 '보통 사람이라면 이럴 텐데'라는 기대를 하게 된다. 하지만 솔직히 말해서 여러분의 평정을 위해서라도, 이들은 절대 이성적으로 행동하지 않는다고 보는 게 마음 편하다.

내가 맡았던 클라이언트 에이미는 오랫동안 알고 지낸 동생이다. 어느 날 아침 아이를 학교에 데려다주고 나서 전화를 걸어왔다. 이혼 예정인 남편 하워드와 마주쳤고, 너무 화가 나서 감정이 격해진 상태였다.

"그 사람이 이런 말을 했다는 게 믿어져요? 이런 짓을 했다는 게 말이 돼요?"

나는 그녀에게 공감해주다가 이렇게 답했다. "응, 믿을 수 있어. 내가 믿기 힘든 건, 네가 그걸 믿지 않는다는 거야. 지난 15년 동안 네가 계속 나한테 그 사람이 어떤 인간인지 말해줬잖아."

그녀는 한참 웃더니 이렇게 말했다.

"세상에, 언니 말이 맞아요."

대표적인 나르시시스트 유형

나르시시스트는 여러 유형이 있지만, 이 책에서 다루는 협상 전략과 관련해 특히 중요한 세 가지 유형이 있다. 순서는 중요하지 않다.

첫 번째는 '과대형 나르시시스트Grandiose Narcissist'다. 맬킨 박사에 따르면, 외현적 나르시시스트Extraverted Narcissist라고도 한다. 쉽게 말해 전형적인 나르시시스트다. 허세와 자기 자랑으로 가득한 인물이자 어딜 가든 중심에 서고 싶어 하는 사람이다. 남성일 수도, 여성일 수도 있지만 대체로 남성 쪽이 많다. 겉보기에 매력적이고 카리스마 있어 보이기도 한다. 사실, 불과 몇 년 전까지만 해도 내가 아는 나르시시스트는 이 유형이 전부였다.

과대형은 보통 지배적이고 공격적인 성향이 강하다. 알아보는 데 오래 걸리지 않는다. 충동적이고, 남의 말은 무시하며, 위험을 거리낌 없이 감수하는 스타일이다. 소위 말하는 CEO 유형이지만, 수상한 회계 처리도 눈 하나 깜빡하지 않고 넘긴다. 변호사로 일할 때 내 고객 중에도 과대형이 있었는데, 자꾸 나를 부추겨 허위 서류를 내라고 했다. 내가 거절하자 "레베카, 당신은 천국에서 외롭겠네요"라는 말까지 했다. 이들은 자기가 못하는 것도 된다고 믿는, 스스로를 과신하는 사람들이기도 하다.

두 번째는 '은밀형 나르시시스트Covert Narcissist'다. 내현적 나르시시스트Introverted Narcissist, 혹은 취약형 나르시시스트Vulnerable Narcissist라고도 불린다. 성별은 상관없지만, 전반적으로 더 조용하고 겸손해 보이는 경우가 많다. 피해자 코스프레에 능하고, 겉으로는 성직자나 간병인처럼 따뜻하고 헌신적인 사람인 척한다. 언뜻 보기엔 정말 좋은 사람처럼 보이지만, 문을 닫고 나면 진짜 얼굴이 드러난다. 과대형을 늑대라고 한다면, 은밀형은 양의 탈을 쓴 늑대다. 교묘하고, 수동 공격을 구사하며, 어떤 면에서는 더 위험하다. 처음에는 잘 안 드러나기 때문이다.

예를 들어 누군가 병원에 입원하면 모르는 사람인데도 곁에 붙어서 헌신하는 척할 수 있다. 하지만 그건 진심이 아니라 사람들에게 좋은 인상을 심어주려는 계산된 행동일 뿐이다.

은밀형 나르시시스트는 피해자 코스프레를 무척 좋아한다. 예를 들어 은밀형 나르시시스트 엄마는 겉보기엔 헌신적인 어머니처럼 보인다. 하지만 실제로는 성인이 된 자녀들과의 갈등 상황을 교묘하게 조장한다. 끝내 자녀들이 엄마를 거부하면, 그제야 사정을 모르는 바깥 사람들 눈엔 '불쌍한 피해자'로 비치게 된다. 자녀들과의 관계를 회복하려는 노력은 하지 않는다. 왜냐하면 이들에게는 가족보다도 사람들의 관심을 받는 피해자 서사가 더 중요하기 때문이다.

마지막은 '악성 나르시시스트Malignant Narcissist'다. 나는 이 유형을 다스베이더라고 부른다. 남성일 수도, 여성일 수도 있고, 반사회성 성격장애나 소시오패스적 성향이 함께 뒤섞여 있다. 남의 인생을 망가뜨리는 데 아무 거리낌이 없다. 과대형이나 은밀형은 최소한 겉으로라도 멀쩡해 보이려 노력하는데, 이쪽은 그조차 안 한다. 진짜 무서운 유형이다. 반드시 피해야 한다.

예를 들어, 이들은 누군가 아동을 추행했다고 거짓말을 퍼뜨리기도 한다. 실제로 그런 일이 없었고, 그럴 생각조차 하지 않았던 사람에게도 말이다. 어떤 경우엔 스토킹을 하거나, 폭력을 저지르겠다고 협박하다가 실제 행동에 옮기기도 한다.

각 유형의 나르시시스트가 협상에서 어떻게 행동하고, 어떤 반응을 보이는지는 파트 7에서 좀 더 자세히 다룰 예정이다.

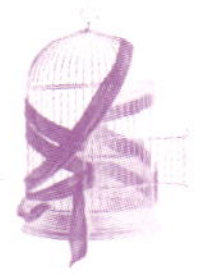

나르시시스트를 움직이는 동력,
'공급'

자, 이제 당신은 나르시시스트의 정의도 알게 됐고, 주요 유형도 파악했다. 그렇다면 이제 궁금해질 것이다. 도대체 나르시시스트를 움직이는 연료는 뭘까?

대부분의 사람들은 각자 다른 동기를 따라 움직이지만, 나르시시스트는 오직 하나만을 원한다. 바로 '자기애적 공급Narcissistic Supply'이다. 이들은 미로 속 쥐처럼 움직인다. 공급이 바로 그들의 치즈다. 그들의 음식이자 생명줄이고 산소다. 자존심을 부풀려줄 수 있는 모든 것이 공급이다.

파트 6에서 우리는 이 공급원을 어떻게 협상의 지렛대로 쓸 수 있는지 알아볼 것이다. 이건 동시에 그들의 아킬레스건이기도 하다. 지금은 일단 나르시시스트가 언제나 노리는 게 바로 이 공급이라는 점만 기억하자.

세렝게티 초원에서 사냥감을 찾기 위해 쉼 없이 고개를 두리번거리는 동물들을 떠올려보라. 나르시시스트의 뇌는 늘 결핍 상태다. 그래서 어떤 수를 써서라도 공급원을 지키려 든다. 애걸하고, 훔치고, 다치게 하고, 거짓말하고, 협박하고, 조종하고, 스토킹하고, 심지어 죽이기까지 한다. 그들에게는 그만큼 절박한 생존 문제다. 이건 단순한 비유가 아니다. 나르시시스트는 어릴 적부터 뇌가 '화학물질에 절여진' 상태로 살아왔다. 늘 생존 모드로 살았기 때문에, 이들의 뇌는 일반적인 사람과는 아예 다르게 작동한다.

나르시시스트의 공급 위계

앞서 말했듯이 나르시시스트에게 공급이란 자아를 지탱하는 연료다. 이들의 내면에는 스스로를 가치 있게 여기는 감각이 거의 없다. 그래서 자신이 가진 가치를 바깥세상에서 끌어와야 한다고 느낀다. 자기 안에 자리한 결핍과 공허함은 마치 굶주린 야수 같고, 이 야수를 달래기 위해 사람들을 이용한다.

그 안의 구멍은 끝이 없다. 아무리 채워도 바닥이 보이지 않는다. 이들은 누군가가 그 공허함을 채워주길 갈망한다. 공감 능력이 있는 사람이라면 특히 그 욕망을 읽고 반응할 가능성이 높다. 그리고 '저 사람을 내가 구해줘야 하나'라는 마음까지 들 수 있다. 하지만 그 구멍은 절대 채워지지 않는다. 아무리 쏟아부어도 이들에게는 늘 부족하다.

그래서 나르시시스트를 '에너지 흡혈귀'라고 부르기도 한다. 은밀하고 수동 공격적인 성향의 동업자와 일할 때만 해도, 이런 개념을 몰랐다. 그때 머릿속에 계속 떠오른 단어는 '거머리'였다. 그 사람은 내 에너지를 빨아먹는 존재 같았다. 나중엔 몸에서 피가 빠져나가는 느낌마저 들었다.

나르시시스트와 엮이면 기운이 쭉 빠진다. 왜냐하면 이들은 온 힘을 자신에게 쏟게 만들기 때문이다. 당신의 에너지는 오직 한 방향으로 흐른다. 바로 그들을 향해서.

그런데 이 공급에도 위계가 있다. 나르시시스트는 어떤 공급이 더 '고급'인지 구분한다.

가장 꼭대기에 있는 건 바로 '다이아몬드급 공급Diamond Level Narcissistic Supply'이다. 이건 나르시시스트가 제삼자에게 어떤 이미지로 비칠지를 좌우하는 전략이다. 말 그대로 A급 공급이다. 무슨 수를 써서라도 지켜내려는 대상이다. 이 공급의 예시는 다음과 같다.

◇ 직장에서의 평판

◇ 사회적으로 인지도 있는 직업

◇ 유명인 또는 사회적 지위가 높은 친구

◇ 화려한 성취 (심지어 조작되었거나 비윤리적으로 얻은 것까지 포함)

◇ 거액의 자산 (다른 사람을 속여 얻은 것일지라도)

◇ 경쟁에서의 승리 (특히 공개된 자리에서)

◇ 찬사

◇ 다른 사람들이 부러워할 만한 배우자

◇ 유명세, 이목 집중 (유명 인사로서의 주목 등)

만약 지금 당신이 나르시시스트와 법적 분쟁을 벌이고 있다면, 그들은 판사 앞에서 어떤 모습으로 비칠지를 민감하게 여길 가능성이 높다. 이들은 보통 변호사든, 중재인이든, 제삼자든 누구에게나 '나는 합리적인 사람, 상대방은 이상한 사람'이라는 인식을 심어주려 애쓴다. 사실 이 부분은 더 깊이 이야기할 게 많지만, 지금은 간단히 짚고만 넘어가겠다.

두 번째 층위는 '석탄급 공급Coal Level Narcissistic Supply'이다. 요약하자면 다른 사람을 모욕하고, 조종하고, 통제하면서 얻는 에너지다. 이 역시 나르시시스트에게는 꽤 중요하다. 이들은 모든 공급을 갖고 싶어 하니까. 하지만 정말 궁지에 몰리면, 석탄급 공급원은 포기할 수 있다. 다이아몬드급 공급만은 지켜내기 위해서다. 이 부분은 나중에 협상 카드(지렛대 전략) 파트에서 훨씬 깊이 다룰 예정이다. 지금은 석탄급 자기애적 공급에 집중해보자. 이건 나르시시스트가 타깃에게만 쓰는 어두운 수단이다. 겉으로는 드러나지 않지만, 그들의 가장 본능적인 방식이다.

나는 이걸 개인적으로 '3대 착취 전략Deadly Three Ds'이라고 부른다. 폄하Devaluing, 격하Debasing, 비하Degrading. 이건 가치 절하 단계의 일부이기도 하다.

사람을 통제하면서 에너지를 빨아들이는 방식이다.

기억하자. 이들도 결국 공급원에서 나오는 에너지를 먹고 산다. 먹을 게 있는 곳에만 머문다. 독수리처럼 먹잇감이 있는 자리에서 절대 떠나지 않는다. 그들에게는 이 석탄급 공급도 귀한 '먹이'다. 당신을 헷갈리게 하고, 지치게 만들고, 자기 의심 속으로 빠뜨린다. 결국 당신은 완전히 기진맥진해지고 만다. 마치 거머리에게 피를 다 빨린 것처럼.

그러니 절대, 절대, 절대 잊지 말자!

석탄급 공급의 예시는 다음과 같다.

◇ 모욕적인 말투

◇ 수동 공격

◇ 고의로 혼란 유발

◇ 감정을 건드리기 위한 자극

◇ 깔보는 태도와 언행

◇ 조작과 협박

◇ 아이를 무기로 삼기

◇ 재판 과정에서 자료 제출 거부

◇ 허위 진술서 제출

◇ 제삼자에게 거짓 정보 유포

◇ 문자나 이메일을 무시

◇ 스토킹, 고함, 비난

◇ 심리 게임

◇ 필요를 외면

◇ 금전적 통제

◇ 폭력 위협

◇ 재산 은닉

◇ 가스라이팅

나르시시스트의
전형적 관계 맺기

1단계: 러브 밤

유형과 무관하게, 나르시시스트는 언제나 같은 방식으로 관계를 시작한다. 이 초기 단계는 흔히 '러브 밤' 혹은 '이상화Idealization' 시기라고 부른다. 몇 달에서 길게는 1년까지 지속될 수 있고, 연애나 비즈니스 등 모든 관계에 적용된다.

나르시시스트는 언제나 러브 밤으로 시작해 점점 상대를 깎아내리고, 결국엔 버린다. 하지만 그 사이엔 수많은 독성으로 가득한 과정이 이어진다. 이 정신없는 소용돌이 속에서 협상하려면, 반드시 구조와 전략이 필요하다. 그렇지 않으면 금방 휘말리고 만다. 파트 3에서 이들이 어떻게 상대를 흔들고 약화시키는지 더 자세히 다룰 것이다.

러브 밤 시기의 나르시시스트는 매력적이고, 카리스마 넘치고, 사람을 홀리는 존재처럼 보인다. 똑똑하고 깔끔한 외모도 갖췄다. 이들은 타인의 감정을 읽는 데 탁월하다. 사실 생존을 위해 어릴 적부터 익혀 온 기술이다.

맬컴 글래드웰Malcolm Gladwell은 베스트셀러 《아웃라이어》에서 이렇게 말했다. 어떤 기술이든 1만 시간의 집중 연습이 쌓이면 숙련에 이른다고. 하루 3시간씩만 투자해도 9년이면 달인이 된다. 그런 기준이라면 나르시시스트는 평생 동안 사람을 읽는 기술에 매달려왔기 때문에, 이 능력에 관한 한 거의 완벽에 가깝다. 상대가 원하는 '완벽한 사람'으로 변신하는 능력도 갖췄다.

이 시기의 나르시시스트는 '미러링Mirroring'이라는 기술도 쓴다. 당신처럼 옷을 입고, 당신처럼 말하고, 당신의 말투나 제스처까지 따라 한다. 그렇게 하면 당신은 자신도 모르게 끌리게 된다. 러브 밤 시기에는 감정에 완전히 압도된다. 이 시기엔 과장된 행동들이 이어진다. 화려한 여행, 하루 수백 통의 문자, 끊임없는 미래 이야기, 서로가 얼마나 완벽한 짝인지에 대한 확신 등등. 연인이든 동업자든 마찬가지다.

내 경우는 비즈니스 파트너십을 제안한 사람이었다. 막 사업을 시작한 참이었는데, 그 사람은 나랑 공통점이 많다면서 말을 끝도 없이 이어갔다. 서로의 배경이 얼마나 잘 어울리는지도 계속 강조했다. 자신이 쌓은 대단한 인맥, 나에게 줄 수 있는 엄청난 기회들까지 이야기하며 내 사업에 완전히 빠져 있다는 걸 보여주려는 듯 매일같이 이메일을 보냈다. 내가 감탄스럽다면서 키노트 연사 자리를 연결해줄 수 있다는 말도 덧붙였다.

러브 밤 시기에 나르시시스트는 관계의 다음 단계로 빠르게 넘어가자며 강한 압박을 가한다. 이 모든 러브 밤이 결국 투자이기 때문이다. 그들은 빠르게 수익을 얻고 싶어 한다. 가능한 한 짧은 시간 안에. 더 오래 공을 들이고 싶어 하지 않는다. 이건 전부 계산된 전략이다. 그들은 당신이 자기한테 의지하게 만들고, '자신이 얼마나 멋진 사람인지, 신이 내려준 선물 같은 존재인지' 믿게 만든다. 거미줄처럼 단단히 얽히게 하려는 것이다.

연인 관계라면, 당장 동거하자, 가족을 만나보자, 결혼하자는 말이 나올 수 있다. 심지어 돈 관리를 맡기라거나, 친구나 가족과 거리를 두라고 요구하기도 한다. 비즈니스 관계라면, 곧장 계약서를 쓰자고 하거나 동업하자고 들이댄다. 일단 서로 떨어질 수 없는 상태가 되게 만들려는 것이다. 조금이라도 망설이면, "뭘 망설여요? 우린 완벽한 조합이잖아요!", "이건 운명이에요, 지금이 그 순간이에요!" 같은 말로 달려든다. 워낙 매끄럽고 능청스러워서, 나중에 돌아보면 '왜 그랬지?' 싶은 일에도 나도 모르게 고개를 끄덕이게 된다.

나도 사실 몇 가지 이상한 점을 느꼈다. 그런데 그 사람의 매력에 홀려 그냥 넘겨버렸다. 정말 괜찮은 사람 같았다. 나를 사로잡을 만한 이야기들을 능숙하게 그려냈다. 내가 만난 나르시시스트는 은밀하고 수동 공격적인 유형이었다. 그런 스타일은 처음이었다. 몇 달 뒤 관계를 끊고 나서야 그 사람이 나르시시스트였다는 걸 깨달았다. 심지어 그때까지도 나르시시스트가 여성일 수도 있다는 사실조차 몰랐다. 이 여정을 시작하기 전엔 나르시시즘에 대해 아는 게 그만큼 없었다.

이 시기는, 나르시시스트 입장에서 보면 일종의 '길들이기 과정'이다. 조련의 시작이다. 당신이 좋은 타깃인지 시험해보는 시기다. 공감 능력이 있는가? 자신의 자아를 충족시켜줄 수 있는가? 자신이 원하는 방식의 '가치'를 가지고 있는가?

그들이 원하는 건 다양하다. 돈, 섹스, 거주 공간, 명성, 사회적 지위, 경력, 혹은 단지 '예뻐 보이는' 외모일 수도 있다(특히 당신이 젊고 매력적인 경우). 혹은 그냥 끊임없는 칭찬과 숭배일 수도 있다.

이처럼 러브 밤은 결국 '가치 평가'와 '통제'를 위한 전략이다. 나르시시스트가 자신의 공허함을 채우기 위해 필요한 것을 당신이 충족시켜줄 수 있는지를 가늠하는 시간이다.

꼭 기억해야 할 사실이 있다. 나르시시스트는 당신이 별 볼 일 없어서가 아니라, 그 반대로 너무 가치 있어 보이기 때문에 당신을 선택한다는 것이다. 그들은 뛰어난 기회주의자다. 원하는 것을 얻기 위해 달라붙는다. 바로 그 점을 잊지 말아야 한다. 이제 다음 단계인 '가치 절하Devalue' 단계로 넘어가면 이 부분이 더 중요해질 것이다.

2단계: 가치 절하

나르시시스트는 가능한 한 빠르게 당신을 자기 세계에 묶어두려 한다. 함께 살기 시작하거나, 가족을 소개받거나, 어떤 계약을 맺거나, 그 사람 회사에 들어갔을 수도 있다. 어쨌든 그들은 당신이 충분히 자기 통제 아래에 있다고 느껴야만 만족한다. 그리고 그 순간 갑자기 분위기가 바뀐다. 마치 숨을 참아오다 드디어 숨을 내쉬는 것처럼.

이때부터 진짜 얼굴이 드러나기 시작한다. 러브 밤 시기에도 조금씩 의심스러운 점들이 있었을 것이다. 관계를 너무 빨리 밀어붙이거나, 뭔가 이야기의 앞뒤가 안 맞는다거나. 그때는 대충 넘겼지만, 이제는 그 이상이 보이기 시작한다. 굉장히 혼란스러운 시기다.

이 시기의 특징은 바로 '핫 앤 콜드Hot and Cold'다. 앞에서는 칭찬하고 뒤에서는 비꼰다. 사람들 앞에서 망신을 주거나, 둘만 있을 때 조용히 깎아내린다. 거짓말과 모순도 잦아진다. 뭔가 해주겠다고 해놓고는 안 한다. 그걸 지적하면 비난으로 받아들이고, 갑자기 분노한다. 그리고 당신을 공격하기 시작한다.

이제 당신은 더 이상 특별한 존재가 아니다. 더는 달콤한 문자나 이메일도 오지 않는다. 그걸 물으면, 또 비난이 돌아온다. "바빠서 그래", "일하느라 그래"라고 말하면서도, 정작 자기가 연락하면 당신은 즉시 답해야 한다고 요구한다. 이 단계에서 본격적으로 조종과 가스라이팅Gaslighting이 시작된다.

가스라이팅은 모든 나르시시스트가 쓰는 핵심 기술이다. 상대가 현실 인식을 의심하게 만들어, 결국 자신의 판단력마저 부정하게 만든다. 이 단어는 1938년 패트릭 해밀턴Patrick Hamilton의 희곡 〈가스등Gas Light〉에서 유래했다. 영국 빅토리아 시대를 배경으로 한 이 극에서, 남편은 아내의 정신을 갉아먹기 위해 집 안의 가스등을 일부러 희미하게 줄이고는 "방금 불 밝힌 거 아니야?"라는 아내의 말에 "아냐, 잘못 본 거야"라고 잡아뗀다. 나르시시스트는 이런 식으로 말한다.

"넌 제대로 못 보고 있어."
"그건 그렇게 된 게 아니야."
"다른 사람들은 다 그렇게 생각 안 해."
"너무 집착이 심해."
"예민하긴."
"농담도 못 받아들이네."
"내가 너한테 유일한 사람이야."
"나 말고 누가 널 챙겨주겠어?"

물론, 이런 외중에도 '사랑하는 척'은 조금씩 흘린다. 딱 필요한 만큼만. 당신이 떠나지 않을 정도로, 당신이 계속 그들에게 필요한 역할을 해줄 만큼만. 이들은 타인의 감정선을 읽는 데 아주 능하다. 나르시시스트의 '공급자'가 된 사람은 그 사람의 일부처럼 취급된다. '내 것'이라는 의미다. 그래서 이들은 공급자에게 어떤 선이라도 넘는다. 경계가 없다. 모든 걸 자기 뜻대로 하려 한다.

이 시기의 목적은 단 하나다. 당신을 더 깊이 조종하고 길들이는 것. '조련'과 '세뇌'를 반복하면서 당신을 완전히 자기 손아귀에 넣는 것. 대부분의 피해자는 감수성 풍부한 사람들이다. 나르시시스트는 자기를 '구해줄' 사람을 찾는다. 상처 입은 과거, 나쁜 전 연인, 힘든 환경을 핑계 삼아 불쌍한 척한다. 그러면 당신은 그들을 도와주고 싶어진다. 그리고 결국 그들은 모든 걸 얻는다. 책임은 피하고 사랑과 헌신은 받는다. 이익은 전부 그들 차지다. 파트 3에서 더 자세히 다룰 예정이다.

3단계: 버려지기

이제 당신은 '공공의 적 1호'가 될 준비를 해야 한다. 이별을 통보한 쪽이 누구든, 분명한 건 하나다. 곧 폭풍이 몰아친다는 것. '지옥의 분노보다 더 무서운 건 상처받은 나르시시스트의 분노'라는 말, 바로 여기서 현실이 된다. 이들이 세상에서 가장 두려워하는 건 바로 버려지는 것이다.

《분열》의 저자 빌 에디는 나르시시스트가 세상을 흑백으로 본다고 말한다. 내 편이 아니면 적이다. 당신이 내 편이 아니라고 느끼는 순간, 그들은 당신을 적으로 간주한다. 버려지는 단계는 나르시시스트가 관계에서 보이는 마지막 국면이며, 당신에게는 가장 고통스러운 시기다.

이 시기에는 '당하기 전에 먼저 치는' 전략이 작동한다. 바로 '중상 캠페인'의 시작이다. 제삼자(일명 플라잉 몽키Flying Monkeys[6])에게 당신을 비난하고, 자신을 피해자로 포장하는 그 전형적인 수법. 이 전형적인 시나

---

6) 역자 주: '플라잉 몽키'는 나르시시스트가 자신을 대신해 타인을 괴롭히거나 감시하게 만드는, 조종된 제삼자를 뜻하는 표현이다. 〈오즈의 마법사〉에서 유래한 심리학 용어다.

리오가 펼쳐지는 순간, 나르시시스트의 자기애적 상처가 깊게 눌리고, 자기애적 분노가 그대로 터져 나온다. 이들의 행동은 갑작스럽게, 때로는 충동적일 만큼 비이성적으로 바뀔 수 있다.

당신이 먼저 이 관계를 정리하려고 한다면, 막판 '러브 밤'으로 붙잡으려 하거나, 죄책감을 불러일으키려 할 것이다. 터지도록 전화기를 울려대고, 회사에 찾아오고, 스토킹하고, 심지어 위협하거나 해치려 들 수도 있다. 반대로, 이들이 당신을 버리는 쪽이라면? 그들은 최대한 빨리 다음 공급원에게 옮겨 간다. 특히 그 사람이 더 나아 보이는, 더 자랑할 만한 대상이라면 말이다.

주의! 당신은 버림받고, 이용당했다는 느낌을 강하게 받게 될 것이다. 달과 별, 온 우주를 다 줬더라도, 그들은 당신을 뜨거운 감자처럼 던져버린다. 그런 뒤엔, 사실 자신이 다 줬다고 주장한다. 무척 아프다. 아무리 애써도 당신은 끝내 해답을 얻지 못한다. 그들은 자신이 저지른 일에 대해 그 무엇도 인정하지 않는다.

네 개의 F를 반드시 명심하라.

나르시시스트에게 통하지 않는 네 가지

1. 잊어라 Forget: 그들에게 "너 나르시시스트야"라고 말하는 것

그 순간 대화는 '당신'이 나르시시스트라는 식으로 흘러간다. 완벽한 역

공이다.

2. 잊어라Forget : 관계에 마침표를 찍는 '좋은 마무리'

이건 나도 정말 힘들었다. 사업 파트너였던 나르시시스트와 깔끔하게 끝내고 싶었지만, 그건 불가능했다. 해피엔딩? 이들은 그런 걸 못한다.

3. 잊어라Forget : 그들이 잘못을 인정하거나 후회하는 것

혹시라도 사과를 들었다면, 거의 확실히 '가짜 사과'다. 절대 속지 마라. 이들은 거짓말쟁이다. 본성 자체가 나르시시스트다. 답은 하나다. 연락을 끊어라. 공급을 차단하고, 안전 이별 공식을 적용해 원하는 걸 얻은 뒤, 앞으로 나아가라.

4. 잊어라Forget : 당신이 해준 걸 그들이 알아주는 일

이건 정말 허무하다. 하지만 당신만은 알아야 한다. 당신이 준 건 당신 몫으로 인정하고, 다음에는 당신을 진짜 알아주는 사람에게 주자. 자신을 용서하고, 치유하고, 앞으로 나아가라.

이제 당신에게는 세 가지 선택지가 있다.

하나, 이 관계를 계속 유지하려고 노력한다(비추천). 개인적인 관계

든 비즈니스든 마찬가지다. 이건 답이 아니다.

둘, 적당히 떠나면서 원하는 걸 그들에게 넘겨준다(결국 당신이 스스로 빠지는 덫이다). '내가 너그럽게 굴면, 쟤도 뭔가 알아주겠지'라는 생각? 절대 안 통한다. 그들은 당신의 호의를 당연하게 여긴다. 인정하지 않는다. 그렇게 되면, 불공정한 구도 속에 '여전히' 당신만 갇히게 된다. 계속해서 당신에게서 '공급'을 뽑아가려 들 것이고, 당신은 억울해서 더 화가 난다. 앞서 말했듯, 이들은 거짓말쟁이였다. 지금은 더 심하다. "우린 평화롭게 정리할 수 있어요"라는 말? 공급을 유지하기 위한 미끼일 뿐이다. 이 게임은 끝이 없다.

셋, 제대로 전략을 세워 반격한다. 아주 전략적으로 움직여라. 공급을 완전히 끊는 것. 이것만이 유일한 평화로 가는 길이다. 제대로만 실행하면, 나르시시스트 쪽에서 먼저 화해를 구걸하게 된다. 그것도 반격 없이, 당신 뜻대로 풀리길 바라면서 말이다. 물론, 시간과 계획이 필요하다. 마법 같은 해결책은 없다. 특히 나르시시스트와의 협상에는, 절대 없다.

이 책의 나머지 부분은, 사실상 이 버려지는 단계에서 어떻게 대처할 것인가에 대한 이야기다. 계속해서 이 주제를 깊이 다루게 될 것이다. 마지막으로 꼭 강조하고 싶은 게 있다. 나르시시스트는 애초부터 '생존 모드'로 살고 있다. 버려지는 것에 대한 극심한 공포 때문에, 이들은 자신을 지키기 위해서라면 무슨 일이든 할 수 있는 사람들이다.

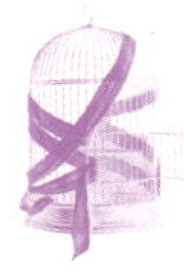

나르시시스트와의 협상에 관한
가장 큰 착각

나르시시스트와 협상할 때 가장 큰 착각은 이들이 단지 이기고 싶어 할 뿐이라는 믿음이다. 물론 이기고 싶어 하긴 한다. 특히 보여주기용 승리를 위해서 말이다(앞서 설명한 다이아몬드급 자기애적 공급 개념을 참고하라). 하지만 핵심은 이렇다. 이들은 단지 이기고 싶은 게 아니다. 상대가 괴로워하거나 겁에 질린 모습을 보는 그 과정을 즐긴다.

이들은 석탄급 공급을 절대 쉽게 놓지 않는다. 그래서 일반적인 협상 방식이 전혀 통하지 않는다.

공감하며 듣고, 가치를 제공하면 잘 풀릴 거라고? 그건 나르시시스트가 아닌 사람과의 협상에서나 가능한 이야기다. 나르시시스트에게는 절대 안 통한다. 명심하라.

나르시시스트는 상대를 무너뜨리고 싶어 한다. 조종하고, 겁주고,

계속해서 석탄급 공급을 끌어내고 싶어 한다. 그 과정에서 자신까지 무너진다 해도 개의치 않는다. 이들은 합리적인 사람처럼 생각하지 않는다.

이 주제는 다시 다루겠지만, 지금 분명히 해두고 싶은 게 있다. 나르시시스트는 어떤 수를 써서라도, 누구를 이용해서라도, 가능한 모든 상황에서 한 방울의 공급까지 쥐어짜려 든다. 상대든 자기 자신이든, 그대가 따위는 전혀 신경 쓰지 않는다.

문제는 우리가 이런 사람과 관계를 시작할 때 너무 순진하다는 점이다. 이성적이고 신중한 사람일 거라고 착각하며 관계를 맺는다(그 착각, 이제 그만하자). 이미 늦어버린 뒤에야 상황을 깨닫고 허둥대며 따라가려 한다. 하지만 그들은 이미 한참 앞서 있다. 게다가 그들의 수법은 입증하기도 어렵다. 정말 미쳐버릴 것 같을 때가 많다. 항상 그럴듯한 변명거리를 만들어내며 빠져나가기 때문이다. 결국 피해자는 이런 생각에 빠진다. '어차피 소용없어. 절대 못 이겨.'

이제부터 중요한 이야기를 하려 한다. 독자들이 느끼고 있는 감정을 잘 알고 있다. 혹시 이 감정을 더 구체적으로 설명해줬으면 하는가? 진짜 알고 있다는 걸 보여주고 싶다. 매일 많은 사람들의 이야기를 듣는다. 이들이 처음에 어떤 감정을 느끼는지, 그 대표적인 예시를 들어보겠다.

◇ 감정이 롤러코스터처럼 요동쳤다.

◇ 늘 눈치를 보며 조심조심 지냈다.

◇ 모든 게 어둡게 느껴졌다.

◇ 이용당하고 버려진 느낌이다.

◇ 내가 바보 같고, 작고, 압도당하는 기분이다.

◇ 삶을 끝내고 싶다는 생각까지 들었다.

◇ 사람들이 전부 그 사람의 거짓말을 믿는다.

◇ 혼란스럽고 아무것도 확신할 수 없다.

◇ 내 안의 뭔가가 근본적으로 잘못된 것 같다.

◇ 희망도, 힘도, 가치도 전혀 느껴지지 않는다.

◇ 모든 게 내 잘못처럼 느껴진다.

◇ 완전히 짓눌린 느낌이다. 역시 내 잘못인 것 같다.

◇ 지칠 대로 지쳤다.

◇ 거짓말이 너무 노골적인데도 모두가 믿는다.

◇ 지는 기분이다. 그냥 포기하고 싶다.

◇ 정신이 이상해지는 것 같다. 나는 사랑받을 수 없는 존재 같다.

◇ 몸까지 망가졌다. 자가면역질환에 걸렸다.

◇ 수치심과 열등감으로 가득하다.

◇ 모든 걸 통제할 수 없는 기분이다.

◇ 이런 절망은 한 번도 겪어본 적 없다.

◇ 완전히 고립된 느낌이다. 아무도 내 상황을 이해하지 못한다.

어떤가? 제대로 짚었는가? 당신의 마음을 정말 알고 있다. 정말이다. 먼저 분명히 말하고 싶다. 위에 적힌 말들은 모두 사실이 아니다. 이건 당신 잘못이 아니다. 상황을 되돌릴 수 있다. 희망은 분명히 있다.

이혼이든, 사업 계약이든, 이웃이나 직장 상사, 동료, 가족과의 협상이든, 나르시시스트와의 협상은 절대 쉬운 일이 아니다. 사실, 그건 지옥과 같다. 이건 나쁜 소식이다.

하지만 좋은 소식도 있다. 올바른 전략을 적용하면, 나르시시스트 괴물과 반드시 안전 이별할 수 있다. 그들의 행동 패턴을 인식하기 시작하면, 우리는 전략을 세우고, 틀을 만들고, 보이지 않는 울타리로 그들을 가둘 수 있다. 그들이 눈치채기 전에 준비를 마치고, 그 위에 지렛대를 올려놓는다. 그리고 타이밍이 오면 덮친다. 완벽하게 끝장내는 것이다.

이 책을 끝까지 읽고 나면, 위에 적힌 그 모든 문장을 돌아보게 될 것이다. '와, 저게 나였다고? 지금은 전혀 낯설기만 하네!' 이렇게 생각하게 될 것이다. 대부분의 사람들이 가장 많이 이야기하는 '바람'을 소개하자면, 이렇다.

◇ 온전한 사람으로 살고 싶다.

◇ 건강하고 싶다.

◇ 강해지고 싶다.

◇ 존중받고 싶다.

◇ 편하게 숨 쉬고 싶다.

◇ 그냥 좀 쉬고 싶다.

◇ 누군가에게 소중한 존재로 느껴지고 싶다.

◇ 완전한 존재가 되고 싶다.

◇ 내 가치를 느끼고 싶다.

◇ 힘을 되찾고, 영감을 받고 싶다.

◇ 존중받고 싶다.

◇ 그저 공정한 대우를 받고 싶다.

◇ 안전하다고 느끼고 싶다.

◇ 마음이 가볍고 자유로워지고 싶다.

◇ 기쁨을 느끼고 싶다.

◇ 평화를 느끼고 싶다.

◇ 창의력을 되찾고 싶다.

◇ 인생에 의미를 느끼고 싶다.

◇ 있는 그대로 사랑받고 싶다.

◇ 아름답고, 서로 주고받는 사랑의 관계를 맺고 싶다.

당신도 그렇게 될 수 있다. 반드시 그렇게 될 수 있다. 이 여정의 모든 단계마다 내가 함께할 것이다. 손을 꼭 잡고 안내하겠다.

그런데 하나 분명히 해둘 것이 있다. 나르시시스트와의 협상에서 이기는 건, 간단한 과정이지만 결코 쉬운 과정은 아니다. 지루하고 까다롭고, 철저한 준비가 필요하다. 얼마나 오랫동안 나르시시스트와 관계를 맺었는지에 따라 다르지만, 그들은 당신의 정신을 완전히 망가뜨려버렸을 수도 있다. 실제로 심각한 트라우마에 시달리는 경우도 많다. 어떤 코칭 고객은 이렇게 표현했다. "머릿속이 으깨진 계란 같아요."

그래서 파트 3에서는 나르시시스트가 사람을 불안정하게 만들고, 통제권을 쥐기 위해 사용하는 수법을 구체적으로 살펴볼 것이다. 자각은 판도를 바꾸는 첫 번째 공격이다.

 # 지금 당장 실천 가능한 안전 이별 공식

1. 나르시시스트로부터 받은 문자, 이메일, 그 사람에 관한 메시지까지 전부 모아두자. 하나도 빠짐없이 기록하고 보관한다.

2. 모든 계정에 비밀번호를 설정하고 자주 바꾸자. 컴퓨터, 휴대폰, 클라우드, 이메일, 소셜 미디어까지 전부 포함이다.

3. 몸과 마음을 돌보자. 피곤하면 눈을 붙이고, 명상이나 요가 같은 자기 성찰 활동에도 마음껏 참여하자. 성장할 수 있는 일이라면 스스로 허락한다.

4. 믿을 수 있는 사람들과의 연결망을 갖춰두자. 지인일 수도 있고, 치료사나 종교 지도자일 수도 있다.

5. 하루에 잠깐이라도 시간을 내서 글을 써보자. 일기든 메모든 좋다.

6. 어떻게 느끼고 싶은지 생각해보자. 원하는 감정 두 가지를 적고, 매일 그 감정에 집중한다. 매일 읽고, 매일 떠올린다.

오늘의 주문

나는 가능성을 살아내는 강력한 존재다.
(또는 당신만의 문장을 직접 써도 좋다. 마음에 와닿는 말이면 된다.)

PART 3

그들의
교묘한 덫

"나르시시스트는 사람을 집어삼키고,
그 사람의 모든 것을 소진시킨 뒤 텅 빈 껍데기만을 내던진다."

– 샘 바크닌 *Sam Vaknin*

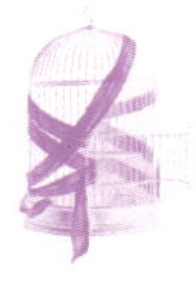

나르시시스트의 생각을
경계하라

이쯤에서 이 책 전체의 흐름을 이해하는 데 도움이 될 만한 말을 몇 가지 해두고 싶다. 아주 단순하지만, 아주 중요한 이야기다.

첫째. 나르시시스트와 협상하는 데 있어 문제는 의외로 나르시시스트 본인이 아니다. 진짜 문제는, 주변 사람들이 그들을 여전히 '정상적인 사람' 취급하면서, 자신처럼 생각하고 느낄 거라고 믿는 데 있다. 마치 뱀과 장어의 생김새가 비슷하다고 해서 같은 동물이라고 생각하는 격이다. 전혀 다르다.

이제는 일반인뿐만 아니라, 변호사, 판사, 중재인, 각 조직의 관리자, 임원, 의료인, 교사, 목회자까지 나르시시스트에 대해 제대로 배워야 한다. 안타깝게도 내가 만난 정신 건강 전문가 중 일부도 나르시시즘에 대해 거의 배우지 못했다고 털어놓곤 했다.

나는 십 대 청소년에게도 이걸 가르쳐야 한다고 믿는다. 왜냐고? 나르시시스트는 절대 변하지 않기 때문이다. 그러니 우리가 달라져야 한다. 우리가 그들과 관계 맺는 방식, 대응하는 방식, 협상하는 방식을 바꿔야 한다.

둘째. 나르시시스트와 협상해야 하는 사람이라면 꼭 기억해야 할 게 있다. 이건 절대 공정한 게임이 아니라는 점이다. 그들은 비열하게 싸운다. 만약 이게 진짜 몸싸움이었다면, 그들은 머리채를 잡고, 물고, 급소를 걷어차며 싸우는 쪽일 것이다. 그러니 정면승부는 현명한 전략이 아니다. 순진한 전략일 뿐이다.

셋째. 판사, 중재자, 조정인, 변호사 등 소송에 관여하는 전문가들은 당사자의 정신 건강 상태에 따라 협상 성격이 완전히 달라진다는 사실을 이해해야 한다. 정신적으로 건강한 사람들은 최소한 '해결'을 바란다. 하지만 나르시시스트가 섞이면 이야기가 완전히 달라진다(이 부분은 파트 6에서 '협상 카드'를 다룰 때 더 깊이 설명한다).

넷째. 나르시시스트와 부딪혀본 사람이라면 알 거다. 그들은 사람의 뇌와 몸을 아주 교묘하고 치밀하게 장악한다. 정말이지, 거의 속수무책이 될 만큼 능숙하다. 그들은 당신을 철저히 연구하고, 어떤 식으로 자신을 꾸며야 당신이 넘어올지 정확히 알고 있다.

미러링이라는 수법이 있다. 러브 밤 단계에서 그들은 카멜레온처럼 당신의 말투, 표정, 몸짓을 따라 한다. 그렇게 당신의 '짝'처럼 보이게 만든다. 그래서 당신은 끌릴 수밖에 없다(그러니 자신을 탓하지 말라. '그만큼' 그들은 교묘하다).

파트 2에서 말했듯, 일단 그들이 '버려지는 단계'에 들어서면 상황은 더 악화된다. 자기애적 상처가 자극되면, 자기애적 분노가 폭발하고, 당신은 순식간에 '공공의 적 1호'가 된다. 전쟁이 시작된다. 전면전의 타깃은 바로 당신이다. 악랄하고 거센 공격이 시작될 테니 각오하라.

문제는 이미 나르시시스트와 관계를 맺은 상태라면 당신은 신체적, 정서적, 심지어 영적으로도 철저히 소진된 상태일 가능성이 크다는 점이다. 이건 단순한 피로를 넘어선다. 파트 2에서 말했듯, 나르시시스트는 '석탄급 공급'을 최대한 뽑아내기 위해 숨겨진 목적을 가지고 움직인다. 그래서 나르시시스트와의 협상은 일반적인 협상과는 전혀 다르다. 하지만 그보다 더 중요한 차이점이 하나 있다. 나르시시스트는 협상을 유리하게 만들기 위해, 때로는 수개월, 수년에 걸쳐 타깃을 약화시키고, 길들이고, 불안정하게 만들어둔다.

그러니 우리가 협상 테이블에 앉을 때, 반드시 기억해야 할 것이 있다. 그들이 어떤 생각을 하고 있는지를 알아야 한다. 그래야 전략을 세우고, 협상 수단을 만들고, 그들의 다음 수를 예측하며, 두 수 앞서 대응할 수 있다. 무엇보다도 당신 자신과 당신의 입장에 집중할 수 있다.

나르시시스트는 다양한 조작 수법을 쓴다. 이런 조작 수법들은 장기적인 심리적 트라우마나 복합외상후스트레스장애Complex-PTSD, C-PTSD를 일으키는 경우도 많다. PTSD가 단일 사건 후에 나타나는 증상이라면,

C-PTSD는 오랜 시간 반복적으로 외상을 겪으며 발생하는 증상이다. 예를 들어 PTSD는 교통사고나 성폭행 같은 사건 후에 생길 수 있다. 반면 C-PTSD는 반복되는 심리적 학대를 겪은 끝에 나타난다. 수면장애, 플래시백Flashback(외상 기억의 재현), 감정 조절 문제, 과잉 경계나 반응성 손상, 외상의 재경험, 일상생활 수행의 어려움, 편두통, 무기력감, 심지어 인지 기능 저하까지 동반될 수 있다.

C-PTSD까지는 아니더라도, 나르시시스트의 '조작 도구' 때문에 인지 부조화Cognitive Dissonance를 겪는 사람도 많다. 이 파트에서는 그런 도구들이 무엇인지 하나씩 설명할 것이다. 거의 모든 나르시시스트가 같은 방식으로 이 도구를 쓰기 때문에, 나는 이를 조롱 섞어 '나르시시스트의 도구'가 아니라 '할 일 목록To-do list'이라고 부르기도 한다.

인지 부조화는 오랜 학대에 노출된 사람들이 흔히 겪는 현상이다. 나르시시스트가 오랫동안 현실 인식을 왜곡한 결과, 피해자는 자신이 직접 보고 듣는 것조차 신뢰하지 못하게 된다. '내가 지금 보는 게 맞는 건가?'라는 의심과 혼란이 생긴다. 이 자체가 또 트라우마가 된다.

그러니 나르시시스트와 협상하는 일은 멀쩡한 두 사람이 마주 앉아 대화하는 상황과는 완전히 다르다. 대부분의 사람들은 이 사실을 모르고, 협상 당사자들이 모두 제정신이고 건강하다고 가정하며 테이블에 앉는다. 문제는 바로 거기서 시작된다.

그렇기 때문에 나는 나르시시스트가 지배권을 쥐기 위해 어떻게 사람들을 무너뜨리는지, 정확히 말하면 어떤 전략을 실행하는지를 설명하는 데 한 파트 전체를 할애하고자 한다. 그 방식은 겉으로는 은근하고 교묘하지만, 실제로는 컬트 집단의 세뇌와도 비슷하다.

덧붙이고 싶은 게 하나 있다. 많은 사람들이 나르시시스트의 연인이나 파트너를 피해자Victim라고 부르지만, 나는 그 단어를 별로 좋아하지 않는다. 말장난 같아 보일 수도 있지만, 나는 타깃Target이라는 표현을 선호한다. 나르시시스트는 포식자다. 그들은 가치 있는 공급원을 골라잡는다. 당신은 영원한 피해자가 아니다. 이 일시적인 상황을 이겨내고, 더 강해질 수 있다.

나르시시스트는 좀처럼 변하지 않는다. 결국 자기 방식대로 살 수밖에 없는 사람들이다. 하지만 당신은 다르다. 그들이 준 상처를, 아직 드러나지 않은 의미 있는 길로 바꿔낼 수 있다. 나는 수많은 사람들이 그런 과정을 겪는 걸 직접 봐왔다.

예를 들어, 내 클라이언트 피터는 악성 나르시시스트 두 명과 엮여 있었다. 한 명은 그의 아내였고, 다른 한 명은 그의 어머니였다. 문제는 이 둘이 손을 잡았다는 거다. 처음엔 나도 피터가 문제라고 생각했다. 그가 찾아왔을 때는 이미 아내가 그에게 접근 금지 명령을 신청한 상태였다. 아내는 바람을 피웠고, 피터는 그 사실을 알게 되자 아내가 바람을 피우는 현장에 세워둔 그녀의 차 타이어를 찢어버렸다. 나쁜 선택이었다. 이혼 사건은 종종 이런 식으로 시작된다. 큰 폭발. 드물지도 않다. 그런데 이상하게도, 아내는 '시어머니'와 함께 살고 있었다. 아주 이상했지만, 그럴 수도 있겠다 싶었다.

그런데 더 이상한 일이 생겼다. 아내 쪽 변호사 비용을 피터의 어머니가 대고 있었던 것이다. 상황은 점점 기묘해졌다. 그리고 접근 금지 명령의 영구 전환을 심리하기 전날 밤 11시, 아내가 결혼 생활 중 살던 집으로 찾아왔다. 피터가 머물고 있는 집이었다. 그녀는 여전히 열쇠를 갖고 있었고, 아이에게 두통약이 필요하다며 들어왔다. 아이는 시어머니 집에 있었다.

피터는 깜짝 놀라 휴대폰으로 영상을 찍기 시작했다. 그녀가 가까이 오면 안 되는 상황임을 알았기 때문이다. 영상 속에서 그는 그녀에게 왜 여기에 왔는지 묻는다. 그녀는 주방으로 가 칼을 집어 들었다. 이어서 침실로 가더니 옷장에 있던 피터의 옷을 꺼내 바닥에 던졌다. 피터는 그저 지켜보며 촬영을 이어갔다. 그 순간, 그녀는 칼을 들고 피터를 향해 달려들었다. 영상에서는 피터가 "이 여자가 지금 칼을 들고 덤비네?!"라고 외치자, 그녀가 "그래, 덤빈다!"라고 맞받아친다. 그리고 영상은 꺼진다.

곧 경찰이 출동했고, 그녀는 체포됐다. 그녀가 신청했던 접근 금지 명령은 기각되었다. 하지만 같은 날, 그녀는 또 다른 접근 금지 명령을 신청했고, 이번에는 받아들여졌다. 심지어 영상이 있었음에도 불구하고 말이다. 피터는 즉시 이혼을 신청했고, 아이의 양육권도 요구했다.

그 외중에 그의 어머니가 음성 메시지를 남겼다. 만약 이혼과 양육권 소송을 포기하지 않으면, 그가 교제하는 여성을 추방되게 만들겠다는 내용이었다. 그 여성은 체코 출신이고, 과거 다른 남성과 했던 결혼을 통해 미국에 체류 중이었다. 그의 어머니와 아내는 그 결혼이 위장 결혼이었다며 이민 당국에 신고하려 했던 것이다.

이 사건은 충격과 반전으로 가득 찬 미궁 같았다. 우리 모두가 입을 다물지 못한 채 몇 년을 보냈다. 말 그대로, 이 책 전체를 이 사건 하나로 채워도 될 정도였다. 의뢰인은 억울하게 두 번이나 수감되었다. 부패한 경찰과 검사가 연루된 사건이었다. 상상할 수 없을 만큼 비열하고 치졸한 일들이 끝도 없이 이어졌다. 나중에서야 알게 된 사실이지만, 피터의 어머니는 사설탐정을 고용해 며느리와 잠자리를 갖게 했다. 그 탐정은 남편이 접근 금지 명령을 어긴 것처럼 꾸며내 진술했고, 그 때문에 피터는 체포되어 수감됐다. 우리는 나중에야 그 탐정이 아내와 관계를 맺고 있었다는 걸 알게 되었다.

어머니의 의도는 분명했다. 손주들의 양육권을 빼앗는 것이었다. 그녀의 남편, 즉 피터의 아버지는 유명한 외과의사였는데, 간호사와 바람이 났다. 어머니는 기이하게도 아들과 며느리 사이에서 손주를 빼앗으면 남편과의 관계를 되살릴 수 있다고 믿었다. 또한 그녀는 성인 자녀들에게 재정적 지원을 계속해왔고, 그걸 이용해 자녀들을 통제했다. 피터만이 유일하게 독립적으로 성공했고, 어머니의 돈 없이 살 수 있는 사람이었다. 그래서 더 이상 그녀의 통제 아래 있기를 원하지 않았다. 그녀는 악성 나르시시스트였다. 사람이 고통스럽게 무너지는 모습을 보며 희열을 느끼는 사람이었다.

아내의 동기는 뭘까? 생존이었다. 그녀는 스스로를 부양할 수 있는 수단이 없었다. 그녀 또한 나르시시스트였고, 시어머니와 공모한 관계였다. 시어머니가 모든 비용을 대신 내주기로 했고, 아내는 그 대가로 양육권을 가져가 함께 살면 된다고 생각했다. 사실 그녀는 16살 무렵부터 피터의 부모 집에 얹혀살았고, 그때부터 그들에게 기대어 살아가는 데 익숙해져 있었다. 둘은 오래전부터 이 시나리오를 짜왔던 것이다.

피터는 수없이 포기하고 싶었다. 절망에 빠졌고, 세상 모두가 자신을 적대하는 것처럼 느꼈다. 그에게는 이제 남은 사람이 거의 없었다. 사촌 한 명, 여자 친구, 그리고 우리 팀이 전부였다.

매일매일 끝없는 공격이 이어졌다. 이 사건은 얼마나 오래갔을까? 4년. 들어간 비용은? 수천만 원이 아니라 수억 원. 나뿐만 아니라 형사 전문 변호사, 사업체 감사를 위한 포렌식 회계사, 사설탐정 등에게 들어간 비용까지 모두 합친 액수다. 아이들을 몇 달간 보지 못한 시기도 많았다.

그의 감정은 롤러코스터 같았다. 슬픔, 억눌린 분노, 우울, 극심한 두려움, 억울함, 터질 듯한 분노. 끝없는 감정의 소용돌이 속에 살았다. 피터는 늘 내게 물었다. "이제 어떻게 될까요?" "만약에…… 이런 일이 벌어지면 어쩌죠?"

그때 내가 그에게 해준 말을 지금 당신에게도 꼭 전하고 싶다.

"당신이 이길 수 있다고 스스로 믿지 않으면, 아무도 당신을 도와줄 수 없어요."

그들은 당신이 포기하길 바란다. 당신이 진짜로 지는 순간은, 포기할 때뿐이다. 당신이 나르시시스트가 어떤 존재인지, 당신이 지금 어떤 상황에 놓여 있는지를 정확히 인식하는 순간 판이 바뀌기 시작한다. 놀랄 만큼 빠르게.

나는 피해자라는 말을 좋아하지 않는다. 왜냐하면 나는 말의 힘을 믿기 때문이다. "나는"이라는 말 뒤에 오는 단어가 곧 당신의 정체성이다. 당신은 피해자가 아니다. 당신은 타깃이었다. 이제 당신은 생존자다. 그리고 곧, 승자가 될 것이다. 이제 이렇게 말해보자. "나는 승리했다."

결국 피터는 아이들의 양육권과 교육 관련 최종 결정권을 모두 얻었다. 판결문에는 이렇게 적혀 있었다. "남편의 진술은 신빙성이 있다고 판단된다. 남편의 어머니는 자녀들과 남편의 관계를 방해하거나 훼손하려는 행위를 반복해왔다. 또한, 아내는 아버지와 아들 간의 관계를 방해하기 위해 지속적으로 노력해왔다."

기억하라. 믿는 자는 결국 이긴다. 피터가 그랬듯이, 당신도 할 수 있다. 반드시 할 수 있다.

진짜 자아 vs. 가짜 자아

나르시시스트가 왜 타인을 통제하려 드는지 이해하려면, '진짜 자아'와 '가짜 자아'라는 개념부터 알아야 한다.

샘 바크닌Sam Vaknin은 《악성 자기애Malignant Self Love》의 저자이자, 자신이 나르시시스트라고 밝힌 인물이다. 그는 이렇게 설명한다. 가짜 자아란 나르시시스트가 아주 어린 시절부터 스스로 만들어낸 자아다. 살아남기 위해 필요했던 허상이자, 되고 싶었던 사람의 모습이다.

반대로 '진짜 자아'는 그들이 죽어라 숨기고 있는 내면의 모습이다. 수치심으로 가득한, 자신조차 혐오하는 모습이다. 겉으로 드러나는 모습은 전부 가짜 자아다. 이 자아는 타인을 통제하려 하고, 끊임없이 칭송받기를 원한다. 반면 진짜 자아는 나르시시스트에게 있어 약하고 쪼그라든, 쓸모없고 역겨운 존재다. 그래서 어떤 대가를 치르더라도 숨겨야만 한다. 절대 드러내선 안 되는 자아인 것이다.

바크닌은 이어서 말한다. 가짜 자아는 일종의 대리인이다. 사람들을 끌어들이기 위한 미끼이자 방패다. 아이였던 그들이 당시에 겪은 외상으로부터 스스로를 지키기 위해 만들어낸 '발명품'이라는 것이다.

맬킨 박사가 지적했듯, 나르시시즘은 하나의 연속선상에 있다. 진정한 나르시시스트의 경우, 살아남기 위해 진짜 자아를 억누르고 묻어버리는 선택을 한다. 건강하고 온전한 사람은 그렇지 않다. 진짜 자아만이 존재하고, 그 자아는 자신의 영혼이 누구인지를 알고 있다. 존재 자체만으로도 가치 있다는 확신을 느낀다. 가짜 자아는 필요 없다.

하지만 스펙트럼의 반대편 끝에 있는 나르시시스트에게는 진짜 자아가 희박하다. 가짜 자아가 진짜 자아를 거의 말살했기 때문이다. 왜 나르시시스트는 자살 충동을 느끼지 않는가? 바크닌은 이렇게 말한다. "답은 간단합니다. 그들은 이미 오래전에 죽었기 때문이죠." "나르시시스트는 이 세상의 진짜 좀비"라는 것이다.

의심으로 만든 올가미,
가스라이팅

파트 2에서 이야기했듯이, 가스라이팅은 모든 나르시시스트가 사용하는 핵심 조작 기술이다. 형태는 다양하지만 목적은 하나다. 현실을 왜곡하고, 당신을 혼란스럽게 만들며, 결국엔 당신 자신을 믿지 못하게 하는 것이다. 이런 일이 오랫동안 반복되면 뇌가 안개 낀 것처럼 흐릿해지고, 심지어는 제정신이 아닌 것 같은 착각까지 들게 된다.

가스라이팅은 워낙 자주 등장하고 중요한 수법이라, 이 챕터 전체를 넘어서 한 권의 책으로 따로 다뤄도 될 만큼 깊고 광범위한 주제다. 형태는 다양하지만, 결국 상대방을 '미친 사람'으로 몰아가는 게 본질이다.

기억 왜곡하기

가장 흔한 형태 중 하나는 '기억 왜곡하기'다. 나르시시스트는 있던 일을 해체하거나 재조립해서 당신이 기억을 의심하게 만든다. 결국엔 '내가 잘못 기억한 걸까?' 하는 생각까지 들게 된다. 그들이 원하는 이야기 구조에 맞춰 현실을 새로 짜는 것이다. 예를 들어보자. 결혼기념일 주말에 남편이 친구들과 여행을 간다는 계획을 알게 됐다. 따지자 그는 이렇게 말한다. "우리 얘기했잖아. 너도 동의했어."

하지만 그런 대화를 나눈 기억이 전혀 없다. 분명히 그런 적 없다. 그런데 그가 계속 우기니까, 나중엔 스스로를 의심하게 된다.

또 다른 예시를 들어보자. 사업 파트너가 당신 모르게 거래를 시작한 특정 업체가 있다. 두 사람은 분명히 그 업체와는 거래하지 않기로 합의했었다. 그런데 그 파트너는 이렇게 말한다. "우리 연말까지 기다리기로 했지만, 지금이 적기인 것 같아서 진행한 거야. 네가 괜찮아할 줄 알았어."

당신은 그 말이 사실이 아니라는 걸 안다. 전혀 그렇게 얘기한 적 없다는 걸 안다. 그런데 그는 마치 그게 사실인 양 말한다.

감정 무효화

가스라이팅은 또 다른 형태로도 나타난다. 바로 '감정 무효화'다. 당신의 감정이나 기억 자체를 깎아내리는 방식이다. 당신이 느끼는 감정에 그럴 자격이 없다고 말하며 깔아뭉개는 식이다. 그리고 그 말엔 항상 빠져나갈 구멍이 있다. 그들은 언제든 눈을 동그랗게 뜨고 "내가 무슨 말을 했다고 그래?"라며 시치미를 뗀다. 예를 들어 이런 말들이다.

"너 왜 이렇게 예민해?"

"그냥 농담이었잖아."

"난 그런 말 안 했어. 네 착각이야."

"그 얘기 우리 했고, 네가 좋다고 했잖아."

"너 감정 기복 너무 심하다."

"너 말투 왜 그래?"

"너 지금 소리 지르고 있어."

"넌 진짜 불안정해."

"질투하는 거야?"

"너는 일을 너무 키워."

"너 생리 중이야?"

"너 진짜 미친 거 같아."

"그건 네가 먼저 그랬잖아. 나한테 안 해주니까 그렇지."

"그런 일 없었어."

"넌 망상에 빠져 있어."

"너야말로 나르시시스트야."

"넌 사실을 몰라."

"다른 사람 얘기만 듣고 판단하네. 진실을 말하는 사람은 나야."

이 모든 말은 당신의 생각과 감정을 무력화하고, 결국에는 '내가 이상한 건가'라고 느끼게 만든다.

투사와 회피

가스라이팅의 또 다른 방식은 '투사Projection'와 '회피Deflection'다. 이건 책임을 묻는 대화를 시작하려는 순간, 나르시시스트가 화살을 다른 사람에게 돌리는 방식이다. 그들은 늘 누군가의 탓을 한다. 대개는 '당신' 탓이다. 당신이 뭔가를 지적하면 그들은 오히려 당신을 그 문제의 가해자로 몰아간다.

또 다른 방식은 대화가 계속 엉뚱한 방향으로 흐르게 만드는 거다. 본론에는 도저히 도달할 수가 없다. 그 모습은 마치 뮤지컬 〈사운드 오브 뮤직〉의 노래 '마리아는 어떻게 해결할까?'를 떠올리게 한다. 가사에는 이런 질문이 나온다. "파도를 어떻게 잡아서 붙들어둘 수 있을까?" 답은 간단하다. 불가능하다.

다음은 투사와 회피가 어떻게 작동하는지를 보여주는 대화 예시다.

당신: 그럼 언제가 괜찮은데?

나르시시스트: 방금 내 말 끊었잖아.

당신: 난 안 끊었어.

나르시시스트: 너 진짜 예의 없다.

당신: 문자 얘기하자니까.

나르시시스트: 지금 소리 지르고 있잖아.

당신: 내가 무슨 소리를 질렀다 그래?

나르시시스트: 와, 너 지금 완전 감정 폭발했네. 난 이런 식으론 대화 못 해.

이런 식이다. 결국 당신은 뭘 잘못했는지도 모른 채 죄책감에 휩싸이게 된다. 본론은 한 번도 다뤄지지 않고, 당신만 상처 입는다.

당신을 휘두르는 언어와
감정 공격

트라우마 결속

나르시시스트가 사람을 무너뜨리는 또 다른 방식이 있다. 바로 '트라우마 결속Trauma Bonding'이다. 이 때문에 나르시시스트와 협상하는 일은 일반적인 사람과 협상하는 일과는 전혀 다르다.

트라우마 결속은 가해자와 피해자 사이에 형성되는 감정적 연결이다. 이는 보상과 처벌이 반복되는 사이클 속에서 점점 깊어진다. 가해자는 칭찬하고 애정을 주다가, 갑자기 학대하고 비난을 쏟아낸다. 다시 애정을 주고, 다시 벌을 준다. 이 사이클이 계속되면 피해자는 자신도 모르게 그 사람에게 묶이게 된다.

앞서 파트 2에서 설명했듯, 나르시시스트의 관계 패턴은 세 단계로 나뉜다. 러브 밤, 가치 절하, 버려지기. 하지만 이건 단순한 선형 구조가 아니다. '러브 밤 → 가치 절하 → 버려지기' 순서로 한 번만 진행되지 않는다. 관계는 항상 러브 밤으로 시작하고, 마지막엔 반드시 버려지는 단계로 끝난다. 누가 끝내든 관계없이 말이다. 그 사이엔 끊임없는 반복이 있다.

더 구체적으로 말하자면, 나르시시스트는 먼저 러브 밤을 퍼붓고, 이어서 깎아내린다. 필요할 때 다시 사랑을 쏟고, 또다시 깎아내린다. 가끔은 당신을 내쳐버리기도 한다. 그러다 다시 사랑을 퍼붓고, 또 깎아내리고, 다시 사랑하고…… 관계는 이런 식으로 끝없이 반복된다. 다음은 실제로 이런 관계가 현실에서 어떻게 드러나는지를 보여주는 예다.

이 모든 패턴은 그들이 원하는 걸 얻기 위해 그 순간 가장 효과적인 방식을 고르는 것일 뿐이다. 타깃이 된 사람 입장에서 이건 지옥 같은 감정의 롤러코스터다. 세상에서 가장 황홀한 순간과, 가장 끔찍한 잔혹함이 번갈아 찾아온다. 이유도 설명도 없다. 경고도 없다. 아무런 예측도 할 수 없다. 이게 일상이 된다. '다음엔 잘해야지', '내가 더 노력하면 괜찮아지겠지'라고 생각한다. 하지만 끝은 언제나 더 나쁘게 흘러간다.

그러다 떠나기로 결심한다. 그런데 그들이 매달린다. 변하겠다고 약속한다. 진심처럼 보인다. 그래서 다시 믿는다. 하지만 그들은 그 전보다 더 잔인해진다. 계속 반복된다. 조심조심, 눈치 보며 살게 된다.

스탠퍼드대학교 신경학과 교수 로버트 새폴스키Robert Sapolsky는 원숭이를 대상으로 도파민 실험을 했다. 첫 번째 집단의 원숭이는 좋은 행동을 할 때마다 매번 보상을 받았다. 이때 도파민 수치는 전혀 변화가 없었다. 반면 다른 집단은 좋은 행동을 했을 때 간헐적으로 보상을 받았다. 언제 보상이 주어질지 알 수 없게 만든 것이다. 놀랍게도, 도파민 수치는 보상을 실제로 받을 때가 아니라, 그걸 '기대할 때' 가장 많이 분비됐다. 그 수치는 코카인을 투여했을 때와 같은 수준이었다. 즉, 보상이 아니라 보상이 언제 올지 모른다는 불안한 기대감이 중독을 만든 것이다.

이게 바로 나르시시스트가 간헐적으로 베푸는 다정함, 즉 러브 밤이 당신의 뇌에 중독처럼 작용하는 원리다. 당신은 그 한 번의 다정함을 기대하며 계속 기다리게 된다. 도파민이 나올 때까지 말이다. 다시 말해, 나르시시스트와의 관계에 생리적으로 중독될 수 있다는 의미다. 일반적인 사람과의 협상이나 대화와는 완전히 다를 수밖에 없다.

트라우마 결속 상태에 놓여 있다면, 그 사실을 먼저 알아차려야 한다. 그래야 그 사람과의 협상이나 대화에서 좀 더 공정한 위치에 설 수 있다. 그리고 제대로 싸울 준비를 할 수 있다.

고스팅

고스팅Ghosting은 나르시시스트가 초반부터 사용하는 전술이다. 러브 밤이 끝나자마자 시작된다. 처음엔 문자와 전화가 쏟아진다. 연락이 쉴 새 없이 오고, 조금만 답이 늦어도 왜 답이 없냐고 묻는다. 사업 관계든 연애든 마찬가지다. 하루에도 몇 번씩 메시지가 온다. 마치 세상에서 가장 열정적인 사람처럼 느껴진다. 매일같이 새로운 아이디어를 보내온다. 그 열정에 휩쓸린 당신도 어느새 들떠 있다.

그러다 갑자기, 뚝 끊긴다.

갑자기 사라진다.

문자에도 답이 없다. 이메일을 보내봐도 감감무소식이다.

어디로 간 걸까? 무슨 일이 있었던 걸까?

겨우 연락이 닿았을 때, 그들은 짜증을 낸다. 마치 당신이 너무 집착하는 사람인 양, 당신을 조롱한다. 분위기가 완전히 달라진다. 그들의 태도는 차갑고, 당신은 갑자기 혼자 버려진 느낌이다. 이게 바로 나르시시스트가 쓰는 '핫 앤 콜드' 전략이다. 다정했다가, 사라졌다가, 또 아무 일 없다는 듯 다정하게 돌아온다. 이 반복의 소용돌이는 마지막까지 이어진다.

워드 샐러드

나르시시스트의 '워드 샐러드Word Salad'는 종종 '말로 하는 암살Verbal Assassination'이라 불린다. 말로 사람을 지치게 만들고, 망가뜨리는 수법이다. 대표적인 방식은 뱅뱅 돌기만 하는 대화다. 처음엔 이미 끝난 줄 알 았던 얘기를 다시 꺼내고, 또 꺼낸다. 똑같은 말을 되풀이하면서 당신을 미쳐버릴 지경으로 몰아간다.

예를 들어, 나르시시스트가 왜 늦었냐고 묻는다. 당신은 여동생이 입원해서 병문안을 갔다고 말한다. 그날 나눈 대화를 설명하고, 문자까지 다 보여준다. 분명히 다 설명했다고 생각한다. 그런데 30분쯤 지나면 다시 묻는다. "너 일부러 늦은 거지?" 이번엔 당신을 자극하고, 감정적으로 무너지게 하려는 의도다. 결국 당신은 또다시 설명하게 된다. "그때 병원에 갔잖아. 문자도 계속 보냈고, 사진까지 찍어서 보냈잖아."

그런데도 그들은 인정하지 않는다. "그런 거 없었잖아. 나를 무시한 거지. 예전에도 자꾸 늦었잖아." 끝도 없이 비난을 이어간다.

또 다른 버전도 있다. 아예 말이 안 되는 소리를 꺼내면서, 당신을 방어적으로 몰아붙이는 방식이다. 아무 근거도 없는 얘기를 끄집어내고, 당신은 그걸 해명하느라 진이 빠진다.

대표적인 예시로 나르시시스트는 당신이 바람을 피운다고 몰아간다. "무슨 소리야? 엄마랑 여동생이랑 점심 먹으러 갔잖아. 문자도 보냈고, 사진까지 보냈잖아."

하지만 그들은 듣지 않는다. 당신은 없는 사실을 설명하느라 말려든다. 말도 안 되는 소리에 끌려다니는 사이, 정신은 혼란에 빠진다. 논리 따윈 없다. 당신은 황당함 속에서, 이게 지금 무슨 대화였는지도 헷갈리게 된다. 말의 덫에 갇혀버리는 것이다.

당신을
껍데기만 남겨놓는 수법

중상 캠페인과 플라잉 몽키

나르시시스트가 관계를 '버리는 단계'에 접어들면, 그때부터 '중상 캠페인Smear Campaign'이 시작된다. 중상 캠페인이란, 세간에 타깃을 '악마'로 몰아가는 일이다. 상대가 얼마나 끔찍하고 형편없는 인간인지, 왜 이번 파국이 전적으로 그 사람 탓인지, 자신이 얼마나 피해자인지, 나르시시스트는 온 세상에 떠벌리고 다닌다. 반면 본인은 성인처럼 대접받아 마땅할 만큼 관계에 있어 모든 걸 완벽하게 해냈다는 얘기를 곁들여서. 뭐, 대충 짐작이 갈 것이다.

이쯤 되면 플라잉 몽키도 등장한다. 이 말은 영화 〈오즈의 마법사〉에서 나쁜 마녀 주변을 날아다니던 날개 달린 이상한 생물들에서 유래했다. 그들은 마녀의 하수인이자 심부름꾼이다. 왕국의 사람들을 감시하고 보고하던 존재들이다. 나르시시스트의 세계에서도 비슷한 존재들이 있다. 이들은 나르시시스트가 타깃을 공격하고 고립시키기 위해 이용하는 사람들이다.

다시 말해, 나르시시스트는 다른 사람들을 통해 타깃이 미쳐가는 기분이 들게 만들고, 감정적으로 무너지게 하고, 통제하고, 자존감을 무너뜨린다. 일종의 감정 폭력 전쟁인 셈이다.

플라잉 몽키 전략에는 여러 목적이 있다. 첫째, 나르시시스트가 하는 모든 말이 '다른 사람들'에 의해 지지받고 있다는 인상을 준다. 둘째, 타깃인 당신이 말하는 건 아무도 믿지 않을 것이라는 분위기를 만든다. 셋째, 당신은 괴롭힘당하고 있다는 느낌, 모두에게 둘러싸였다는 감정, 점점 고립되고 있다는 불안을 느끼고 '나만 이상한 사람인가'라는 착각에 빠지게 된다.

결국, 이런 생각이 들게 된다. '어차피 이기지도 못할 텐데. 저쪽엔 사람도 많고, 다 그 사람 편인데…….'

그래서 당신은 점점 말문을 닫게 된다.

나르시시스트는 이 플라잉 몽키들을 상황에 따라 수시로 활용한다. 하지만 '버려지는 단계'에 이르면 그 강도가 훨씬 세진다. 본격적으로 주변을 동원하기 시작하는 것이다. 더 무서운 건, 이 중상 캠페인은 당신이 눈치채기도 전에 이미 시작됐다는 점이다. 왜냐하면 나르시시스트는 버릴 준비를 오래전부터 하고 있었기 때문이다. 몇 달 전부터 슬

슬 씨앗을 심는다.

모든 나르시시스트는 플라잉 몽키를 쓴다. 하지만 그중에서도 은밀형 나르시시스트들이 이걸 가장 교묘하게 다룬다. 이들은 중상모략을 하면서도 그걸 걱정돼서 하는 말인 척 포장하는 데 능하다.

아래는 본격적으로 당신을 내치기 훨씬 전부터, 어떻게 그 씨앗을 은근슬쩍 심기 시작하는지 보여주는 예시다.

"프레드 어제 술 많이 마셨더라. 너무 걱정돼. 내가 워낙 걔를 아끼니까……"

그리고 몇 달이 지나면 이렇게 말한다.

"프레드는 알코올중독이야. 내가 그 얘기 전에 했었잖아. 애들이랑 한자리에 있게 하면 안 돼. 혹시 나 대신 법정에서 증언 좀 해줄 수 있을까? 애들을 지켜야 하잖아."

소름 돋지 않나? 이미 몇 달 전부터 사람들 귀에 슬쩍슬쩍 '걱정하는 말'을 흘리며 조작을 시작한 것이다. 은근하게, 아주 능숙하게. 프레드는 이런 일이 벌어지고 있는지도 몰랐고, 실제로 술 문제 같은 건 없을 수도 있다.

다행인 건, 법정에서는 여전히 '실제 증거'를 중요하게 여긴다는 점이다. 그 사람이 진짜 알코올 문제를 갖고 있는지, 아이에게 위험한 사람인지 입증하지 못하면, 그런 말은 대부분 전해 들은 말로 간주된다. '아이에게 가장 좋은 선택'이라는 기준 앞에선 채택되지 않을 수 있다. 하지만 정말 무서운 건 이거다. 그들은 이미 몇 달 전부터 작전을 짜고 있었고, 당신은 아무것도 모른 채, 이미 덫에 걸려 있다는 사실이다.

그리고 남겨진 당신은, "프레드는 알코올중독자"라는 말에 맞서기 위해 수개월을 설명하고, 증거를 제출하고, 진실을 증명하느라 지쳐가게 된다. 사실 더 끔찍한 건 따로 있다. 그 심리전이다. 온 세상이 나르시시스트의 편인 것 같은 기분. 그 사람 말만 믿는 '하수인들'이 존재하고, 당신은 혼자라는 느낌. 이건 영혼을 갉아먹는 전쟁이다.

솔직히 말해, 내가 지난 몇 년 동안 깨달은 것 중 하나는 이거다. 플라잉 몽키들도 나처럼 러브 밤에 당한 피해자일 수 있다는 것. 어떤 경우엔 자기들이 무슨 일을 하고 있는지도 모르고, 나르시시스트가 어떤 사람인지도 모른다. 물론 알고서 그러는 경우도 있지만.

가장 좋은 건, 가능하다면 나르시시스트를 끊는 것처럼 그 사람들과의 관계도 함께 끊어내는 것이다. 그래야 저쪽에서 무슨 일이 벌어지고 있는지 보지 않게 된다. 소셜 미디어에서도 차단하길 권한다. 그래야 제대로 된 치유가 시작된다. 독성과 부정적인 기운을 내 삶에서 최대한 차단할수록, 회복은 더 빨라진다.

예전에 내가 은밀형 나르시시스트와 비즈니스를 함께 할 때, 그가 플라잉 몽키들을 꽤 자주 쓰고 있다는 걸 알게 됐다. 놀랍게도, 나는 그때 어린 시절 운동장에서 괴롭힘당하던 기억이 떠올랐다. 당시에는 상황을 정확히 몰랐지만, 뭔가 이상하다는 느낌은 강하게 들었다. 결국 나는 그 사람과 연결된 모든 사람들과 거리를 두기로 마음먹었다. 그래서 제대로 회복하고 앞으로 나아갈 수 있었다. 그 사람이 나르시시스트라는 걸 그땐 알지 못했다. 나중에야 눈치챘다. 본능적으로 알았고, 그 선택은 지금 돌이켜봐도 최고의 결정이었다. 당신도 그렇게 하길 진심으로 바란다.

※공지 사항

소셜 미디어에 올리는 글은 정말 조심해야 한다. 플라잉 몽키들은 늘 주변에 숨어 있다. 기회를 엿보다가, 바로 달려가 나르시시스트에게 고자질하곤 한다. 기억하자. 나르시시스트와의 관계는 체포당하는 상황이나 마찬가지다. 당신이 말한 모든 것이, 결국에는 당신을 공격하는 무기로 쓰일 수 있다.

가짜 미래 약속

가짜 미래 약속Future Faking은 나르시시스트가 잘못을 들켰을 때 흔히 사용하는 기술이다. 그들은 "앞으로는 달라지겠다"라고 약속한다. 하지만 그건 본질적으로 책임 회피를 위한 빈 약속일 뿐이다. 진심은 없다. 순간만 넘기려고 하는 거다. 지금 당장은 그 말에 상대가 안심하고 넘어가니까. 물론 아주 잠깐은 약속을 지키는 척할 수도 있다. 예를 들어,

분노 조절을 위해 부부 상담을 받겠다고 약속한 뒤, 몇 번 다니다 말아버리는 식이다. 사업 파트너라면, 매출을 올리겠다느니, 당신이 기대한 열정을 보여주겠다느니 하면서 입에 발린 말을 늘어놓는다. 당신이 듣고 싶어 하는 말, 그 톤과 분위기까지 딱 맞춰서 해준다.

이런 조작 전략은 러브 밤이나 이상화 단계에서도 자주 등장한다. 함께 사업하자는 제안일 수도 있고, 함께라면 얼마나 멋진 미래가 펼쳐질지에 대한 장밋빛 청사진일 수도 있다. 거기에 자신의 인맥까지 덧붙이며 당신을 유혹한다. 연인 관계라면, 분위기 좋은 레스토랑에서 둘만의 미래를 세세하게 그리는 장면일 수도 있다. 너무도 낭만적이고 근사하게 들릴 것이다. 하지만 이건 일종의 유혹이자, 꼬임이고, 계약 사기다. 미끼를 던지고, 나중엔 바꿔버리는 전략이다. 아무 의미 없는 공수표일 뿐이다.

가짜 사과

나르시시스트는 사과할까? 그렇다면, 진심일까?

첫 번째 질문에 대한 답은 '그렇다'.

두 번째 질문에 대한 답은…… 글쎄, 별로 그렇지 않다.

나르시시스트도 때때로 사과한다. 하지만 그건 순수한 사과가 아니다. 그들은 사과를 배워 조종의 도구로 쓴다. 사실, 많은 나르시시스트는 사과 자체를 극도로 꺼린다. 솔직히 말해, 자기들한테 도움이 될 때조차도 말이다. 그만큼 자아가 불안정하고, 방어 기제가 강하다. 사과

한마디도 자기 존재를 부정하는 것처럼 느끼는 거다. 물론 예외는 있다. 조종 전략의 일부로 활용할 수 있을 때는 얘기가 다르다.

내가 들은 '가짜 사과' 중 최고로 어이없는 사례는 내 고객 랜디와 관련된 이야기다. 처음 만났을 때 분위기를 설명해보자면, 그는 한 시간 넘게 자기가 돈을 얼마나 잘 버는지 자랑만 하더니 마지막엔 이렇게 말했다.

"보수금을 조금 깎아줄 수 있을까요?"

내 대답? "아니요. 하지만 더 저렴한 변호사를 원하신다면 몇 명 추천은 드릴 수 있어요."

그는 결국 나를 선택했고, 사건은 그렇게 시작됐다. 랜디는 아내 리디아와 18년 동안 결혼 생활을 해왔다. 플로리다 법에 따르면, 17년 이상은 장기 결혼으로 간주된다. 이 경우, 아내는 '영구적인 위자료'를 받을 자격이 생긴다(한쪽이 사망하거나, 수령자가 재혼할 때까지 위자료가 지급되는 구조다). 누구에게는 종신형이고, 누구에게는 인생 최대의 상금인 셈이다. 당연히 위자료가 논점이 될 땐, 이 부분을 두고 가장 치열하게 다투는 경우가 대부분이다. 물론 다른 변수들도 고려되긴 한다. 하지만 랜디 입장에서는, 지금 눈앞에 닥친 현실이 '종신 위자료형'이 될 수도 있는 상황이었다.

조정 당일, 리디아는 다른 회의실에 앉아 있었다. 우리는 무려 12시간 넘게 머물렀고, 마침내 구두 합의에 도달한 상태였다. 조정인 크리스는 변호사 출신으로, 경력을 쌓은 후 조정 업무에 전념하고 있었다.

그는 하루 종일 열심히 중재했고, 거의 모든 이슈에서 해결점을 찾아냈다. 마지막엔 합의문 초안만 남은 상태였다.

그런데 갑자기 크리스가 문을 벌컥 열고 들어와 나를 따로 보자고 했다. 그 순간 나는 살짝 당황했다. 내 고객 랜디도 어리둥절한 표정을 짓고 있었다. 나도 "금방 돌아올게요"라고 말하며 자리에서 일어났다.

리셉션 공간은 이미 깜깜했고, 직원들도 다 퇴근한 뒤였다. 그 어두운 공간에서 크리스는 이렇게 말했다.

"아내 쪽에서 아주 특이한 제안을 해왔습니다."

그 말을 듣자마자 나는 마음을 다잡았다. 왜냐하면 이런 식의 얘기는 대부분, 조정이 결렬되었다는 신호였기 때문이다. 조정이 깨지면 다음 단계는 재판이다. 조정은 두 종류의 결과로 끝난다. 서명된 합의서 또는 결렬 선언. 결렬로 끝나면, 곧바로 정식 재판 절차에 들어간다. 내 머리는 빠르게 돌아가기 시작했다. 재판 일정을 새로 잡아야 하나? 이 사건까지 처리할 여유가 있나? 랜디는 과연 재판 비용을 감당할 생각이 있을까? 하지만 어쩔 수 없지. 이제 현실로 돌아가야 했다.

"그래서, 그 '특이한 제안'이 뭔데요?"

나는 조심스럽게 물었다. 크리스는 작게 웃으며 말했다.

"제가 30년 변호사 생활을 했고, 20년 넘게 가사 조정만 해왔지만 이런 건 처음 봅니다."

내 호기심은 점점 짜증 섞인 궁금증으로 바뀌고 있었다.

"그래요? 뭔데요?"

"영구 위자료를 완전히 포기할 의향이 있대요. 단, 조건이 하나 있습니다."

그는 그렇게 말하며 피식 웃었다.

"네?"

나는 이제 진짜 짜증이 나기 시작했다.

"랜디가, 결혼이 망가진 이유가 자기 때문이었다는 걸 인정하고, 모든 일에 대해 사과하면 된답니다."

크리스가 마침내 그렇게 말했다. 이번엔 정말 놀랐다. 그때까지 나도 이혼 사건을 수도 없이 맡아왔다. 상대에게 뉘우치라고 요구하는 사람, 벌을 받아야 한다고 외치는 사람, 고통받기를 바라는 사람, 대가를 치르라고 말하는 사람은 많이 봤다. 하지만 '사과 한마디'로 영구 위자료를 면제해주는 거래? 처음 듣는 얘기였다.

맥락을 설명하자면, 랜디는 아내에게 매달 1만 5,000달러, 연간 18만 달러를 위자료로 지급해야 할 상황이었다. 두 사람 모두 쉰셋이었고, 플로리다 법에 따르면 지급자는 65세 이후에 위자료 조정 신청이 가능하다. 즉, 랜디가 65세에 은퇴한다고 가정하면, 앞으로 12년간 18만 달러씩 위자료를 내야 하는 것이다. 12년간의 총액? 200만 달러가 넘는다.

나는 다시 작은 회의실로 돌아가 초조하게 기다리던 내 고객에게 이 '기상천외한' 제안을 전했다. 솔직히 말해, 당연히 그가 이 제안을 덥석 물 줄 알았다.

아니었다. 내 착각이었다.

"내가 왜 그래야 하죠?" 그는 듣자마자 소리를 질렀다.

"200만 달러의 위자료를 아낄 수 있으니까요."

나는 최대한 차분하게 답했다. 누구나 알 만한 이유였다.

"난 그딴 거 안 해요."

그는 팔짱을 끼고, 믿을 수 없다는 내 눈빛을 정면으로 바라보며 단호하게 말했다. 나는 눈을 깜빡이고, 깊게 숨을 들이쉬었다. 그리고 천천히, 또박또박 말했다.

"그냥 그거면 된다잖아요. 5분만 같이 방에 앉아서 진심 어린 사과 한마디면 끝이래요. 그럼 당신은 영구 위자료에서 완전히 해방되는 거예요. 미국 전역의 수많은 부유한 배우자들은 이 기회를 얻기 위해 목숨이라도 걸고 싶을 걸요. 자존심 좀 접고, 자리에서 일어나서 저 방으로 가서 사과하세요."

그는 마치 십 대가 억지로 집안일을 하듯, 고개를 푹 숙이고 터덜터덜 일어나 조정인을 따라 나갔다.

랜디는 차라리 수백만 달러를 위자료로 내고 말지, 사과는 죽어도 하기 싫었던 것이다. 왜일까? 사과를 해버리면, 이제 자기가 위자료를 주는 쪽이라는 걸 온 세상에 떠벌릴 수 없게 되니까. 그는 그게 자랑거리라고 생각했다.

"봐라, 내가 돈 주고 있다. 나는 그만큼 큰 사람이다." 이렇게 말하고 싶었던 거다.

게다가 위자료를 주는 방식이라면 여전히 그녀를 '관리'할 수 있고, '통제'하는 느낌도 유지할 수 있었을 것이다. 무엇보다, 자기가 틀렸다는 사실을 인정하지 않아도 되니까. 그런 말 한마디가 자기 정체성 전체를 뒤흔들 만큼 그에겐 괴로운 일이었다. 그래서 그가 한 사과는, 결국 철저히 계산된 '가짜 사과'였다. 하지만 그녀는, 그게 진짜가 아니란 걸 처음부터 알고 있었다. 그래도 억지로라도 그 말을 받아내고 싶었다. 그냥, 한 번쯤은 사과를 듣고 싶었을 뿐이다.

대부분의 나르시시스트는 사과하지 않는다. 왜냐하면 사과란 자기 존재를 갉아먹는 일이라고 믿기 때문이다. 작디작은 자아를 유지하려 안간힘을 쓰는 그들에겐, 사과는 곧 무너짐이다. 자기가 완벽하지 않다는 걸 드러내는 순간을, 그들은 절대 견디지 못한다. 하지만, 아주 가끔은 사과하는 경우도 있다. 그건 단지 조종의 도구일 뿐이다. 예를 들어, 가짜 미래를 약속할 때.

"미안해. 다시는 안 그럴게. 앞으로 완전히 달라진 나를 볼 수 있을 거야."

이런 식으로 사과한다.

'러브 밤' 단계나 이상화 시기에도 이런 가짜 사과는 등장한다. 그들이 힘겹게 확보한 '공급원'을 지키고, 유지하고, 되찾기 위해서다.

가짜 사과에는 또 다른 유형도 있다. 그건 아예 사과가 아니라, 은근히 상대를 찌르는 방식이다. 당신은 진심에서 우러난 사과를 바라지만, 돌아오는 건 감정적으로는 전혀 위로가 되지 않는 말뿐이다. 예를 들면 이런 식이다.

"그렇게 느꼈다면 미안해."
"그렇게 받아들였을 줄은 몰랐어."
"네가 사과받고 싶다니까, 알았어. 미안해."

또 다른 가짜 사과 유형은 듣는 사람을 죄책감에 빠뜨리는 방식이다. 이건 상대가 자기에게 어떤 잘못도 따지지 못하게 만들려는 전략이다. 아주 교묘하고 집요하게 감정을 조종한다. 예를 들면 이런 식이다.

"미안해. 내가 그냥 끔찍한 사람이야."
"난 그냥 완전히 형편없는 존재인가 봐."
"좋은 엄마가 되려고 한 건데. 미안해."

결국, 나르시시스트가 이런 말을 할 때는 "다신 안 그러겠다"라고 약속해놓고, 깨고, 다시 깨고, 또 깨는 모습을 보게 된다. 그들이 진짜로 미안한지는 금방 드러난다. 그래서 나는 이런 걸 사과가 아닌, '가짜 사과Faux-Pology'라고 부른다. 진짜로 뉘우치는 사람은 자신의 행동이 누군가에게 상처가 되었다는 걸 알게 되면 그 행동을 반복하지 않는다. 상대의 감정이 어떤지는 중요하지 않다는 듯, 계속 상처 주는 사람은 결코 진심이 아니다.

후버링

겨우 빠져나왔다 싶었을 때쯤, 슈웅. 마치 진공청소기가 동전을 빨아들이듯, 나르시시스트가 당신을 다시 빨아들인다. 그게 바로 '후버링 Hoovering [7]'이다. 러브 밤이 지나고, 평가절하되고, 버려지는 시기를 지나면 당신은 당신 나름의 삶을 살고 있다. 우리 아빠 표현대로 하자면, 남의 일에 참견할 기력도 없을 만큼 자신만의 세계에서 회복하려 애쓴다. 깨진 유리 조각을 하나하나 다시 붙이듯, 무너진 마음을 조금씩 복원하는 중이다. 그러다 몇 달 뒤, 연락이 온다.

"우리 둘이 좋아했던 그 노래, 방금 들었는데 문득 네 생각이 났어."

혹은 뜬금없는 문자가 온다.

"나 암 검사 결과 나왔어…"

그 다음엔, "앗, 미안. 문자가 잘못 갔나 봐. 너한테 보내려던 게 아니었어."

나르시시스트는 당신이 그 문자를 보면 어떻게 반응할지 정확히 안다. "어머, 무슨 일이야?"라고 답하게 만들려는 거다.

후버링은 꼭 직접적으로 오는 것만도 아니다. 제삼자를 통해 소문을 듣게 될 수도 있다. 나르시시스트가 여전히 당신 주변 사람들과 연락하고 있다거나, 당신 얘기를 하고 있다는 걸 알게 되는 식이다. 이런

---

7) 역자 주: 후버링은 진공청소기 브랜드인 '후버(Hoover)'에서 유래한 표현으로, 나르시시스트가 피해자를 다시 관계로 끌어들이기 위해 감정적으로 흡입하려는 시도를 뜻한다. 러브 밤, 죄책감 유도, 위협 등 다양한 방식이 포함된다.

일은 몇 년이 지난 후에도 계속될 수 있다.

후버링은 꼭 긍정적인 방식으로만 오지도 않는다. 몇 달 뒤, 당신에게 편지가 올 수도 있다. "네가 내 인생을 망쳐놨어." 또는 소송장이 날아올 수도 있다. 당신을 자기 세계로 다시 끌어들이기 위해서라면 뭐든 할 수 있다. 그건 결국 '공급Source'을 다시 확보하려는 시도다. 당신을 혼돈과 중독의 끈적한 그물망 안으로 다시 끌어들이려는 것이다.

그들은 이렇게 말할지도 모른다. "나 변했어. 이젠 예전이랑 달라."

절대 믿지 마라. 이미 벗어난 상태라면, 그 문을 단단히 걸어 잠가야 한다.

정답은 이미 당신 안에 있다

이번 파트에서 전하고 싶은 핵심은 이거다. 모두에게 똑같은 협상 규칙을 적용한다고 해서, 모두에게 잘 통할 거라고 믿어선 안 된다.

왜냐고? 나르시시스트는 뇌의 구조부터 다르다. 그로 인해 생각하는 방식, 관계 맺는 방식, 갈등에 대응하는 방식까지 전부 다르다. 비즈니스든 개인적인 관계든, 일반적인 사람과는 완전히 다르게 움직인다.

그러니 나르시시스트에게 착취당하고 이용당한 사람들 또한 협상에는 다른 방식으로 접근해야 한다. 이들에게는 훨씬 더 큰 공감과 세심함이 필요하다. 얼마나 오랜 시간 동안 '조작 관계Manipulationship' 안에 있었는지에 따라, 피해자는 심각한 트라우마를 겪고 명확하게 사고하는 능력을 잃었을 수도 있기 때문이다.

이걸 알아야 할 사람은 누구일까? 정답은 간단하다. 모두다. 우리는 하루 종일 협상을 하며 살아가지만, 특히 다음과 같은 사람들에게는 반드시 필요한 이야기다.

- 판사
- 변호사
- 조정인
- 임원진
- 매니저
- 세일즈 종사자
- 중재인
- 성직자
- 심리학자 (아동 심리 포함)
- 모든 의료 전문가
- 양육 조정인
- 양육권 평가자
- 소송 후견인
- 문제 있는 직장 동료와 일하는 사람
- 갈등이 심한 가족과 유산 다툼 중인 사람
- 나르시시스트와 이혼했거나 이혼 중인 사람
- 나르시시스트와 공동 양육 중인 사람(관계 지속 여부 무관)

- 갈등이 있는 전 배우자와 양육 중인 사람
- 나르시시스트 사업 파트너와 엮인 사람
- 해로운 가족이 있는 모든 사람

당신 영혼이 보내는 속삭임

이런 조작 전술에 계속 노출되다 보면, 진짜 스스로 미친 건 아닌지 의심하게 된다. '혹시 나만 이상한 사람인가?'라는 생각이 들기 시작하고, 자존감과 자아감이 서서히 무너진다. 자신의 모든 걸 의심하게 된다.

'내가 좀 더 잘했더라면?'

'내가 조금만 더 노력했더라면?'

'말을 더 조심해야 했나?'

'내가 더 잘했더라면… 내가 더 노력했더라면… 내가… 내가….'

그리고 이렇게 믿게 된다.

'내가 증명해 보일 거야. 나도 괜찮은 사람이란 걸.'

'문제는 나였어.'

'내가 잘못된 사람이야.'

나르시시스트는 당신이 그렇게 믿게 만든다. 그게 현실이라고 믿게 조종한다.

하지만, 어느 순간 아주 작게 들리기 시작한다.

내면 어딘가에서 들려오는 목소리.

처음엔 너무 희미해서, 착각인가 싶다.

하지만 점점 더 선명해진다.

그리고 이제는, 더 이상 무시할 수 없다.

그건 바로, 당신의 영혼이 보내는 속삭임이다.

'아냐, 이건 아니야. 이건 옳지 않아'

나는 마야 안젤루Maya Angelou의 《새장에 갇힌 새가 왜 노래하는지 나는 아네》라는 책을 참 좋아한다. 그 새가 바로 당신의 영혼이기 때문이다.

내가 변호사로 일하던 시절, 혹은 지금처럼 문제 있는 사업 파트너와의 관계로 고민하는 사람을 코칭할 때, 사람들은 내게 인생에서 가장 중요한 질문 중 하나를 묻곤 했다. 정말, 그들의 삶 전체를 바꿔놓을 만큼 중요한 질문이다.

"레베카, 제가 이 관계를 계속 유지해야 할까요? 아니면 떠나야 할까요?"

내 대답은 항상 같다.

"그건 내가 대신 정해줄 수 없어요."

그 질문의 답은 당신 안에 있다. 아주 깊은 곳에.

그 질문에 대한 답을, 사실 당신은 이미 알고 있다.

이 문장을 읽으며 소름이 돋았다면, 그게 바로 그 증거다.

내가 이 문장을 쓰는 지금, 나 역시 소름이 돋는다.

답은 머리에서 나오는 게 아니다.

가슴에서 나온다.

영혼에서 나온다.

나는 그걸 '영혼의 결정 Soul Decision'이라고 부른다. 왜냐고? 당신의 영혼은 당신보다 먼저 안다. 그 영혼이 이 책을 집게 했다. 그 영혼이 '자유로워질 시간'이 되었다는 걸 느꼈다. 그래서 조용한 속삭임이 들리기 시작한 거다.

그 속삭임이 점점 커진다. 그리고 마침내 빛이 보이기 시작한다.

그게 이 책을 읽게 된 이유다. 당신의 영혼이 그 한 줄기 빛을 잡아낸 거다.

"세상에, 이거다. 이게 바로 지금 내게 일어나고 있는 일이야."

그렇게 정보를 찾기 시작하고, 조금씩 강해진다. 조금씩, 조금씩. 그게 바로 지옥에서 빠져나올 준비가 됐다는 신호다.

1. 나르시시스트를 무력화하는 핵심 문장을 사용해보자.

   "당신 말, 이해했어요."

   "좀 진정됐을 때 다시 이야기하죠."

   "그게 당신의 생각인 건 알겠어요."

   "이 방식은 저와 맞지 않아요."

   "그 말에는 반응하지 않겠습니다."

2. 영혼의 속삭임에 귀를 기울이고, 글로 써보자.

3. 경계를 세우고, 반드시 지켜라.

오늘의 주문

나는 내 영혼의 속삭임에 귀를 기울인다.
(또는 당신만의 문장을 직접 써도 좋다. 마음에 와닿는 말이면 된다.)

PART 4

지옥과
'안전 이별'하라

"지옥에서 빠져나온 사람은 그 일에 대해 절대 말하지 않는다.
그 이후로는 그 어떤 일도 그를 흔들지 못한다."

— 찰스 부코스키 *Charles Bukowski*

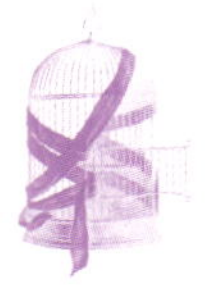

마음이 지옥이니
삶이 지옥이다

지옥을 떠올렸을 때, 혹시 지금 있는 이곳이 지옥보다 더 나쁘게 느껴진 적이 있나? 그게 바로, 나르시시스트와 엮인 사람들이 흔히 겪는 감정이다. 이 책을 여기까지 읽었다면, 당신도 아마 비슷한 상황에 놓여 있을 거다. 생지옥 같은 관계 속에서, 악마와 거래든 뭐든 할 각오가 생길 만큼 힘든 나날을 보내고 있을 수도 있다. 그게 학대가 일상인 결혼이든, 영혼을 갈아 넣어야 하는 직장이든, 당신을 파멸로 이끄는 사업 파트너와의 계약이든(나도 느껴봤고, 정말 지긋지긋하게 겪어봤다), 아니면 숨 막히는 양육권 다툼이든, 이런 상황에서는 밤잠이 사라진다. 아예 머릿속이 점령당해버린다.

한밤중에 벌떡 깨도 그 생각.

설거지하면서도 그 생각.

강아지 산책시키면서도 그 생각.

도무지 벗어날 수가 없다.

말 그대로 사는 게 지옥인데, 출구는 안 보인다.

어쩌다 여기까지 온 건지조차 모르겠다.

이건 분명히 정상은 아니다.

내 클라이언트 대부분도 비슷한 경험을 했다. 나르시시스트에게 부당하게 상처받고, 그 일로 생긴 트라우마와 미래에 대한 절망을 동시에 짊어지고 살아간다. 그들에게 내가 제시하는 건 이거다. 마음 한구석으로는 바라왔지만, 실제로 가능할 거라고는 믿지 않았던 한 문장.

"지옥에서 빠져나올 수 있는 방법이 있다고 하면, 믿겠어요?"

지옥으로 향하는 길은 교묘하게 위장되어 있다. 작은 거짓말 하나하나, 수동 공격적인 행동 하나하나가 천천히 덮어씌우듯 당신을 옭아맨다. 눈에 띄는 경고신호들이 분명히 있었지만, 나르시시스트는 그걸 감쪽같이 무력화한다. 교묘한 핑계, 철저히 계산된 러브 밤이 어김없이 등장해 당신의 의심을 억누른다.

그리고 나르시시스트는 그 본능대로 행동한다. 당신을 기분 좋게 띄웠다가 다시 깎아내리면서 완전히 의존하게 만든다. 그렇게 해서 조용히, 그러나 확실하게 당신을 지배하는 위치에 올라선다.

문제는 학대가 분명해졌을 때다. 대부분의 피해자는 그때부터 막막해진다. 어떻게 벗어나야 할지, 어디에 도움을 청해야 할지, 심지어 진짜 벗어날 수는 있는 건지도 모른다. 하지만 꼭 기억해야 할 게 있다. 나르시시스트의 학대는 끊을 수 있는 고리다. 절대 끝이 없는 저주가 아니다.

첫 번째 할 일은, 당신 탓을 멈추고 해결책이 있다는 걸 아는 것이다. 내가 만든 안전 이별 공식은 그런 해결책이다. 이건 단순한 심리 기법이 아니다. 신경 언어 프로그래밍Neuro Linguistic Programming, 전통적인 협상 전략, 법률 기술, 법정에서 쓰이는 설득 기술, 심리학까지 폭넓게 결합된 종합 도구다. 이걸 통해 당신은 다시 힘을 되찾고, 지옥에서 빠져나올 수 있다. 심하게 데지 않고, 멀쩡히 걸어 나오는 방법이다.

가이드라인을 세워라

안전 이별 공식은 나르시시스트를 상대할 때 쓰는 내비게이션이다. 감정이 끓어오르고 상황이 격해질수록, 진짜 도움이 된다. 감정이 격해지면 머릿속이 하얘지고, 뭘 어떻게 결정해야 할지조차 헷갈릴 때가 많으니까. 하지만 역설적이게도, 이 협상들은 우리 삶에서 가장 소중한 것들과 맞닿아 있다. 아이, 일, 집, 재정 문제까지. 그래서 더더욱 정신을 똑바로 차려야 한다.

검증된 해결 방식 하나가 전혀 다른 결과를 만든다. 그 나르시시스트 CEO를 제대로 눌러주고 처음에 약속받았던 C 레벨 임원 자리를 쟁취하느냐, 아니면 "미쳤다" 소리 듣고 회사에서 쫓겨나느냐, 그 갈림길에 서게 된다.

실제로 그런 일이 있었다. 내 개인 코칭 클라이언트 중 한 명의 이야기다. 우리는 함께 상황을 빠르게 파악하고 움직였다. 덕분에 그녀는 '끔찍한 평행 세계'로 빠지는 걸 피할 수 있었다.

그녀는 능력, 경력, 태도까지 뭐 하나 빠지는 게 없었다. 정말 독보적인 사람이었다. 그녀의 이름은 펄. 하버드에서 학사, 스탠퍼드에서 MBA를 받고, 실리콘밸리에서 최고재무책임자CFO로 일하던 중이었다. 삶에 만족하던 그때, 홍콩에 있는 한 사기업에서 강하게 구애해왔다. 그 회사는 수십억 달러 자산을 가진 스위스계 재벌 가문이 소유한 대형 그룹의 아시아 지사였고, 아시아 부문은 그 가문의 아들 중 하나가 총괄하고 있었다.

찰스라는 이름의 그 남자는 잘생기고, 플레이보이 같은 스타일이었다. 찰스는 펄을 홍콩으로 한 번도 아니고 세 번이나 초대해 매번 호화로운 대접을 했다. 그는 펄에게 이렇게 약속했다. "당신이 오면 중국 사업 부문의 CEO 자리를 맡게 될 거예요."

펄은 지금의 자리에도 충분히 만족하고 있었지만, 아시아 본부 CEO라는 제안은 다음 커리어를 위한 완벽한 도약처럼 보였다. 찰스는 그녀를 대하는 데 있어 정말이지 철저했다. 항상 따뜻하고 친근한 태도였고, "우리 회사는 가족 같은 분위기예요"라는 말을 진심처럼 느끼게 했다. 홍콩을 방문할 때마다 그녀가 좋아하는 음식들을 하나하나 기억해 레스토랑을 예약했고, 호텔 방엔 매번 꽃과 음식, 스파 이용권이 담긴 웰컴 기프트 박스가 준비되어 있었다. 회사는 라이프 스타일을 중시

한다며, 건강하고 균형 잡힌 삶을 살 것을 장려한다고 강조했다. 그녀는 매 순간 진심으로 환영받는 것처럼 느꼈고, 그런 따뜻한 분위기에 점점 마음이 끌렸다.

회사를 운영하는 문제에 있어서 펄은 질문이 많았다. 찰스는 늘 정답을 갖고 있었다. 펄이 자율성을 원하자, 찰스는 당연히 보장해주겠다고 했다. 마케팅 예산이 필요하다고 하자, 바로 그렇게 하겠다고 했다. 심지어 그는 펄에 대해 이미 철저히 조사까지 마친 상태였다. 펄이 환경문제에 관심이 많다는 걸 알고 있었고, 회사의 배기가스 배출량을 줄이는 데 그녀가 도움을 줄 수 있을 거라며 협조를 요청했다. 또한 그녀가 여성 인권에 진심이라는 것도 파악하고 있었고, CEO로 취임하면 여성 리더십 프로그램을 새롭게 시작하자는 제안도 했다. 자금 조달도 전부 지원하겠다고 했다.

펄은 기대감에 벅차올랐고, 감동과 흥분을 숨기지 못했다. 하지만 펄은 성급한 결정을 내리는 사람이 아니었다. 그녀는 이직을 진지하게 고민했다. 다만 이직에 대한 우려를 내비치기라도 하면, 찰스는 그때마다 왜 무조건 이직해야 하는지에 대해 조목조목 설득을 이어갔다. 압박은 갈수록 더 강해졌다. 그는 거의 매일 연락을 취해왔다.

결국 펄은 자신에게 유리한 조건을 따내는 데 성공했다. 가능성을 다 따져보며 판단했다. 펄은 아이를 낳진 않았지만, 남편 조와 함께 행복한 삶을 살고 있었다. 펄은 중국계지만 미국에서 태어났고, 가족 모두가 미국에 살고 있었다. 남편 조 역시 미국인이다. 그러니 아시아로 이주하는 건 결코 가벼운 결정이 아니었다. 하지만 찰스 측에서 이사 비용을 전부 부담했고, 펄은 새출발에 큰 기대를 걸었다. 그녀와 조는 홍콩으로 향했고, 펄은 드디어 CEO 자리에 오르는 줄 알았다.

그런데 홍콩에 도착한 그 순간부터 상황이 이상했다. 펄이 본사에 처음 출근하던 날, 찰스는 비서에게 지시해 펄을 어떤 사무실로 안내하게 했는데, 그 방은 아직 정리조차 안 되어 있었고, 다른 사람의 짐이 박스째로 쌓여 있었다.

게다가 찰스의 태도는 전에 보였던 따뜻함은 온데간데없이, 싸늘하고 무성의했다. 그는 펄에게 서류 몇 개를 주며, 당장은 자기가 처리할 일이 있으니 오전에 시간이 나면 다시 만나 이야기해보자고만 했다. 회사 사람들에게 그녀를 소개하지도 않았고, 명함도 준비되어 있지 않았다. 그날 오후가 되어서야 겨우 대면한 찰스는 말했다.

"일단은 간단한 업무부터 해보세요. 더 많은 일을 맡길 준비가 되면 그 때 알려드릴게요."

그러고는 과제를 하나 던져주며 다음 주까지 끝내라고 했다. 그렇게 말만 툭 던지고는, 돌연 그녀를 내쫓듯 내보냈다. 펄은 순간, 뭔가 이상하다는 예감이 들었다. 그리고 그 예감은 곧바로 현실이 됐다. 그 누구도 그녀를 CEO라고 부르지 않았다. 찰스도 그랬고, 회사 내 누구든 마찬가지였다. 회사 웹사이트에도 그녀의 이름은 없었다.

둘째 날, 펄은 마음을 다잡고 사무실로 다시 출근했다. 결심한 듯 찰스를 찾아가 정식으로 얘기를 나누기로 했다. 비서에게 면담 요청을 했더니, "오늘은 시간이 없으니 약속을 잡아야 한다"라고 했다. 펄은 일정을 조율해 면담을 요청했다. 하지만 그는 이틀간 '시간이 없다'며 만나주지 않았다. 결국 마주 앉게 되었을 때, 찰스는 이렇게 말했다.

"처음부터 너무 까다롭게 나오셔서 좀 실망했습니다. 사무실에 대해 불평했다는 얘기도 들었고, 지금은 일거리 때문에 또 불만을 토로하고 계시네요."

펄은 말문이 막혔다. 어이가 없었다. 그녀는 사무실이나 일거리에 불평을 한 게 아니었다. 계약서에 분명히 명시된 조건, 즉 중국 지사의 CEO로 임명된다는 핵심 약속이 전혀 지켜지지 않고 있다는 데 분노한 것이었다. 그래서 그녀는 물었다.

"이게 대체 무슨 일이죠?"

그러자 찰스는 이렇게 말했다.

"막상 오시고 보니, 계약 당시 본인이 주장했던 역량을 갖추지 못한 게 분명해 보입니다. 그래서 좀 더 시간을 두고 지켜보려는 겁니다."

이해할 수 없는 말이었다. 첫날, 첫 순간에 그게 어떻게 '분명'해질 수 있었을까? 찰스는 펄과 일해보지도 않은 상태였다. 그런데 벌써부터 그녀를 '까다로운 사람'으로 낙인찍고 있었다. 펄은 마치 '이상한 나라의 앨리스'처럼 거울 속에 들어간 기분이었다.

몇 주가 지나서야 펄은 겨우 찰스가 회사 웹사이트에 펄의 이름을 올리도록 만들었지만, 직책은 아시아 운영 '임시' 총괄일 뿐이었다. 다행히 계약서에 명시된 연봉은 계속 지급됐지만, 찰스와의 관계는 점점 더 어려워졌다. 찰스는 펄을 계속 무시하고 존중하지 않았다.

펄은 결국 인사팀에 우려를 전달했지만, 그곳에서 들은 말에 충격을 받았다. 찰스가 이미 그녀의 인사 기록에 '요구가 많고, 까다롭고, 준비되지 않은 사람'이라고 기재해둔 것이다. 알고 보니 다른 직원들도 찰스를 무서워했지만, 다들 그냥 참고 있을 뿐이었다. 사무실에선 그의 히스테릭한 성질에 대한 소문이 돌았고, 사람들은 그가 이 사업부를 맡게 된 것도 가문에서 마땅히 시킬 일이 없어 떠넘긴 자리였다고 수군거렸다.

펄은 찰스의 아버지에게 직접 연락해 면담을 요청했다. 하지만 바로 거절당했고, 이 사실을 알게 된 찰스는 펄에게 분노를 터뜨렸다. 그렇게 펄은 결국 '나르시시스트'를 검색했고, 나를 찾아왔다. 내가 그녀를 코칭하기 시작한 건 그때부터였다.

펄이 처음 나를 찾아왔을 때, 그녀는 완전히 무너져 있었다. 회사에 다닌 지는 10주 정도밖에 되지 않았지만, 이미 찰스에게 매일같이 나르시시스트의 학대를 받아온 상태였다. 자신감은 바닥났고, 자존감은 산산이 부서졌다. 신호를 미리 알아차리지 못한 자신을 자책했고, 그 때문에 괴로워했다. 몇 주째 잠을 통 자지 못했고, 슬픔과 불안, 우울감에 시달렸다. 스트레스는 극에 달했고, 두려움에 사로잡혀 있었다.

지금 이 회사를 그만두면 두 번 다시 직장을 못 구할 것 같았다. 이 짧은 재직 기간이 경력에 어떻게 보일지도 걱정이었다. 무엇보다 찰스가 자기 뒷말을 퍼뜨릴까 봐 불안했다. 그 걱정도 지나친 건 아니었다.

지금까지 당한 일을 생각하면, 충분히 타당한 불안이었다.

그래서 우리는 '가이드라인'을 만들었다. 일단 가이드라인이 생기면, 그다음부터는 그냥 따라가기만 하면 된다. 그게 바로 심리적 안전망이 되어준다. 이제부터는 지도를 따라가는 일만 남는다.

우리는 안전 이별 공식을 하나도 빠짐없이 철저히 적용했다. 다음 몇 파트에서 안전 이별 공식이 무엇인지 본격적으로 소개할 것이다. 펄과 나는 일대일 세션을 통해 계획을 세웠다. 우선, 그녀가 가고자 하는 방향(비전)을 설정하고, 거기에 도달하기 위한 단계별 실행 계획_{Action Plan}을 수립했다. 그다음, 찰스를 원하는 방향으로 이끌 수 있는 강력한 협상 카드를 마련했고, 그 과정 내내 찰스가 어떻게 나올지 미리 예측하며, 두 수 앞서 움직이고, 계속해서 펄 자신의 목표에만 집중하도록 했다.

결과는 완벽했다. 펄은 원하던 조건의 퇴직 보상금을 받았고, 이후 본인의 사업을 시작해 지금은 아주 성공적으로 운영 중이다. 펄의 압도적 승리였다!

이처럼 철저한 계획은 자유를 얻는 결정적인 분기점이 될 수 있다. 계획이 없으면, 학대하는 남편이나 파트너와의 관계에서 빠져나오지 못하고 반복되는 고통 속으로 계속 되돌아가게 된다.

내 또 다른 클라이언트는, 학대하던 당시 남편에게서 탈출할 준비가 되지 않은 상태에서 도망쳤다가, 결국 실패하고 다시 그에게 돌아갈 수밖에 없었다. 남편은 자신이 달라졌다고 말했고, 들은 상담도 받았다. 심지어 상담사 또한 그가 달라졌다고 믿을 정도였다.

하지만 결국, 그가 전혀 달라지지 않았다는 걸 깨달았다. 오히려 더 악랄해졌다. 한 번 떠난 그녀를 괘씸하게 여긴 그는, 이제 그녀를 더 괴롭히려 들었다.

결국 그녀는 다시 떠나기로 결심했다. 이번엔 철저한 계획을 세웠다. 가족과 비밀리에 이야기해 몇 달 동안 머물 자금 지원을 약속받았고, 남편을 신용카드 공동 사용자에서 제외하고 어머니 명의 계좌엔 본인의 이름을 함께 등록해두었다. 행선지는 아무에게도 말하지 않았고, 짐을 싸서 한밤중에 조용히 떠났다. 이번엔 정말 끝이었다. 계획이 있었기에 실행할 수 있었다.

나르시시스트는 자기가 원하는 걸 당연히 얻을 거라 여긴다. 하지만 게임의 판도는, '내가 원하는 게 뭔지' 먼저 결정하고 '그걸 얻을 수 있다는 확신'을 갖는 순간부터 완전히 달라진다. 마음이 단단해졌다면, 이제는 그다음을 위한 강력한 전략이 필요하다.

안전 이별 공식

파트 1에서 소개했던 안전 이별 공식에 대해, 이제부터 훨씬 깊이 있게 들어갈 예정이다.

다음 몇 파트에 걸쳐 이 공식의 각 핵심 요소(전략, 협상 카드, 예측, 그리고 당신)를 하나씩 자세히 살펴볼 것이다.

파트 3에서 소개했던 내 클라이언트 피터는, 아내와 어머니 양쪽을 상대로 싸워 이겨낸 인물이다. 그는 이렇게 말했다.

"내 사건은 아마 최악 중의 최악이었을 거예요. 그 상황에 처해 있을 때 잘 안 보였지만 지금은 말할 수 있어요. 꿋꿋하게 버티세요. 희망을 버리지 말고 강해지세요. 터널 끝엔 빛이 있어요. 전보다 더 단단해졌고, 더 현명해졌고, 더 많이 알게 됐고, 감사하는 마음도 생겼어요. 이제 세상 어떤 일이 와도 다 이겨낼 수 있을 것 같아요. 바위처럼 단단한 느낌이에요. 이런 제가 자랑스럽고, 이제는 그 지옥을 벗어났다는 게 자랑스러워요. 뭐든 이겨낼 수 있을 것 같아요."

먼저 맞서야 할 것은
두려움이다

"나는 껍데기만 남은 여자가 되어 있었어요.

예전의 나라는 존재는 완전히 사라졌다고 느꼈죠.

한때 가졌던 안정감, 지식, 자신감…… 다 무너져버렸어요.

평생 함께하며 아이도 여럿 낳고 살 줄 알았던 그 꿈,

머릿속에 그려둔 인생의 꿈이 완전히 무너졌죠.

두려움이 머릿속을 완전히 지배한 것 같았어요.

아무 생각도 할 수 없었고, 이성적으로 판단도 못 했어요. 아무것도요.

그땐 정말, 바닥에 주저앉아서 울고 싶을 만큼 힘들었어요.

사방에서 벽이 점점 좁아지면서, 질식해가는 느낌이었어요.

처한 상황과 두려움, 찢어질 듯한 고통 때문이었어요.

라일라의 말은, 나르시시스트와의 관계가 끝날 때 많은 이들이 겪는 감정을 너무도 정확히 담아낸다. 나는 그녀가 안전 이별 공식을 통해 회복할 수 있었다는 사실이 정말 감사하다. 혹시 당신이 연인 관계가 아니라 사업 파트너, 상사, 가족, 전 배우자, 공동 양육자 등과의 관계에서 나르시시스트를 겪고 있다 해도, 그 고통은 다르지 않다. 나르시시스트의 학대는 피해자에게 고립감, 수치심, 외로움, 그리고 아무도 이해하지 못한다는 절망감을 남긴다.

하지만 어느 순간 깨닫게 된다.

나르시시스트들은 놀랄 만큼 비슷하고, 그로 인해 사람들이 겪는 고통도 닮아 있다는 사실을. 그때부터 치유의 길이 조금씩 보이기 시작한다. 당신에게 꼭 들려주고 싶은 말이 있다. 다른 사람들이 나르시시스트를 겪으며 어떤 지옥과 두려움을 마주했는지, 그 생생한 목소리다.

— 맥스, 나르시시스트 상사와 일하는 의사

— 닐, 나르시시스트 전 연인을 겪은 부동산 중개인

"사람들이 다 그 인간이 하는 거짓말을 믿을까 봐 너무 무서워요."

– 사라, 나르시시스트 전 연인을 겪은 사업가

"계속 괴롭힘당하는 느낌이에요. 말을 꺼내야 하나 말아야 하나, 말 한다면 언제, 어떻게 말해야 할지도 모르겠어요."

– 어맨다, 나르시시스트 고객을 상대하는 PR 회사 CEO

"너무 무서워서 머릿속이 완전 뒤죽박죽이에요."

– 신디, 30년 전업주부, 나르시시스트 전남편과의 이혼 진행 중

"보복당할까 봐 너무 무서워서 아무것도 못 하겠어요."

– 앤절라, 나르시시스트 전 연인 · 공동 양육자와 갈등 중인 배우

"항상 살얼음판을 걷는 느낌이에요. 괜히 무슨 일이 터지면, 나도 애들도 어떻게 될까 봐 겁나요."

– 크리스천, 나르시시스트 전 배우자를 둔 엔지니어

익숙한가? 여기엔 역설이 있다. 나르시시스트는 당신을 살얼음판 위에 서 있게 만든다. 왜냐고? 두렵기 때문이다. 그들은 죽도록 두려워한다. 버림받는 게 두렵고, 혼자가 되는 게 두렵고, 자기 민낯이 드러나는 게 두렵다. 거절당할까 봐, 망신당할까 봐, 실패할까 봐…… 온갖 공

포에 시달린다.

내가 생각하는, 이들과의 권력관계를 뒤집는 방법은 이렇다. 방향을 잘못 잡고 달리는 배의 키를 잡는 일, 혹은 크루즈선을 완전히 유턴시키는 일과도 같다. 하지만 유턴하려면 먼저 배를 멈춰야 한다. 계속 가던 방향에서 일단 멈추는 것. 그게 첫걸음이다.

당신은 이미 그 첫걸음을 내디뎠다. 이제부터는 받아들여야 한다. 빠져나가는 유일한 방법은 '통과하는 것'뿐이다. 어디선가 구세주가 나타나, 당신을 우주선에 태워 데려가는 일은 일어나지 않는다. 결국, 이 상황은 당신이 직접 헤쳐나가야 한다. 하지만 이게 조금이라도 위안이 된다면, 성장에 관해 내가 들은 최고의 비유 하나를 공유하고 싶다.

근육을 키우려면 먼저 근섬유에 미세한 파열이 일어나야 한다. 그 파열이 회복되는 과정에서 근육은 더 강해진다. 파열을 야기한 원인을 견딜 수 있는 힘이 생기는 것이다. 우리도 마찬가지다. 우리를 죽이지 못하는 것은, 결국 우리를 더 강하게 만든다.

이혼 당시, 아이들은 너무 어렸고 난 아직 이십 대였다. 낮에는 도시 빈민가 초등학교에서 교사로 일했고, 밤에는 로스쿨을 다녔다. 매일이 전쟁 같았다. 엄마에게 아이들을 잠깐 맡기고 내 인생 좀 정리하고 로스쿨도 끝낸 후에 다시 데려올 수 있으면 좋겠다고 말한 적도 있다. 물론 인생은 그렇게 흘러가지 않는다. 첫째부터 셋째까지 세 아이와 나는 그냥 함께 버텨냈다. 결국, 우리는 해냈다. 당신도 해낼 수 있다.

세뇌에서 벗어나기 시작했다면, 다음 단계는 힘을 조금씩 회복해

앞으로 나아가기 시작하는 것이다. 하지만 너무 갑자기 바뀌면 안 된다. 나르시시스트가 뭔가 달라졌다는 걸 눈치채지 못할 만큼 천천히 움직여야 한다. 이제는 더 이상 물러서지 않는 새로운 판이 열린 것이다. 바로 이 시점에서 나르시시스트는 뭔가 바뀌고 있다는 걸 감지한다. 그러니 모든 걸 한꺼번에 바꿀 필요는 없다.

당신만의 속도로, 준비가 되었을 때 시작하면 된다. 마침내, 당신은 자기 자신을 위해 당당하게 협상할 수 있는 힘이 생길 것이다. 예전처럼 물러서지 않고 당당하게 앞으로 나아갈 수 있게 된다. 나르시시스트가 무슨 짓을 할까 걱정하며 밤잠을 설치는 일도 더는 없다. 그때쯤이면, 당신은 단지 나르시시스트만 이긴 게 아니라 자신 안에 있던 두려움도 이겨냈다는 걸 알게 될 것이다.

협상에 대한 두려움, 혹은 인생 전반에 대한 두려움과 관련해, 나는 결국 어떤 부분에서는 두려움이 완전히 사라지지 않는다는 사실을 받아들여야 했다. 그래서 나는 두려움이 느껴질 때마다 두려움과 대화를 나눈다. 이건 《먹고 기도하고 사랑하라》의 작가 엘리자베스 길버트 Elizabeth Gilbert가 글쓰기에 대한 자신의 두려움을 다룰 때 나누는 대화 방식에서 영감을 받은 것이다. 나는 이 방법을 나만의 스타일로 바꿨다. 당신도 자신에게 맞게 조정해도 좋다. 내 방식은 이렇다.

"두려움아, 너랑 나랑 같이 가야 하는 길이라는 거 알아.

솔직히 넌 안 왔으면 좋겠어. 근데 그게 불가능하다는 것도 알아.

그러니까 같이 가도 돼. 하지만 뒷자리에 앉아.

음악은 네가 못 골라. 말도 꺼내지 마.

그리고 가장 중요한 거, 운전대는 절대 건드리지 마!"

요점은 이거다. 두려움을 완전히 없앨 수는 없지만, 그 감정에 끌려다니며 마비되거나 지배당하지는 말아야 한다. 두려움이 운전석에 앉는 순간, 인생을 그 감정이 좌우하게 된다. 《상처받지 않는 영혼》의 작가 마이클 싱어Michael Singer는 두려움을 '하나의 존재'처럼 여기며 이렇게 말한다.

"두려움과 관련해 당신이 선택할 수 있는 길은 둘뿐이다.

하나는 그 감정을 밀어내려 하면서 끊임없이 통제하려 애쓰는 길이고

다른 하나는 그 감정을 그냥 통과하게 두는 길이다.

첫 번째 길은 끊임없는 고행이다.

상황을 어떻게든 통제해서 두려움을 느끼지 않으려 하지만

결국 두려움은 계속해서 따라다닌다.

두 번째 길은 조금 다르다.

긴장을 풀고 두려움과 조화를 이루는 방법을 배우는 것이다.

이 방식은 삶과 더 건강하고, 적극적으로 연결되는 법을 배우는 과정이다.

두려움을 놓아주는 건, 삶을 포기하는 게 아니다."

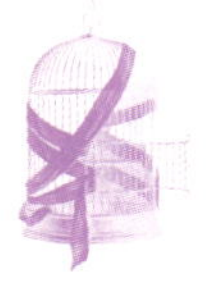

탈출의 기반,
강한 '나' 만들기

관계의 깊이와 상관없이, 나르시시스트와의 관계는 흡혈 기생충과 숙주 같은 관계에 가깝다. 그래서 그들을 '에너지 뱀파이어Energy Vampire'라고 부르기도 한다. 기생충은 숙주가 자신을 떼어내는 순간 분노한다. 기분 좋을 리가 없다. 전혀.

하지만 진짜 멋진 소식은, 그 모든 과정을 지나면 당신 인생 최고의 버전이 기다리고 있다는 사실이다. 정말이다. 믿어도 된다.

메리는 그걸 몸소 증명한 사람이다. 짧게 자른 머리, 카디건, 화장기 없는 얼굴. 겉모습만 보면 오하이오 출신의 수녀처럼 보였던 그녀는 중동 출신 외과 의사이자, 수익성 높은 정형외과 의료기기 특허권을 가진 남성의 아내였다. 60대의 온화한 여성. 그런 그녀에게 남편은 종종 아무 이유 없이 엘리베이터에서 다른 남자를 힐끗 쳐다봤다고 몰아붙였고, 며칠이고 그녀를 괴롭히며 '벌'을 줬다. 그게 언어폭력이든, 더 심한 방식이든.

메리는 이미 오래전부터 이제는 끝내야 한다고 느꼈다. 그 결심이 현실이 되기까지는 시간이 걸렸지만. 그녀는 나를 찾아왔고, 그 후 몇 년 동안 조금씩 재정 관련 서류를 모았다. 은행 명세서, 카드 내역, 소득세 서류 등 이혼 시 법원이 재산 분할 판단을 내리는 데 필요한 문서들이었다. 메리는 몇 달마다 주기적으로 사무실에 들러 그동안 모은 서류를 건넸다.

문서를 모으는 동시에, 그녀는 스스로의 용기와 의지도 조금씩 되찾고 있었다. 이혼 절차가 진행되는 동안 그녀는 늘 불안했고, 정신적으로도 매우 지쳐 있었다. 남편은 위협적이었다. 하지만 몇 년이 지나 이혼이 마무리될 무렵, 메리는 완전히 다른 사람이 되어 있었다. 그녀는 사교적이고, 자신감 넘쳤고, 머리를 기르고 화장도 했다. 새로운 삶의 에너지가 느껴졌다. 정말 멋졌다.

나르시시스트를 떠나려 하면, 그들은 거의 예외 없이 폭발한다. 그건 어쩔 수 없다. 하지만 당신은 감당할 수 있다. 이 부분은 뒤에 나오는 안전 이별 공식의 '예측Anticipation' 파트에서 더 깊이 다룰 예정이다. 어떻게 대응할 수 있는지 충분히 알려줄 테니, 걱정하지 않아도 된다. 그리고 꼭 말해두고 싶은 게 있다. 만약 지금 당신이 실제로 신체적 위험에 처해 있다고 느낀다면, 여성 긴급전화 1366 또는 112로 즉시 연락하라.

나는 나르시시스트의 행동을 유아의 떼쓰기에 비유하곤 한다. 바닥에 드러누워 울고불고하며 떼를 쓰는 아이 말이다. 이때 부모가 한 번이라도 져주면, 아이는 다음에도 더 크고 길게 울면 된다고 학습한다. 나르시시스트도 똑같다. 이 사람들은 결국 더 크게, 더 오래 소리치면 당신이 다시 물러날 거라 믿는다.

육아 경험 있는 사람이라면 기억할 거다. 아이를 울도록 그냥 두라는 소아과 의사의 조언 말이다. 울다 지쳐 결국 스스로 잠들게 하라는 방식. 나르시시스트에게도 마찬가지다. 당장 눈앞에 있을 땐 대처하되, 그 외의 시간엔 철저히 무시해야 한다. 언젠가는 당신에게서 관심을 끊고, 다른 '공급원'에게 눈을 돌릴 테니까.

나르시시스트와의 협상 테이블에 앉으려면 정신적으로, 감정적으로, 영적으로 단단한 마음가짐이 필요하다. 그 시기를 통과하는 동안 자기 돌봄은 선택이 아니라 필수다. 나르시시스트와 마주할수록, 고통과 혼란, 극단적인 감정이 끊임없이 몰아칠 것이다. 법정 싸움까지 가게 된다면, 그 강도는 훨씬 더 심해질 거고.

그래서 전문가의 조언을 구하고, 믿을 수 있는 조력자들과 연결되는 게 중요하다. 신뢰할 수 있는 친구, 가족, 상담사, 멘토 같은 사람들은 당신이 상황을 더 넓게 볼 수 있도록 도와줄 것이다. 그들의 피드백과 통찰, 지지는 때로 우리의 시야를 완전히 바꿔놓는다. 우리가 어떤 대우를 받을 사람인지 상기시키고, 무너진 자신감을 다시 세워준다.

하지만, 다른 사람들인들 항상 곁에 있어줄 순 없다. 결국 남는 건, 자기 자신이다. 그래서 자기 돌봄은 언제나 함께 가야 한다. 파트 8, 마지막 장인 '당신You' 파트에서 더 자세히 다루겠지만, 여기서도 꼭 언급하고 싶었다. 강해지고 싶다면, 당신 자신을 제대로 돌봐야 한다. 다음은 지금 당장 시도할 수 있는 방법들이다.

방향 전환하기

나는 이 사람들에게 내 머릿속 공간을 공짜로 내주지 않으려 애쓴다. 물론, 쉽지 않다. '내가 그렇게 헌신했는데 왜 몰라줬지? 내가 이렇게 잘해줬는데, 더 원하네? 내가 이렇게까지 했는데 어떻게 나한테 이런 식으로 대할 수 있지?' 이런 생각들이 머릿속을 떠나지 않을 때가 있다. 완전히 어두운 골목에서 길을 잃은 기분이다. 난 이걸 '피해자 모드Victim Mode'라고 부른다.

이 상태에서 최대한 빨리 빠져나와야 한다. 피해자 모드에 있으면 창조 모드도, 자신감 모드도, 협상 모드도 될 수 없다. 삶을 다시 살아가는 모드에도 들어설 수 없다. 부정적인 생각은 또 다른 부정적인 기운을 끌어들인다. 그러니까 가능한 빨리 거기서 빠져나와야 한다.

나는 이렇게 말한다. "그들이 눈앞에 있을 때만 상대하고, 나머지 시간엔 그 사람 생각을 아예 하지 마세요." 쉽지 않다. 하지만 결국 그렇게 해야 한다. 생각이 떠오를 때마다 즉시 '다른 것'으로 시선을 돌려야 한다. 미리 무엇으로 시선을 돌릴지 준비해두면 더 쉽다. 눈을 돌릴 대상이 뭔지 아는 게 중요하다. 그래야 떠오를 때 즉시 다른 곳에 집중할 수 있다.

내 친구 한 명은 새 책을 쓰기 시작했고, 또 한 명은 서포트 그룹을 만들어 운영했고, 다른 한 명은 학교로 돌아갔다. 여행 계획을 세우거나, 언젠가 쓰려고 했던 책을 쓰거나, 뭐든 좋다.

중요한 건, 그 부정적인 사람 생각이 떠오를 때마다 바로 집중할 수 있는 다른 무언가를 준비해두라는 것이다. 당신이 설레고, 기운이 솟아나고, 생각만 해도 기분이 좋아지는 것이라면 무엇이든 좋다. 그래야 그 사람에게 휘둘리지 않고, 즉시 자신을 지킬 수 있다.

명상하기

하루 몇 분 만 해도 신경 패턴을 바꾸기 시작한다는 것이 과학적으로 증명됐다. 숨쉬기부터 달라진다. 스트레스가 극심할 때 우리는 호흡이 얕아진다는 사실조차 모른다. 깊게 들이마신 산소가 몸을 깨우고 에너지를 채운다.

처음이라면 이 방법을 써보라. 앉거나 눕는다. 숨을 들이마시면서 좋은 에너지가 들어온다고 상상하고, 내쉬면서 나쁜 기운과 긴장이 빠져나간다고 상상한다. 처음엔 1분만 하고, 점점 5분 이상으로 늘려보라. 정말 큰 변화가 찾아온다.

앱이나 유튜브 영상, 온라인 명상 수업도 많다. 여유가 되면 근처 오프라인 수업에 나가도 좋다. (참고로 내 사촌은 예순 넘어서 명상 수업에서 진짜 사랑을 만났다. 인생 어찌 될지 모른다.)

당신의 동료 찾기

함께하는 사람들의 에너지가 곧 당신의 에너지를 만든다. 슬프고, 부정적이고, 당신을 끌어내리는 사람들과 오래 있으면 당신도 어두워진다. 우리 모두는 '진동 에너지'를 가지고 있다. 이건 실제 물리 법칙으로 측정 가능한 것이다. 결코 뜬구름 잡는 얘기가 아니다. 우울하고, 기운 빠지고, 당신을 지지해주지 않는 사람들과 함께 있으면, 당신의 에너지도 어두워진다.

시인 루미Rumi는 말했다. "당신 삶에 불을 붙여라. 그 불을 더 크게 지펴줄 사람을 찾아라." 당신 곁에 있는 사람들이 당신의 불에 장작을 던져 함께 키워주는 사람들인지 잘 살펴야 한다. 그 사람이 내 편인지 아닌지는 본능적으로 느껴진다. 만약 주변 사람들이 물을 끼얹어 불을 끄려 한다면, 거기서 나와야 한다. 가족이라고 해도 예외는 아니다. 그들과 시간을 보낸 후 기분이 가벼워지고 즐거워지는지, 아니면 속이 무거워지고 가라앉는지 느껴보라.

당신의 영혼은 언제나 답을 알고 있다.

몸을 움직여 산소 채우기

운동이다. 거창할 필요 없다. 지금 당장 운동하는 습관이 없다면, 집 주변을 하루 두 번 걷는 것부터 시작해도 된다. 온라인이나 유튜브에서 요가 클래스를 찾아봐도 좋다. 중요한 건 몸을 움직여 기운을 끌어올리는 것이다.

과학적으로도 운동은 스트레스를 줄이고, 기억력을 향상시키며, 염증을 줄이는 효과가 입증됐다. 나르시시스트와의 싸움보다 더 큰 스트레스는 없다. 장기적인 스트레스는 코르티솔 수치를 높여 당뇨, 체중 증가, 피로, 근육 약화, 소화 장애, 심지어 자가면역질환까지 불러온다. 운동 파트너를 만들어 함께 하면 더 재미있게, 꾸준히 할 수 있다. 누군가의 응원을 받으며 하면 훨씬 수월하다. 어떤 방식이든 상관없다. 당신의 몸과 마음이 살아나는 걸 느낄 수 있다면 그걸로 충분하다.

꼭 이 방법이 아니어도 된다. 당신만의 방법을 찾으면 된다. 이 과정을 통과하려면 힘이 필요하다. 관계에서 빠져나오는 건 정말 힘든 일이다. 하지만 결국 그만한 가치가 있다. 당신도 해낼 수 있다.

스스로 믿고 또 믿어야 한다

이건 앞으로도 여러 번 반복해서 말할 거다. 왜냐하면 정말 중요하기 때문이다. 마음가짐이 전부다. 승부는 90%가 방에 들어가기 전 이미 결정된다. 당신이 스스로 이길 거라고 믿지 않는다면, 그 누구도 도와줄 수 없다. 좋은 변호사도 필요 없다. 좋은 책도, 좋은 소식도, 아무 소용없다. 당신이 믿지 않으면, 아무도 당신을 대신해 이기게 해줄 수 없다. 먼저, 스스로 믿어야 한다.

그래야 모든 게 당신 편으로 움직이기 시작한다.

믿음을 계속 유지하기 힘든 순간들이 분명히 올 거다.

내가 수도 없이 들었던, 스스로를 무너뜨리는 말들이 있다.

"사람들은 늘 나르시시스트 말만 믿는다."

"나르시시스트랑 협상해봤자 소용없다."

"시스템이 불공정하다."

"나르시시스트는 결국 이긴다."

"판사나 중재인, 양육 평가관은 편향적이다."

"나르시시스트가 나에 대해 험담해서 이미 판사나 중재인이 나를 싫어한다."

끝도 없이 나온다. 그런데 묻고 싶다. 당신은 그 말들이 맞다는 걸 증명하고 싶은가? 그렇다고 치자. 그럼 이제 어떻게 할 건가? 잘했다, 축하한다. 그리고? 그게 다인가? 아니라면, 세상은 바뀔 수 있다고 믿자. 나도 봤다. 판사에게 처음부터 끝까지 미움받는 것 같다가도, 마지막에 모든 걸 이긴 사건들. 중요한 건 믿는 것이다.

헨리 포드는 말했다. "할 수 있다고 생각하든, 할 수 없다고 생각하든 당신 생각이 맞다."

맞는 말이다. 스티브 잡스, 토머스 에디슨, 라이트 형제처럼 '합리적인 소리'를 다 무시하고 결과만 상상하며 나아간 사람들. 그들도 결국 스스로 믿었다.

당신도 할 수 있다.

이제부터는 성공만 생각하라.

성공만이 답이다.

그렇게 하기 위해 필요한 것?

철저한 전략이다.

지금 당장 실천 가능한 안전 이별 공식

1. 두려움을 어떻게 다룰지 정하라.

2. 어떤 자기 관리 루틴을 일상에 적용할지 정하라.
   - 방향 전환하기
   - 명상하기
   - 당신의 동료 찾기
   - 운동하며 산소 채우기

3. 반드시 이길 거라고 믿어라.
   - 믿음을 담은 문장을 만들어 휴대폰 잠금 화면, 컴퓨터 배경 화면, 욕실 거울 등 눈에 잘 띄는 곳에 붙여라. 예: "나는 이길 것이다." "나는 원하는 결과를 만들 것이다."
   - 혹은 당신 마음에 와닿는 다른 문장을 만들어도 좋다.

> **오늘의 주문**
>
> **나는 이기는 사람이다.**
> (또는 당신만의 문장을 직접 써도 좋다. 마음에 와닿는 말이면 된다.)

PART 5

안전한 이별을 위한 단단한 전략

“지옥을 지나고 있다면, 계속 걸어가라.”

－윈스턴 처칠 *Winston Churchill*

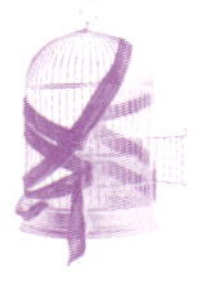

협상 전, 큰 그림을 그려라

안전 이별 공식의 첫 단계, '안'은 초강력 전략_{Super Strong Strategy}을 만드는 것이다. 이건 협상 전 과정을 이끄는 토대이자 GPS다. 많은 사람들이 바로 협상에 필요한 필승 카드부터 만들려 한다. 하지만 전략이라는 큰 그림 안에서 협상 카드를 꺼내지 않으면 시간 낭비에 불과하다. 목표한 지점에 닿지도 못한다.

결국 무엇을 원하는가? 협상의 결과가 어떻게 되길 바라는가? 늘 목표에 집중해야 한다. 강력한 전략을 만드는 데는 두 가지 큰 단계가 있다. 먼저 비전_{Vision}을 만든다. 어떤 길로 가야 할지, 무슨 결정을 내려야 할지 혼란스러울 때, 비전이 길을 알려준다. 그리고 두 번째 단계에서는 그 비전을 실행할 단계별 계획을 세운다. 비전과 실행 계획 사이에서, 문제를 풀어낼 해답이 만들어진다.

여기서 꼭 말해두고 싶다. 나는 스물대여섯에 세 아이를 혼자 키우며 야간 로스쿨을 다녔고, 낮엔 공립학교 교사로 일했다. 그 외중에 학점으로 선발되는 최고 명예인 로 리뷰Law Review에 뽑혔다. 이후 수백만 달러 규모의 로펌을 만들고 다른 로펌과 합병했다. 그리고 온라인 사업을 새로 시작해 전 세계 수백만 명에게 도움을 주고 있다. 이 말을 하는 이유는 단 하나다. 나는 성공하는 비결을 안다. 바로 비전, 계획, 그리고 그 계획을 실천하는 것이다.

준비가 안 된 것 같아도, 모든 도구가 갖춰진 것 같지 않아도, 비전과 실행 계획이 만들어지면 바로 시작하라. 눈앞에 있는 계획표를 하나씩 실행해나가면 된다.

성공한 사람과 그렇지 못한 사람의 차이는 단 하나다. 실행. 그냥 시작하면 된다. 할 수 있다. 존 버로스John Burroughs [8]는 이렇게 말했다. "일단 뛰어들면 길이 생긴다." 내가 당신 곁에 있다. 이 여정에서 계속 함께할 것이다.

승리를 결정짓는 가장 강력한 무기는, 무슨 일이 있어도 결국 그렇게 될 거라고 믿고 비전을 세우는 것이다. 아무리 벅찬 상황이어도 마찬가지다.

---

8) 역자 주: 미국의 자연주의 작가이자 시인.

비전과 실행 계획을 만드는 법에 들어가기 전, 협상 초반에 반드시 주의해야 할 점을 알려주겠다.

협상 초반, 주의할 점!

이제 시작이다. 나르시시스트와 협상 준비를 할 시간이다. 내가 몇 번이나 이 일을 해봤는지 모른다. 수백 번, 아니 수천 번이다. 잘 들어라. 정말 잘 들어야 한다.

내 말이 머릿속에 잘 들어가고 있나? 집중하고 있나?

좋다. 이제 협상 초반이 어떻게 펼쳐지는지 이야기하겠다.

이제 당신은 이렇게 말할 거다(아주 순진하게).

"공정한 결과면 돼요. 싸우고 싶지 않아요." 그리고 그 말은 '진심'일 것이다. 나르시시스트도 똑같은 말을 한다. 당신 얼굴을 보고 말이다. 당신은 그 말을 믿는다. 하지만 그건 새빨간 거짓말이다. 교활하고 더럽고 뻔뻔한 거짓말이다. 나르시시스트는 더럽게 싸운다. 거리의 싸움꾼이다. 내가 전에 말했지 않나. 만약 이게 진짜 육탄전이라면, 당신이 "싸우고 싶지 않다"라고 말할 때, 나르시시스트는 당신 머리채를 잡아당기고, 귀를 물어뜯고, 사타구니를 걸어차고 있을 거라고.

사업이든, 유산 다툼이든, 이혼 협상이든, 보통 협상의 룰은 여기서 통하지 않는다. 물론 일반 협상에 적용되는 공통 원칙도 있다. 상대도 인정받고 싶어 하고, 자신이 중요하다고 느끼길 원한다. 당신은 양쪽 모두에 대한 정보도 조사해야 한다. 하지만 나르시시스트와의 협상에는 일반적인 협상과는 전혀 다른, 아주 중요한 규칙이 있다.

또 당신은 (역시 순진하게) 생각할 거다. 처음부터 관대하게 나가면 상대도 당신을 보고 감동할 거라고. 그러면서 합리적으로 나올 거라고. 아니, 절대 아니다.

여기 딱 좋은 사례가 있다. 영화 〈시크릿The Secret〉에도 출연한 베스트셀러 작가 조 비테일Joe Vitale 박사를 인터뷰했을 때다. 그는 2년 반이나 걸린 이혼 소송 막바지에 이렇게 말했다.

"이혼 문제는 사실 간단히 끝나야 했어요. 내가 제시한 조건은 거의 모든 걸 내주는 수준이었으니까요. 기꺼이 손 떼고 물러나려고 했어요. 하지만 실제로는 '나르시시스트'인 상대가 내 삶과 사업을 송두리째 공격하기 시작했어요. 인생에서 겪은 가장 끔찍하고, 고통스럽고, 돈도 많이 깨지고, 심적으로도 탈진한 경험이었어요. 노숙 시절이나 빈곤에 시달리던 시절보다 더 힘들었습니다."

당신도 비슷할 거다. 협상 초반에 '합리적이고 관대한 사람'이라는 걸 보여주려 애쓰며 온갖 카드를 내밀 것이다. 그게 당신이니까. 아직 이 책을 읽지 않았다면, 그들의 뇌 구조가 당신과 완전히 다르다는 사실을 모를 수도 있다. 그래서 속으로 이렇게 생각할 거다. '도대체 왜 시간, 돈, 에너지를 낭비하면서까지 이 문제를 질질 끌겠어? 당연히 결론을 내고 싶을 거 아냐.'

하지만 이제 알 것이다. 나르시시스트는 다르다.

그러니 시간, 돈, 머리 아픈 고생을 줄이려면 내 말을 새겨들어라. 결국 이렇게 된다. 당신은 문제를 해결하려고 너무도 공정하고 후한 조건들을 내놓을 것이다. 하지만 아무것도 해결되지 않는다. 나르시시스트는 오히려 그 제안들을 마치 당신이 '이미 약속한' 합의인 것처럼 주장하며, 자기 쪽에선 아무것도 내놓지 않는다.

더 최악은 초기 단계에서 당신을 꾀어 서류에 서명하게 만드는 경우다. 그러면 당신은 진짜로 무력감과 이용당한 기분에 빠지게 된다.

이 모든 과정은 당신을 지치고 허탈하게 만든다. 시작도 하기 전에 말이다. 그리고 가장 큰 문제는 당신이 절대 처음부터 내줘선 안 될 패를 너무 빨리 잃어버릴 수 있다는 점이다(자세한 건 다음 파트에서 다룰 것이다).

또한, 협상 초반 나르시시스트가 흔히 쓰는 전술이 있다. 반드시 알아둬야 한다. 특히 이혼 과정이라면 더더욱 그렇다. 물론 다른 상황에서도 마찬가지다.

1. 나르시시스트는 당신이 아직 알아야 할 정보를 다 파악하지도 못했는데 서류에 서명하게 만들거나, 어떤 합의든 일찍 끝어내려 할 수 있다. 특히 이혼 문제라면, 사업체 가치, 계좌 잔액, 부동산 시세 등 꼭 알아야 할 정보가 많다. 하지만 그들은 "그런 건 몰라도 된다"라며 합의를 종용한다.

스타벅스 같은 곳에서 만나 변호사 없이 서명하라고 압박할 수도 있다.

2. '협력적 접근법'을 제안한다. 특히 이혼 협상에서 흔히 쓴다. 서로 변호사 한 명씩 세워 원만히 끝내자는 방식이다. 문제는, 결국 잘 안되면 그 변호사들을 해고하고 처음부터 다시 변호사를 선임해야 한다. 이 접근법은 나르시시스트와는 맞지 않는다. 돈만 더 깨진다.

3. 당신이 이혼 과정에 있다면, 나르시시스트는 처음부터 당신 변호사를 깎아내리려 할 것이다. 새로 들어온 사람이 당신을 도와서 자기 권력을 위협하는 걸 막고 싶기 때문이다. 그들은 이렇게 말한다.

"당신 변호사는 당신 돈만 바라는 거야."

"변호사 필요 없어. 우리끼리 해결하자."

"내 변호사를 같이 쓰면 돼." (이건 불가능하다. 변호사는 한쪽만 대리할 수 있다.)

"당신 변호사는 맡고 있는 사건이 너무 많아."

"그 변호사, 당신 속이고 있어. 내가 사실대로 말해줄게."

나는 "나르시시스트는 거짓말쟁이다. 그 사람 말을 믿으면 안 된다"라는 얘기를 의뢰인들에게 수도 없이 해왔다. 당신도 알고 있지 않나. 나르시시스트는 거짓말쟁이다. 주변 사람들에게도 늘 그렇게 말해왔을 것이다. 그런데 왜, 이 순간에만 그의 말을 믿으려 하나? 특히 지금은 당신 편이 되어줄 전문가가 막 등장한 시점이다.

잊지 마라. 지금 당신은 버려지는 단계에 있다. 이제 당신은 공공의 적 1호다. 관계를 이어갈 생각이 아니라면, 그 사람의 말은 절대 믿지 마라. 그들이 하는 말은 다 속임수다. 사과도 속임수, 변하겠다는 말도 속임수, 좋게 해결하자는 말도 결국 다 속임수다.

변호사를 고를 때 알아야 할 점

무엇보다 당신이 신뢰할 수 있는 사람, 당신 편이 되어줄 사람을 골라야 한다. 변호사 때문에 두 번 상처받고, 또다시 방어 태세를 갖추게 되면 안 된다. 변호사와는 신뢰와 소통의 관계를 구축해야 한다.

나르시시스트는 당신이 "전부 내 방식대로 해", "모든 걸 나한테 넘겨" 게임에 더 이상 넘어가지 않는다는 걸 눈치채는 순간, 전쟁을 시작할 것이다. 참고로, 그들의 말대로 다 해줘도 끝나지 않는다. 그러니 진짜 시작은 지금부터다. 가면이 벗겨지는 순간을 보게 될 것이다. 늘, 항상, 매 순간 방어 태세를 갖춰야 한다.

지금 그 사람은 자기애적 상처를 자극당했다. 그래서 자기애적 분노가 폭발한 것이다. 자신이 위협받고 있다고 느낀다. '당신'은 그 사람에게 주요 공급원 중 하나였다. 그리고 이제 그 공급원을 잃게 생긴 것이다. 그 사람이 좋아할 리 없다.

나는 나르시시스트와 일해온 시간이 너무 길어서인지, 이제 좀 냉소적인 시선이 생겼다. 하지만 일반적인 협상이라면 다르다. 상대가 나르시시스트가 아니라면, 보통은 양쪽 모두 초반에 맑은 정신으로, 해결 의지를 갖고 대화에 임한다. 합의점을 찾고 싶어 하기 때문이다. 왜냐하면, 대부분은 시간과 돈을 낭비하고 싶지 않기 때문이다. 효과적인 해결책을 찾으려고 한다. 하지만 지금 당신 상황은 그렇지 않다.

나르시시스트와의 협상은 애초에 출발점부터 다르다. 그 사람과 얼마나 오래 얽혀 있었는지, 관계가 어땠는지에 따라 다르겠지만, 대부분은 이미 탈진한 상태일 것이다. 정신적으로, 육체적으로, 감정적으로, 영적으로 다 소진된 상태다. 오랜 시간, 오로지 스스로를 방어하는 데만 에너지를 쏟아왔다. C-PTSD가 있을 수도 있다. 너무 오래 두들겨 맞아, 이제는 완전히 녹초가 된 기분이다. 한마디로 탈진이다.

반면, 나르시시스트는 애초부터 해결에는 관심이 없다. 상대방이 괴로워하는 과정을 즐기기 때문이다. 거기서 자기애적 공급을 얻는다.

몇 년 전, 내가 이혼 조정에 참여했을 때의 대화가 생생하게 기억난다. 당시엔 나르시시스트가 뭔지도 몰랐고, 자기애적 공급이라는 개념도 몰랐다. 그런데 지금 돌이켜보면 너무나도 명확하다. 그 장면을 그대로 옮겨보겠다.

조정인: (남편과 아내에게 처음 말하며) 오늘, 두 분 모두에게 중요한 기회입니다. 만약 오늘 합의하신다면 비공개로 마무리할 수 있고, 수천 달러의 변호사 비용도 아낄 수 있습니다. 그리고 원하시는 방식대로 마무리하실 수 있습니다. 상소도 불가능합니다. 오늘 두 분이

원하는 방식대로 직접 마무리하실 수 있습니다. 해결할 수 있는 기회를 놓치지 마세요. (아내를 보며) 오늘 합의하시겠습니까?

아내: 네, 하고 싶어요.

조정인: (남편에게) 당신은요?

남편: (팔짱을 끼고 앞을 바라보며, 거칠고 불쾌한 말투로) 아니요.

조정인: 왜 아니죠?

남편: 개인적인 이유요.

이 말의 뜻은 딱 하나였다. 아내를 더 괴롭히고 싶다는 것. 실제로 그 후 몇 달 동안 그는 그렇게 행동했다. 그러니까, 당신에겐 비전이 있어야 한다. 그리고 그 비전을 향한 여정이 있어야 한다. 그 비전을 실현하겠다는 승리의 의지도 있어야 한다. 그건 당신이 인생에서 한 번도 느껴보지 못한, 가장 강력하고 단단한 의지여야 한다.

결심과 비전의 힘

전략, 특히 자신만의 비전을 만든다는 건 처음엔 낯설게 느껴질 수 있다. 오랫동안 거북이처럼 등을 바닥에 붙이고 뒤집힌 채 살아온 기분이었다면 더욱 그렇다. 매일같이 자신을 방어하느라 정신이 없었고, 정작 내가 진짜 원하는 게 무엇인지에 대한 생각은 해본 적도 없었을 수 있다. 하지만 내가 뭘 원하는지, 어디로 가고 싶은지조차 모른다면, 그 목적지에 도달할 수 없다.

그러다 어느 순간 깨닫게 된다. 내가 원하는 비전을 스스로 만들 수 있다는 걸. 그리고 그것이 현실이 되는 걸 눈앞에서 보게 된다. 그 순간, 인생이 진짜 바뀌기 시작한다. 하지만 비전을 만들기 전에, 먼저 해야 할 일이 하나 있다. 바로 어떤 비전을 만들지 '결정'하는 일이다.

그 결정을 내려야만 강력한 비전을 만들 수 있다. 내 삶에서 이 결정이 어떻게 작동했는지 이야기해주고 싶다. 전에 말했듯이, 나를 완전히 지치게 만든 나르시시스트 사업 파트너가 있었다. 몇 년 전, 나는 두 명의 파트너와 손잡고 내 로펌을 합친 뒤, 새로운 사업에 도전하기로 결심했다. 원래부터 나는 기업가 기질이 더 강한 사람이었기 때문이다.

그 프로젝트 중 하나는 막 시작되던 단계였는데, 그때 그녀가 나타났다. 내가 이미 알고 있던 전문가들을 통해 소개받은 사람이었다. 경력도 훌륭해 보였고, 매력도 있었고, 똑똑해 보였다. 처음부터 프로젝트에 큰 관심을 보였고, 내 계획을 굉장히 지지해주는 듯했다. 그러더니 매일같이 이메일을 보내며 자기가 굉장한 인맥을 연결해줄 수 있다고 했다.

그런데 갑자기 이렇게 말했다. 진짜로 그런 인맥을 끌어오려면, 자신의 이름이 내 프로젝트에 공식적으로 올라가야 한다고. 솔직히 당황스러웠지만, 그녀는 또다시 엄청난 기회를 제안했다. 대형 강연 무대, 기조연설까지 맡을 수 있게 해주겠다고. 단, 조건은 '파트너'로 이름을 함께 걸어달라는 것이었다. 사업 비용도 절반은 부담하겠다고 했다.

마음 한편에선 뭔가 불안했지만, 그 제안이 꽤 매력적으로 들렸다. 결국 나는 그녀의 이름을 함께 올렸고, 저녁에 샴페인까지 터뜨리며 축하했다. 속으로는 이렇게 생각했다. '이제 막 알아가는 사람이지만, 괜찮을 거야. 잘되겠지.'

하지만 이름을 올리자마자 상황은 완전히 뒤집혔다. 그녀가 자랑하던 인맥은 현실에 존재하지도 않았다. 일을 하겠다고 해놓고는 안 지키기 일쑤였고, 뒤에선 "다 해놨어요"라며 거짓말까지 했다. 나한테도, 다른 사람들한테도 거짓말을 했다. 심지어 돈 문제도 걸렸다. 회사 자금을 자기 개인 계좌에 넣기까지 했다. 나에 대해 다른 사람들에게 험담하고, 회의 중 내 앞에서 나를 깎아내리고 내가 한 일을 자기가 했다고 말하기까지 했다.

나는 점점 모든 걸 의심하게 됐다. '이번엔 또 무슨 말을 하려는 거지?', '이번엔 또 뭘 속일 셈이지?' 하루 종일 그 생각에 사로잡혔다. 어릴 적 괴롭힘당했던 기억이 떠오르면서 또다시 말문이 막혔다. 입을 다물고 그녀가 저지르는 일들을 모른 척 넘기는 날이 많아졌다. 무슨 말을 해야 할지도 모르겠고, 어떻게 대해야 할지도 몰랐다.

그건 변호사로서 사람들을 대변할 때와는 완전히 달랐다. 남을 지켜주는 건 하루 종일이라도 할 수 있었다. 하지만 나 자신을 위해 싸워야 할 때는, 또다시 목소리를 잃어버린 나를 보게 됐다.

그 무렵, 가족들과 하와이 마우이로 꿈같은 여행을 떠났다. 그곳에는 '할레아칼라산 일출'이라는 유명한 투어가 있다. 새벽 2시 반쯤 일어나서, 섭씨 30도가 넘는 평지에서 두세 시간 운전해 산 위로 올라가면, 영하 가까운 온도 속에서 장엄한 일출을 볼 수 있다. 나는 추위도 싫고 이른 아침도 싫어하지만 친구가 추천해서 가게 됐다. 결론부터 말하면, 이건 정말 '버킷리스트'에 넣어야 한다. 지상에서 천국을 본 듯했다.

남편과 막내딸과 함께 그곳에 있었다. 내가 가장 사랑하는 사람들이었다. 해가 떠오르기 시작하자, 하와이 원주민 한 명이 태양을 향해 경건하게 노래를 부르기 시작했다. 당시 열일곱 살이던 내 딸이 나를 향해 몸을 기울이며 속삭였다. "엄마, 여기 진짜 천국 같아."

"그러게. 정말 그렇네." 나도 속삭이듯 대답했다.

그 순간, 나는 그 풍경과 감정에 온전히 잠겨 있어야 했다. 가족과 함께였고, 가장 사랑하는 사람들과 휴가를 보내고 있었다. 온전한 행복만 느껴졌어야 했을 순간이었다.

그런데 나는 그러지 못했다. 정작 그 순간 내가 떠올리고 있던 건 무엇이었을까?

맞다. 그 인간. 나르시시스트.

그 순간, 뭔가가 확 다가왔다.

'안 돼. 너는 여기까지 따라올 수 없어.'

괴롭히는 사람이나 기억이 일상에 떠오르는 건 어쩔 수 없다. 그런데 이렇게 인생 최고의 순간, 휴가 중에도 날 괴롭힌다고? 이건 아니다.

그때 내 안의 무언가가 완전히 달라졌다.

산에 오르기 전의 나와, 산에서 내려온 나는 전혀 다른 사람이었다.

왜냐하면, 나는 '결정'을 내렸기 때문이다.

그 순간, 나는 깨달았다. 결정이란 단순히 마음을 먹는 게 아니라는 것을. 진짜 결정은, 다른 선택지를 잘라내는 강력한 행위다. 'Decide(선택하다)'라는 영어 단어의 어원을 아는가? 'cide'는 라틴어로 '자르다', 혹은 '죽이다'를 뜻한다.

하나의 길을 선택하는 순간, 우주든 신이든, 사랑이든 창조주든, 당신이 믿는 그 무엇이든, 모두가 당신 편에 서서 응원하기 시작한다.

결정의 힘은 구원의 힘이다. 마법 같은 능력이다.

그 산 위에서, 나는 깨달았다. 내가 선택할 수 있다는 걸.

그 나르시시스트를 생각하고 있다는 건, 내가 나 자신을 피해자의 위치에 머물게 하고 있다는 뜻이었다. 내 삶을 창조자로서 살고 있지 않다는 뜻이었다. 나는 승자가 아니었다.

그 순간, 나는 결심했다. 비전을 그리기로. 내게 도움이 되지 않는 관계에 집착하는 대신, 내 재능을 활용할 무언가를 만들겠다고. 그리고 몇 달 전부터 써오던 협상 책을 마무리하기로 했다. 집에 돌아가자마자 실행 계획을 짰다. 몇 주 안에 책을 완성했고, 그 책은 아마존 1위 베스트셀러가 되었으며 지금도 꾸준히 팔리고 있다.

모든 건, 강력한 비전을 만들겠다는 '결심'에서 시작되었다.

당신의 북극성을 직접 그려라

비전을 세울 때는 아주 구체적으로 그려야 한다. 비전은 앞으로 당신의 북극성이 되어줄 것이다. 당신이 나아가야 할 최종 목적지다. 나는 이 비전을 '가이드 정책Guiding Policy'이라고도 부르는데, 말이 좀 거창하긴 해도 실제로 방향을 잡고 집중력을 유지하는 데 큰 도움이 된다. 특히 협상이 한창일 때, 혹은 나르시시스트에게 휘둘리면서 흔들릴 때 말이다. 당신은 어디로 가야 할지 알게 된다. 목표를 잃지 않고 끝까지 바라볼 수 있게 된다.

그렇다면 당신의 비전은 무엇인가? 당신이 진짜 원하는 건 무엇인가? 내가 개인 코칭을 할 때 사람들이 가장 어려워하는 질문이 바로 이거다. 나르시시스트에게 너무 오래 시달리다 보면 방어적으로만 살게 된다. 그래서 자신이 정말 원하는 게 뭔지 생각해보지도 못한 채 살아온 경우가 많다.

비전의 목적은 바로 그런 순간에 방향을 잡아주는 것이다. 협상이 진행 중일 때, 나르시시스트와 대화해야 할 때, 어떤 결정을 내려야 할지 모를 때, 그 비전이 기준이 된다. 당신의 모든 선택이 흘러 들어갈 방향이고, 모든 것을 걸러낼 필터가 된다.

가장 먼저 해야 할 일은 당신에게 '진짜 중요한 것'이 뭔지 정하는 것이다. 중요한 건 그게 나르시시스트와 관련된 게 아니어야 한다는 점이다. 이를테면, 나르시시스트에게 복수하겠다는 건 비전이 될 수 없다. 우리가 지금 함께 세우려는 건, 당신의 삶을 더 좋게 만들고, 당신이 앞으로 살아갈 미래를 위해 긍정적인 결과로 나아가기 위한 것이다. 복수를 바탕으로 세운 비전은 결국 당신에게 도움이 되지 않는다.

1단계, 당신에게 정말 중요한 것들을 모두 써보자

순서에 상관없이 생각나는 대로 다 적어보자. 다 적고 나면 그걸 찬찬히 들여다보자. 각 항목을 따로따로 메모지에 써두면, 나중에 순서를 옮겨가며 정리하기가 쉽다. 그런 다음, 우선순위를 매겨보자. 나에게 가장 중요한 게 뭘까? 삶의 여러 영역을 함께 살펴보면 도움이 된다. 보통 사람들에게 가장 중요한 건 다음의 다섯 가지다.

- 정신적인 영역
- 신체적인 영역
- 재정적인 영역
- 인간관계 영역
- 영적인 영역

비전이 꼭 이 모든 영역을 포함해야 하는 건 아니다. 하지만 이 다섯 가지를 하나씩 점검해보고, 당신의 비전에 무엇을 포함할지 결정하면 된다.

사람들은 흔히 '목표'라는 단어를 쓴다. 그런데 나는 '목표Goal'란 말이 썩 마음에 들지는 않는다. 목표는 '계속 쫓아가지만 끝내 도달하긴 어려운 것'처럼 느껴지기 때문이다. 반면 비전은 '분명히 그려보고, 결국 이뤄내는 것'이다. 비전은 실제 결과까지 연결되는 개념이다.

2단계, 원하는 결과를 하나씩 적어보자

가능하다면 언제까지 이루고 싶은지도 함께 적자. 이렇게 상상해보자. 지금 당신이 완벽한 결과를 직접 설계할 수 있다면, 그 그림은 어떤 모습일까? 최대한 구체적으로 그려보자. 그리고 그 결과를 언제쯤 이루고 싶은지도 함께 정해보자. 아래 문장들을 참고해서 당신의 비전을 적어봐도 좋다.

1. 지금으로부터 3개월 안에 나는 ___________을 이루고 싶다.
2. 내가 원하는 결과는 _________이다. 그 시점은 _________이다.
3. 내가 꿈꾸는 완벽한 비전은 __________이다.

말은 중요하다. 내가 쓰는 말이 나의 현실을 만든다. 그러니까 정말 조심해야 한다. "해보려고요", "할 수 있으면 할게요" 같은 말은 하지 말자. 요다라고, 기억하는가? 〈스타워즈〉 시리즈에 나오는 지혜로운 스승 역할의 캐릭터다. 그가 이렇게 말했다. "하든가, 말든가야. 그냥 해본다는 건 없어Do or do not. There is no try."

"나는 ~이다" 같이 말해보자. "나는 강하다", "나는 창의적이다"처럼. 그런 말이 아직은 잘 안 와닿는다면 "나는 매일 조금씩 나아지고 있다", "나는 지금 내가 가는 길이 옳다는 걸 알고 있다" 같은 표현도 괜찮다. 당신이 어떤 말을 하느냐에 따라 세상에 어떤 신호를 보내는지가 달라진다. 말은 결국 우주에 거는 주문이니까.

3단계, 각 비전에 담긴 당신의 이유를 찾아라

이제 비전 선언문Vision Statement을 만들었다면, 그 비전을 왜 이루고 싶은지도 꼭 정리해보자. 이 비전이 왜 당신에게 중요한지, 이뤘을 때 어떤 감정이 들지, 어떤 의미가 있는지를 곰곰이 떠올려보자.

왜 감정적인 연결이 중요한지는 과학적으로도 입증되어 있다. 감정과 에너지를 비전에 담아야만, 아무것도 그걸 막을 수 없게 된다. 진짜로 믿어야 한다. 왜 그 결과를 이루고 싶은지 분명히 알아야 한다. 마음 깊이, 온몸 구석구석에서 그 열망을 느껴야 한다. 바로 그때 진짜 변화가 일어나기 시작한다.

그렇지 않으면 나르시시스트가 다시 흔들어대는 그 순간, 쉽게 무너질 수 있다. 내가 뭘 하려던 건지 까먹고 또다시 그 사람 말에 휘둘릴 수도 있다. 하기 싫은 협상에 끌려들 수도 있다. 하지만 당신이 진심으로, 온 영혼으로 자신의 비전을 믿고 있다면, 이미 마음속에 그 의도를 명확히 세웠다면 무엇도 당신을 막지 못한다.

이걸 '끌어당김의 법칙'이라고 부르는 사람도 있지만, 실제로 과학적 원리도 있다. 복잡한 얘기는 빼고 간단히 말하자면, 생각은 에너지다. 우리가 어떤 생각을 하면, 그 생각은 파동처럼 공간에 퍼져나간다. 그리고 물리학의 양자 법칙에 따르면 같은 파동끼리는 서로 끌어당기게 되어 있다. 비슷한 에너지는 서로 끌린다는 말처럼, 우리가 생각하는 그대로를 끌어당기게 되는 것이다.

이 에너지는 감정을 통해 가장 강하게 작용한다. 심지어 이 에너지는 진동수(Hz)로도 측정된다. 기분이 좋을수록 진동수가 높아지고 에너지도 강해진다. 이 내용은 파트 10에서 더 자세히 다룰 예정이다. 지금은 딱 하나만 기억하자. 비전을 이뤄야 할 '이유Why'를 분명히 세워두면,

원하는 결과에 훨씬 더 빠르게 다가갈 수 있다는 것.

아래 문장들을 참고해서 당신의 '이유'를 정리해보자.

1. 이 비전이 내게 중요한 이유는 ＿＿＿＿＿＿ 때문이다.
2. 내가 이 비전을 원하는 이유는 ＿＿＿＿＿＿ 때문이다.
3. 내가 이 비전에 끌리는 이유는 ＿＿＿＿＿＿ 때문이다.
4. 이게 나의 미션인 이유는 ＿＿＿＿＿＿ 때문이다.
5. 내가 이 비전을 세운 이유는 ＿＿＿＿＿＿ 때문이다.

이제 앞에서 말한 세 단계를 모두 이어보자. 사실 비전 선언문에는 정답이 없다. 사람마다 전부 다르니까. 이건 오로지 당신만의 것이다.

다음 단계는 실행 계획 세우기다. 이 계획은 진행 중에 바뀔 수도 있다. 하지만 비전 선언문은 쉽게 바뀌지 않을 것이다. 무언가에 대응해야 할 때, 결정을 내려야 할 때, 나르시시스트와 마주해야 할 때, 언제나 그 비전을 기준 삼아 스스로에게 물어야 한다. '이렇게 행동하는 게 내 비전에 도움이 될까?', '그 목표에 가까워질 수 있을까?' 그렇다면 밀고 나아가면 된다. 그렇지 않다면 멈춰야 한다.

지금 바로 당신의 비전 선언문을 만들어보자. 아래는 예시들이다.

- 앞으로 6개월 안에 법적으로 공정한 합의를 이루고, 평화롭게 내 길을 가고 싶다.

- 6월 1일까지 재정적으로 충분한 지원을 받아, 새로운 삶을 시작하고 싶다.

- 연말까지 균형 잡힌 합의를 하되, 내 감정 흐름도 지키고 싶다.

- 3개월 안에 나다운 방식으로 결정을 내리고, 후회 없이 마무리하고 싶다.

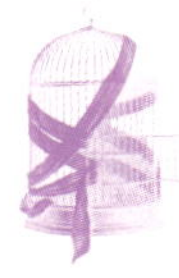

실행 계획이 당신의 등을 밀어준다

이제 실행 계획Action Plan을 세울 차례다. 본격적으로 움직이기 시작하면, 생각만 하며 멈춰 있던 자리에서 벗어나 앞으로 나아갈 수 있다. 나르시시스트와의 관계를 정리하고 있다면 이렇게 생각해보자. 지금 당신은 진로 수정 중이다. 얼마나 오래 그런 관계 안에 있었는지에 따라 다르겠지만, 그동안 당신은 수없이 애정 공세를 당했고, 무시당했고, 결국 버림받았다. 그렇게 계속 뒷걸음질 치며 자신을 방어하는 데만 힘을 써왔다.

나에게 그 모습은 이렇게 보인다. 당신이라는 배가 지금까지는 뒤로만 움직이고 있었다. 이제는 방향을 아예 틀어야 한다. 완전히, 180도 돌려야 한다. 이제 앞으로는 그 사람을 향해 나아가야 한다. 싸우기 위해서. 처음으로, 당신이 공격하는 쪽이 되어야 한다. 그리고 그렇게 해도 된다는 걸, 아니, 그렇게 해야만 한다는 걸 스스로 인정해야 한다. 당신은 그럴 자격이 있고, 그럴 힘도 있다.

하지만 방향을 한 번에 바꾸는 건 너무 벅찰 수 있다. 머리가 복잡해질 수도 있고, 겁에 질려서 또 얼어붙을 수도 있다. 충분히 이해할 만한 반응이다. 당신은 처음부터 그렇게 느끼도록 훈련받아왔으니까.

나르시시스트를 상대해온 사람들 대부분은 내가 '나르시시스트에 의한 지우기Narcissist Erasure'라고 부르는 경험을 한다. 그 사람은 반복해서 당신을, 당신의 감정을, 당신의 필요를 지워왔다. 그런 관계를 겪은 사람에게는 곧장 앞으로 나아가 공격하라는 말이 너무 빠를 수 있다.

힘의 균형을 바꾸는 세 단계

실행 계획을 세울 때는 이렇게 세 단계로 나눠 생각하면 훨씬 쉽다.

1단계는 도망치지 않기다. 가장 먼저 할 일은 그동안 몸에 밴 반응을 멈추는 것이다. 뒤로 물러서는 습관, 피하는 반응, 한 발 물러서는 태도를 이제 멈춰야 한다. 이 단계에서는 경계를 세우고, 조금은 불편한 일들을 시작하게 된다. 작지만 중요한 변화다.

2단계는 방향 전환하기다. 이제 몸을 돌릴 차례다. 협상을 준비하면서 힘의 균형을 바꾸는 실행 계획을 만든다. 이때부터 본격적으로 협상 카드를 준비하게 된다. 이에 대해서는 파트 6에서 더 자세히 다룬다.

3단계는 결정적으로 벗어나기다. 이제 앞으로 나아간다. 본격적으로 제안을 꺼내고 말을 하게 되는 단계다. 제안을 어떻게 강력하게 전달할지에 대해서는 파트 8에서 다룰 예정이다. 이 과정 전체가 곧 당신이 자기 자신과 자신의 힘을 되찾는 여정이다. 아주 조금씩, 그러나 확실하게. 사실 당신은 단 한 순간도 완전히 사라졌던 적이 없다는 걸 알게 될 것이다.

실행 계획은 처음부터 끝까지 전체 과정을 고려해 만들어야 한다. 실행하면서 계속 다시 점검해야 한다. 지금 이 계획이 당신의 비전과 여전히 맞닿아 있는지, 당신이 원하는 결과를 향해 나아가고 있는지 확인해야 한다. 최대한 빠르고 효율적으로 도달하는 게 이상적이지만, 인내심도 필요하다. 무엇보다, 이 실행 계획은 나르시시스트를 무력화할 수 있어야 한다. 허점이 있다면 나르시시스트는 반드시 파고들 것이다. 이건 단기전이 아니다. 긴 여정이다. 하룻밤 새 끝나는 일이 아니다.

또 하나 꼭 필요한 건 바로 끈기다. 절대 굴복하지 않아야 한다. 절대 포기하지 않아야 한다. 나르시시스트는 포기하고 싶게 만드는 수많은 이유를 들이밀 것이다. 이들은 마치 떼쓰는 두 살짜리 아이와 같다. 엄마 아빠가 안 들어주면, 더 크게, 더 오래 울며 떼를 쓴다. '내가 얼마나 성가신지 보여주면 결국은 들어주겠지' 하는 생각으로. 나르시시스트가 딱 그렇다.

하나 기억해둘 점이 있다. 나르시시스트는 포기 직전에 가장 악랄해진다. 그러니 이제 당신만의 실행 계획을 세우기 시작하자.

1단계: 도망치지 않기

당신이 지금 해야 할 첫 번째 일은 도망치지 않는 것이다. 단순히 물리적으로 피하지 말라는 말이 아니다. 이제부터는 나르시시스트와의 관계에서 당신을 지키기 위한 전환점을 만들어야 한다. 일적인 관계든 개인적인 관계든 변화는 불가피하다. 나르시시스트는 관계 초반부터 당신을 길들여왔고, 그에 따라 특정한 반응을 기대한다. 만약 당신이 그 틀을 깨면, 그들도 달라진다. 마치 떼쓰는 아이처럼 굴 수도 있고, 당신이 얼마나 흔들릴지에 따라 반응 수위도 달라진다.

이때 가장 먼저 해야 할 일은 경계선을 설정하는 것이다. 경계는 지금의 당신에게 아주 중요하다. 왜냐하면 이건 당신이 변하고 있다는 사실을 나르시시스트에게 처음으로 보여줄 수 있는 유일한 방법이기 때문이다. 동시에 숨을 돌리고 치유할 수 있는 공간을 만들어준다. 장기적인 관계였다면 더더욱 중요하다. 이 경계는 협상에서도 당신을 지켜주고, 향후 협상에 내밀 조건의 기반이 된다.

그 방법 중 하나는 소통 창구를 하나로 정하는 것이다. 내가 추천하는 방식은 이메일이다. 이메일은 시간과 날짜가 찍히고, 조작이 어렵고, 전체 기록이 남기 때문이다. 법정에서도 훌륭한 증거가 된다. 문자보다 이메일을 권하는 이유는 명확하다. 문자는 누락되거나 삭제되기 쉽다. 자녀 양육권 같은 민감한 문제라면, 법원이 승인한 커뮤니케이션 앱도 좋은 선택이다.

이제 당신이 해야 할 일은 기록을 제대로 남기기 시작하는 것이다.

이건 단순한 정리가 아니다. 무적의 협상 조건을 구축하는 핵심 토대가 된다.

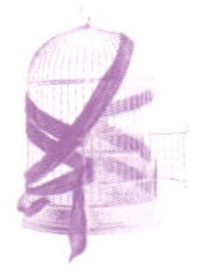

기록, 승리의 첫걸음

기록은 당신을 구해줄 무기다. 모든 것을 바꿔줄 핵심 열쇠다. 당신이 만들어낼 무적의 협상 카드도 바로 이 날카로운 기록에서 나온다. 궁극적으로 이 기록이야말로 당신이 나르시시스트를 '정상적인 사람처럼 행동하게 만드는' 유일한 도구다.

영상 증거, 이메일, 문자, 연락 누락, 약속했던 내용을 지키지 않은 정황, 자산 관련 증거 등 가능한 모든 증거를 모아야 한다. 기록은 그들의 거짓말을 폭로하고, 기만을 증명하며, 진짜 증거로써 당신을 보호할 강력한 방패가 되어준다.

기록은 방패이고, 협상 카드는 당신의 탄약이다. 이 둘 없이는 나르시시스트와 협상 테이블에 절대 앉지 마라. 이제부터는 어떻게 기록을 수집하고, 그걸 어떻게 강력한 협상 카드로 바꿀지 하나하나 구체적으로 살펴본다. 가장 중요한 건, 상대가 마치 자기 방식대로 선택한 것처럼 착각하게 만드는 것이다. 협상의 핵심은 바로 거기에 있다.

기록이란 뭘까? 기록은 정보와 사실, 데이터, 증언, 그 외에 유용한 모든 자료를 모은 것이다. 소송 중이라면 재판에서 쓸 수 있고, 비즈니스 협상이라면 확실한 무기가 된다.

왜 강력한 기록이 필요할까? 여기에 금맥이 있기 때문이다. 여기서부터 당신은 흙을 금으로 바꿀 수 있다. 기록은 꺼내는 타이밍이 중요하다. 전략과 전술 계획에 따라 적절한 순간에만 꺼내야 한다. 여기서 진짜 승부가 결정된다. 이 기록이야말로 수천만 원을 아끼고 수년의 고통을 덜어준다.

기록을 어떻게 협상 카드로 바꾸느냐에 따라 결과는 완전히 달라진다. 많은 사람이 결정적인 증거 하나가 판을 뒤집는다고 생각한다. 하지만 진짜 힘은 패턴을 드러내는 기록에서 나온다. 예를 들어 상대가 30번 중 19번이나 월급을 제때 안 줬다는 기록. 6개월 동안 44번이나 문자와 이메일에서 서로 다른 말을 했다는 증거. 이런 게 바로 나르시시스트의 가면을 벗겨낸다.

수집한 데이터를 분석하면, 정보의 흐름에서 패턴이 보이기 시작할 것이다. 그걸 요약해 정리하고, 원본 데이터는 증빙 자료로 함께 첨부하라. 이렇게 정리된 자료는 총알도 뚫지 못할 방탄 협상 카드가 된다. 그리고 이 모든 정보를 완벽한 타이밍에 딱 맞춰 제시하는 순간, 상대는 공포에 질려 도망치고 싶어질 것이다. 당신이 모든 걸 추적하고, 그 걸 이토록 정리된 형태로 보여줄 줄은 상상도 못 했기 때문이다. 상대 는 당신을 완전히 과소평가했던 것이다. 그리고 이제 그 대가를 치르게 된다.

무엇을 기록해야 할까?

1단계는 메모다. 복잡할 필요 없다. 핸드폰 메모장에 그날 있었던 일을 간단히 적기만 해도 된다. 때로는 아무 일도 일어나지 않은 것도 중요한 증거가 된다. 예컨대 누군가가 매일 해야 할 일을 안 했다면, 달 력에 체크해두는 것만으로도 훌륭한 기록이 된다. 나는 실제로 이런 기 록 하나로 소송에서 이긴 적이 많다. 중요한 건, 그날그날 일어난 일을 바로 기록하는 것이다.

이것 하나는 꼭 기억하라. 감정은 빼고 사실만 써라. 무슨 일이 있 었는지만 기록하라. 어떻게 느꼈는지는 쓰지 마라. 이건 감정의 일기가 아니다. 당신의 삶을 구할, 단 하나의 진짜 기록이다.

서신 기록

문자, 이메일 같은 서신도 훌륭한 문서 자료다. 나는 이게 무엇보다 강력한 증거가 될 수 있다는 사실을 정말 좋아한다. 물론 그만큼의 준 비는 필요하다. 관련된 서신을 따로 정리할 시스템은 꼭 만들어두는 게 좋다. 예를 들어 변호사가 있고 현재 소송 중이라면, 당신은 당신의 변호사와 상대측 변호사 간에 오가는 서신을 계속 전달받게 될 것이다. 그러니 처음부터 파일링 시스템을 마련해두는 게 좋다. 만약 소송이 없는 상태라면, 평소 주고받은 서신 중 당신의 상황과 관련 있어 보이는 자료들을 따로 모아두는 것이 좋다.

연금술사와 럼펠스틸스킨Rumpelstiltskin 이야기를 나는 참 좋아하는데, 거의 가치 없는 것을 금으로 바꿔내는 마법 같은 이야기가 인상적이다. 지금부터 소개할 비밀도 마찬가지다. 나르시시스트는 반드시 거짓말을 한다. 습관적으로, 끊임없이. 그들은 그걸 멈추지 못한다.

그런데 대부분은 상대가 자신의 거짓말과 모순된 말을 정리해 증거로 만들 거라고는 전혀 예상하지 못한다. 명심하라, 신뢰도는 늘 중요한 요소다. 그러니 한 달 전에 받은 문자 하나를 꺼내고, 또 몇 달 뒤의 이메일 하나를 연결해서 정리해두라. 이런 식으로 '거짓말과 말 바꾸기 요약본'의 첫 번째 정리 항목을 만들 수 있다. 이렇게 계속해서 두 번째, 세 번째 자료도 추가해가면 된다. 나중에 필요하다면 이 자료들을 중재나 재판에 제출할 수도 있다. 자료가 많을수록 당신의 전략은 더 강력한 무기가 된다. 멋지지 않나?

대화 내용

당신이 기억해두고 싶은 대화는 상대와의 것이든, 다른 사람과 나눈 것이든 모두 중요한 자료가 될 수 있다. 절대 기억에만 의존하지 마라. 중요한 날짜, 시간, 상황이 담긴 대화라면 따로 메모하거나 휴대폰의 메모 앱에 정리해두는 습관을 들이자. 필요하다면 상대에게 확인 메일을 보내는 것도 방법이다.

"오늘 나눈 대화에 대해 확인차 연락드립니다. 우리가 논의한 내용은……" 이런 식으로 남겨두면 된다.

항상 사실 중심으로 써야 한다. 감정이나 판단, 개인적인 느낌은 절대 넣지 마라. 욕설 같은 표현도 피해야 한다. 만약 이런 대화 노트를 나중에 요약본에 첨부하게 된다면, 당신이 '좋은 쪽'이라는 인상을 남기는 게 정말 중요하다. 판사도 결국은 사람이기 때문에 편견이나 호불호가 있고, 누구 말을 믿을지에 따라 판단이 바뀔 수 있다. 그러니 당신에게 불리하게 작용할 수 있는 요소는 최대한 없애는 게 좋다.

사진, 영상, 녹음 자료

사진은 특히 본인이 직접 찍은 것이라면 훌륭한 증거가 된다. 법정에서 진술해야 할 일이 생긴다면, 스스로 찍은 사진일수록 증거로 받아들여질 가능성이 높기 때문이다. 어떤 사진이 당신의 전략을 뒷받침하고, 원하는 협상 카드가 되어줄 수 있을지 생각해보라. 업무 관련 사진이 좋을까, 아니면 여가나 여행, 특정 인물과의 상황을 담은 사진이 더 적합할까?

영상이나 녹음 자료도 중요한 증거다. 이런 자료들은 법정에서 바로 재생되지는 않는 경우가 많지만, 그 자체로 훌륭한 협상 카드가 될 수 있다. 예를 들어 양육 평가를 맡은 전문가에게 들려줄 수 있고, 나르시시스트가 절대 보여주고 싶어 하지 않는 누군가에게도 공개할 수 있다. 영상이나 녹음이 증거로 채택되지 않는다고 알고 있는 사람이 많지만, 실제로는 큰 영향을 줄 수 있으니 반드시 보관해두는 게 좋다.

소송 과정에서 증인신문이 예정돼 있다면, 비용이 조금 더 들더라도 영상 촬영을 추가하라고 조언하고 싶다. 특히 과대형이거나 악성의 성향이 강한 나르시시스트는 신문 도중 과하게 구는 경우가 많다. 모든 발언은 속기록에 남기 때문에 나중에 재판부가 읽을 때는 질문과 답변만 보게 되는데, 이 경우 상대가 어떤 표정을 짓고, 어떤 태도를 보였는지는 전달되지 않는다. 누군가가 현장에서 따로 지적하지 않는다면, 그 불쾌한 행동들은 속기록에 남지 않는다.

그래서 이런 인물들은 이 틈을 타서 협박하거나 위협적인 태도를 취하려고 시도하기도 한다. 그러니 영상이 함께 녹화된다면, 상대가 함부로 굴지 못하게 제어할 수 있고, 오히려 잘못된 행동을 명백히 기록해두는 계기가 될 수 있다. 비용 대비 효과가 큰 선택이 될 것이다.

잠재적 증인

잠재적 증인도 중요한 자료가 될 수 있다. 본인은 전혀 모르고 있더라도 말이다. 실제로 재판까지 가지 않더라도, 언제든 소환할 수 있는 사람들이다. 특히 나르시시스트에게 새로운 공급원이 생긴 상황이라면, 이들이 훌륭한 전략 카드가 된다. 나르시시스트는 새로운 공급원 앞에서 망신당하는 걸 무엇보다 두려워하므로, 어떻게든 체면을 지키려고 안간힘을 쓴다.

예를 들어보자. 당신이 협상장에 간다. 모든 준비는 끝났고, 상대가 서명만 하면 되는 합의서를 가져간 상황이다. 재판이 열려 있는 상태라면, 증인 소환장이나 증인 명단도 바로 제출할 수 있게 준비해둔다. 거기에는 나르시시스트가 절대 당신과 이야기 나누지 않길 바라는 인물들의 이름이 들어 있다. 이걸 슬쩍 알려주는 것이다. 합의서에 서명할지 말지는 당신 선택이다, 하지만 서명하지 않는다면 나는 내 변호사와 함께 이 사람들과 이야기하게 될 것이다. 대부분은 두 번째 선택을 하지 못한다. 화려한 다이아몬드급 공급원은 반드시 보호돼야 하니까.

리서치

리서치 역시 강력한 문서 전략이 될 수 있다. 법률 조사든, 구글 검색이든, 인터뷰나 통계든, 당신이 모은 사실과 자료들은 모두 전략 자산이다.

나르시시스트는 자신의 모든 가치를 외부에서 끌어온다. 그러니 이런 사람과의 문제를 해결하려면, 가장 먼저 당신의 목표가 무엇인지부터 분명히 해야 한다. 이 협상에서 당신이 줄 수 있는 가치는 무엇이고, 얻고 싶은 가치는 무엇인지도 말이다.

먼저 당신 입장에서 필요한 정보들을 조사해보라. 그 과정에서 잠시 한 발 물러서서, 지금 상황을 객관적으로 바라보는 연습도 해야 한다. 혹시 본인이 잘못된 전제를 내세우고 있지는 않은지, 처음에 한 판단이 틀렸을 가능성은 없는지도 살펴보라. 고정관념 없이 가능한 한 깊이 파고드는 것이 중요하다. 이렇게 모은 자료는 결국 당신 주장을 뒷받침할 논리로 이어진다.

당신의 입장이 더 설득력 있다는 걸 상대가 인정하게 만들고 싶다면, 명확하고 객관적인 사실들이 많을수록 좋다. 그리고 꼭 기억하라. 나르시시스트에게는 이 과정에서 얻은 정보를 절대 먼저 말하지 말 것. 그 누구보다 서프라이즈에 약한 이들이니까. 정보는 무기다. 타이밍은 전략이다.

이제 상대방에 대한 조사가 필요하다. 이건 말 그대로 나르시시스트가 어떤 말을 할지, 어떻게 나올지 미리 예상하고 그보다 두 수 앞서가는 전략이다.

덜 알려진 팁이 하나 더 있다. 바로, 상대라면 어떤 조사를 했을지 당신이 대신 해보는 것이다. 그 사람이 조사해서 가져올 법한 자료, 수치, 주장, 사실들을 미리 파악해두는 것이다. 나르시시스트의 입장, 그 사람의 변호사 입장에 한번 서보라.

물론, 당신은 이미 그 사람을 꽤 잘 알고 있을 수도 있다. 무슨 말을 할지, 어떤 반응을 할지도 짐작이 간다. 어떤 입장을 내건 간에, 그들은 늘 똑같이 말할 것이다. "틀렸어. 말도 안 돼. 넌 다 잃게 될 거야. 헛소리 마." 이럴 때는 마치 원더우먼의 팔찌나 슈퍼맨의 가슴팍처럼 방어막을 두르고, 그 모든 공격을 튕겨내면서 앞으로 나아가야 한다. 동시에 상대가 무슨 생각을 하는지 끊임없이 예측하고 준비해야 한다.

소셜 미디어

소셜 미디어는 이제 중요한 협상 수단이 됐다. 인스타그램, 페이스북, X(구 트위터), 링크드인, 유튜브. 이런 곳에서 올라오는 게시물 하나하나가 큰 정보를 준다. 그가 뭘 주장하든, "그거 좀 이상한데?" 싶은 정황은 대부분 여기서 드러난다. 예전에 내가 맡았던 사건이 있다. 남편이 수년간 사업으로 벌어들인 수입이 꽤 됐는데, 이혼 협상에서는 갑자기 돈이 하나도 없다며 억울하다고 주장했다(잠깐. 참고로 말하자면, 자영업자 중 위자료나 양육비를 내야 할 사람들은 이혼할 때만 되면 소득이 '뚝' 떨어지는 기현상을 보인다. 우리는 이걸 SIDS, 갑작스런 소득 결핍 증후군Sudden Income Deficiency Syndrome이라고 부른다. 어쨌든……).

그런데 그 남편의 비서 겸 여자 친구가 피지 해변에서 요트 타고 샴페인 들고 있는 사진을 인스타에 올렸다. 캡션에는 "삶이 이렇게 완벽할 수 있다니!"라고 적혀 있었다. 그 순간, 모든 게 끝났다. 이런 게 바로 소셜 미디어가 만들어주는 협상 카드다.

재정 관련 자료

재정 관련 문서도 아주 강력한 증거 자료가 된다. 사업 상황이든 개인적인 문제든, 정리할 수 있는 문서의 범위는 거의 무한하다. 회계 프로그램 내역, 회계장부, 통장 거래 내역, 신용카드 내역, 세금 신고서, 자산과 부채 명세, 부동산 평가서, 감정 평가서까지 다 포함된다. 어떤 정보는 상대가 자연스럽게 제공하지만, 경우에 따라선 제출 명령을 통해 강제로 받아내야 할 수도 있다.

어떻게 구하든, 이런 자료들을 하나하나 들여다보며 기회를 찾아야한다. 중요한 건 언제나 모순이다. 거짓말은 없었는가? 앞뒤가 안 맞는설명은? 드러나면 치명적일 비밀은? 다른 공급원에게 절대 들키고 싶지 않은 무언가는? 자료를 정리할 때는 늘 전략의 눈으로 봐야 한다. 당신의 전략, 그리고 나르시시스트가 가장 아끼는 공급 계층 구조를 염두에 두고서.

합의문

합의문도 전략적으로 활용할 수 있는 또 하나의 문서다. 형식은 다양하다. 공식적일 수도 있고, 비공식적일 수도 있으며, 구두일 수도 있고 서면일 수도 있다. "방금 이야기 나눈 거 정리해 둘게. 이렇게 합의했지"라는 문자를 보내는 것도 하나의 방법이고, 변호사가 작성하고 공증을 받은 정식 합의서를 준비하는 방법도 있다. 어떤 형태든, 상황에 따라서는 상대에게 강력한 협상 수단으로 작용할 수 있다. 상대가 어떤 주장을 하거나 하지 않을 때, 이 문서가 결정적인 카드가 될 수 있다.

타임라인

나는 타임라인을 정말 좋아한다. 문서를 정리할 때 직접 타임라인을 그려가며 활용해왔다. 이 방식은 상대방의 거짓말을 밝히는 데도 매우 유용하다. 예를 들어, 상대가 특정 사건이 언제 일어났다고 주장했는데, 내가 정리한 타임라인을 보니 도무지 그 시점에 그런 일이 벌어질 수 없었다는 걸 확인한 적이 있다. 그런 식으로 진실이 드러난다.

지금 당신은 실행 계획의 기초를 쌓고 있다. 이제는 도망치지 말아야 할 때다. 내가 가장 추천하는 건 당신이 수집한 자료들을 체계적으로 정리하고, 본인에게 맞는 방식으로 잘 관리할 수 있는 시스템을 만드는 것이다. 이 모든 정리는 궁극적으로 당신이 완벽한 협상 카드를 만들어낼 '비장의 무기'가 된다.

나르시시스트를 정말로 움직이게 만드는 것은 뭘까? 그의 진짜 아킬레스건은 무엇일까? 바로 그 이야기를 다음 파트에서 다룬다. 우리가 만드는 협상 카드가 어떻게 '무적'이 되는지를 함께 알아볼 것이다.

지금 당장 실천 가능한 안전 이별 공식

1. 당신만의 비전 선언문을 만들자.

   - 지금 내게 가장 중요한 것이 무엇인지 생각해보라.

   - 항목마다 원하는 결과가 무엇인지, 가능하다면 언제까지 이루고 싶은지도 함께 써보라.

   - 각각의 목표에 대해 '왜' 이루고 싶은지, 그 이유를 함께 정리하라.

2. 실행 계획 만들기

   - 지금 이 관계에서 변화를 고민 중이라면, 당장 스스로를 보호하기 위해 무엇을 해야 할까?

   - 어떤 경계를 설정할지 생각해보라.

   - 위에서 소개한 문서 정리 방법 중, 당신의 협상 카드를 만들기 위해 어떤 종류의 자료들을 추적해나가야 할지도 살펴보라.

오늘의 주문

나는 강력한 비전을 만들기로 결심했다.
(또는 당신만의 문장을 직접 써도 좋다. 마음에 와닿는 말이면 된다.)

PART 6

전황을 뒤집을
결정적 '한 방',
협상 카드

"모든 싸움은 싸우기 전에 이겨야 한다."

- 손자

나르시시스트를 겨누는
결정적 한 발

겉보기엔 완벽한 삶이었다. 너무 완벽해서 오히려 이상할 정도로. 그는 포춘 20대 기업의 CEO였다. 그녀는 언제나 다정하게 웃는 전업주부였다. 그는 매력적이고 영향력 있었고, 그녀는 얌전하고 아름다웠다. 누가 봐도 완벽한 아내였다. 둘의 삶도 완벽해 보였다.

이 커플에 대해 조금 더 설명하자면, 둘은 대학 시절 돈 한 푼 없는 상태에서 만나 사랑에 빠졌다. 졸업 후, 아내는 광고 회사에 먼저 입사했고, 남편은 MBA를 마친 뒤 커리어를 시작했다. 그래서 결혼 당시엔 이미 아내가 사회에서 앞서 나가고 있었다.

결혼 직후, 그녀는 곧바로 임신했다. 이어서 둘째도 금세 낳았다. 그녀는 커리어를 접고 가정에 전념했고, 남편은 계속해서 자신의 길을 걸었다. 그러다 보니 어느새 25년이 흘렀다. 그녀는 한 번도 다시 일을 하지 않았다.

물론, 그녀에게도 아쉬움은 있었다. 하지만 가족을 위해 모든 걸 쏟아부었다. 자녀들은 좋은 대학에 진학했고, 모두 성인이 되어 독립했다. 남편이 집에 없는 시간이 너무 많긴 했지만, 이제 은퇴하고 나면 함께 시간을 보낼 수 있을 것이라고 기대했다.

집에서 남편이 다소 통제적인 건 알고 있었다. 모든 결정을 그가 내렸고, 그녀는 돈을 건드릴 수도 없었다. 때로는 정서적으로 가학적인 면도 있었지만, 남자란 원래 그런 거 아니던가. 이 나이에 평화를 깨고 싶지 않았다. 그냥 조용히 살고 싶었을 뿐이다. 하지만 그녀가 몰랐던 게 하나 있었다. 남편에게는 추악한 비밀이 있었다.

남편은 성중독자였다. 그런데 그냥 평범한 성중독이 아니었다. 그런 건 A 유형 성격[9]인 이 남자에게는 너무 시시했다. 단순히 포르노를 즐기거나, 가끔 스트립 클럽에 들르는 정도가 아니었다. 그는 수년간 수천 명의 여성과 피임 없이 성관계를 맺고, 그 대가로 돈을 지불해왔다. 모두 유흥업소 종사자나 조건 만남이었다. 겉으로는 완벽해 보였던 그의 삶은, 실은 이중생활이었다. 그는 완벽한 삶과 쾌락 모두를 누리고 있었다.

---

9) 역자 주: 1959년 미국 심장 전문의 프리드먼(Friedman)과 로젠먼(Rosenman)이 정리한 성격 유형의 하나로, 경쟁적이고, 성취 지향적이고 화를 참지 못하는 특징을 지녔다.

그러던 어느 날, 그녀는 은밀한 부위에 이상한 상처를 발견하고 산부인과를 찾았다. 의사는 조심스럽게 말했다. "이건 생식기 헤르페스입니다."

"죄송하지만, 다시 말씀해 주시겠어요? 그럴 리 없어요!"

그녀는 충격을 받았다. 자신은 한 번도 외도를 한 적이 없었기 때문이다. 이후 충격에서 회복한 그녀는 곧장 이혼 소송을 제기했다. 나는 그녀의 변호인으로 법정에 섰다.

이 사례에서, 남편은 회의실에서도 집에서도 모든 권력을 쥐고 있는 듯 보였다. 하지만, '협상 카드'가 등장하자 모든 게 뒤집혔다. 이제 권력이 사라진 쪽은 남편이었다. 왜냐하면 아내는 그의 추악한 비밀을 알고 있었고, 그는 이 사실이 드러나는 걸 절대 원치 않았기 때문이다.

물론 대부분의 사례가 이렇게 명확하거나 단순하진 않다. 하지만 이 사례는 협상 카드가 얼마나 강력한 힘을 발휘하는지를 잘 보여준다. 그리고 더 나아가, 나르시시스트의 '공급 욕구'가 얼마나 결정적 요소인지도 말이다.

안전 이별 공식의 전, '전황을 뒤집을 협상 카드'란 상대에게 동기를 유발할 수 있는 정보다. 협상 카드는 당신이 사용할 수 있는 탄약이 된다. 나르시시스트에겐 보이지 않는 '매직 불릿'이 되는 것이다. 이건 예상 못 한 방식으로 작용한다. 왜냐하면, 그들의 욕망을 정확히 겨냥한 형태로 포장되어 있기 때문이다.

그럼, 어떻게 협상 카드를 손에 쥘 수 있을까? 우선, 상대가 원하는 것이 무엇인지 알아야 한다. 무엇이 나르시시스트를 움직이게 하는가? 이 상황에 어떤 감정적 투자를 하고 있는가? 무엇이 그의 행동을 자극하고 있는가? 평범한 사람이라면 돈, 시간, 혜택 등 다양한 동기가 있을 수 있다. 두 명의 이성적인 사람이 협상할 경우, 대화는 해결 중심으로 흘러간다.

중립적인 제삼자, 즉 중재인이나 조정인이 있으면 양쪽의 입장을 듣고 서로 존중받을 수 있도록 도와준다. 그 결과, 각자가 원하는 것을 어느 정도 얻고 만족하며 협상을 마무리하게 된다.

하지만, 나르시시스트는 전혀 다르다. 이들은 세상에서 가장 상대하기 어려운 성격이지만, 동시에 가장 예측 가능한 성격이기도 하다. 파트 2에서 이야기했듯, 나르시시스트는 단 하나의 욕구에 의해 움직인다. 바로, '자기애적 공급'이다. 이걸 아는 순간, 게임의 열쇠를 쥐게 된다. 공급이 왜 필요한지를 이해하게 되면, 당신은 무적의 협상 카드를 손에 쥘 수 있다.

여기서 당신은 조금 다른 관점으로 생각해야 한다. 예를 들어, 누가 더 빨리 합의에 도달하고 싶은지를 따지는 것도 하나의 카드가 될 수 있다. 나르시시스트는 새 공급원에게 빨리 가고 싶은 욕망에 사로잡혀 있을 수 있다. 어떤 사건이 벌어지기 전에 합의를 마치고 싶은 욕구가 동기가 될 수도 있다.

이처럼 협상 카드는 정말 다양한 방식으로 존재한다. 나르시시스트와 마주할 땐, 모든 가능성을 고려하며 창의적으로 접근해야 한다. 다만, 항상 나르시시스트의 동기를 '공급' 관점에서 생각해야 한다는 점을 잊지 마라.

공급이란, 나르시시스트가 자기 가치를 느끼기 위해 외부에서 끌어오는 모든 것이다. 그들은 내면의 공허함을 메우기 위해 외부에서 무언가를 빨아들인다. 왜냐하면, 자기 안에서는 결코 만족을 얻을 수 없다고 믿기 때문이다. 이 때문에 마치 블랙홀처럼 주변을 흡수하며 자신을 채우려 한다. 하지만 이 공허함은 절대 채워지지 않는다.

나르시시스트에게 공급원은 곧 전부다. 나르시시스트는 공급원을 사람으로 보지 않는다. 그냥 비축 자산이다. 겨울을 대비해 저장해두는 통조림처럼 여긴다. 당장 필요하진 않지만, 언젠가는 쓸 수 있다. 그래서 그들은 당신이 어떤 용도로나마 여전히 쓸모가 있다고 생각하면 절대 놓지 않는다. 더 이상 쓸모가 없다고 판단하면, 쓰레기처럼 내던져지거나 중고품 취급을 받게 된다.

그들은 더 나은 공급원을 찾아 계속 사냥하면서, 동시에 현재의 공급원도 붙잡아두려 한다. 언제나 새로운 타깃을 물색하면서 지금 가진 것도 놓치지 않으려 애쓰는 것이다. 그와 동시에, 이 모든 사냥과 유지 활동을 남들에게 들키지 않으려 필사적으로 숨긴다. 나르시시스트가 가장 두려워하는 건 자신의 본모습, 즉 굶주린 아이 같은 속내가 드러나는 것이다. 이를 숨기기 위해, 파트 3에서 말한 가짜 자아False Self를 사용한다. 자신을 타깃이 원하는 모습으로 위장한다. 그래서 누군가에게는 다정하고, 다른 누군가에게는 지적이고, 또 다른 누군가에게는 힘 있는 사람처럼 보인다. 그들은 타깃의 욕망에 따라 스스로를 꾸민다.

문제는, 그 가짜 자아가 아무리 공급을 빨아들여도 속은 여전히 허기지다는 점이다. 이들은 계속해서 다른 형태의 공급을 시도하고, 학대 사이클을 반복하지만, 그 블랙홀은 채워지지 않는다(마치《올리버 트위스트》속 올리버처럼 말이다. "선생님, 죽을 것 같아요. 조금만 더 주세요.").

나르시시즘의 강도가 심할수록, 이들은 마치 중독자처럼 공급을 갈구하게 된다. 언제나, 가능한 한 많은 공급을 얻기 위해 움직인다.

보여지는 욕망 뒤편의
공급 위계

나르시시즘을 이해하는 사람이라면 대부분 자기애적 공급 개념도 알고 있다. 하지만 내가 발견한 건, 세상이 알고 있는 것과 완전히 다른 차원의 이야기였다. 그리고 이 발견은 내 인생을 완전히 바꿔놓았다.

과장하는 것처럼 들릴 수도 있다. 하지만 나는 그렇게 생각하지 않는다. 상대는 나르시시스트다. 당신을 미치게 만들고, 존재 자체가 잘못된 것처럼 느끼게 만들고, 존중받지도 못하고, 존재감도 없고, 완전히 망가진 사람처럼 느끼게 만든 존재다. 내가 말하는 이 이야기가 바로 당신이 기다려온 진실이다.

파트 2에서 이야기했듯이, 나는 나르시시스트의 공급에 위계가 있다는 사실을 명시했다. 바로 다이아몬드급 공급Diamond Level Supply과 석탄급 공급Coal Level Supply이다. 다이아몬드급은 항상 '남들이 봤을 때 멋져 보이는지'와 관련돼 있고, 석탄급은 쉽게 말해 나르시시스트가 '타깃으로 삼은 사람'이다.

나르시시스트는 이 타깃을 소유물로 여긴다. 그냥 쓴 표현이 아니다. 그들은 사람을 물건처럼 여긴다. 자기한테 공급을 제공해야 하는 물건으로. 이 공급은 가치 있는 뭔가를 해주는 식으로 이뤄진다. 즉, 나르시시스트가 뭔가를 해줬다면, 그에 대해 열 배쯤은 돌려받아야 한다고 생각한다. 혹은 함께 있는 것만으로 자신의 이미지를 돋보이게 하거나, 자존감을 북돋거나, 성적인 욕구를 채워주는 역할을 해야 한다.

또 다른 방식의 공급도 있다. 나르시시스트는 타깃에게 치명적인 '트리플 DTriple Ds'를 퍼붓는다. 비하하고Degrading, 격하하고Debasing, 폄하하는 Denigrating 행위다. 이 트리플 D는 내가 '더블 VDouble Vs'라고 부르는 존재들에게 집중된다. 취약한 피해자들Vulnerable Victims, 즉 나르시시스트의 타깃들이다. 이들은 나르시시스트의 감정적 먹잇감이다. 나르시시스트는 타인을 작아지게 만들어 자신이 더 크고 우월하다고 느끼고 싶어 한다. 상대를 조종하고 겁주는 걸 즐긴다.

사람들은 이렇게 말한다. '나르시시스트는 결국 이기려고만 드는 거야!' 그래서 모든 걸 퍼주며 생각한다. '이제 됐어. 난 이제 벗어날 수 있어. 이제 끝이야!'

하지만 현실은 다르다. 다시 빨려 들어간다. 끌려 들어간다. 정신 차려보면, 속으로 외치고 있다. '내가 다 줬잖아!'

영화 〈시크릿〉의 조 비테일 박사도 말했다. 이혼 과정에서 모든 걸 내주려 했는데도, 전 아내가 끝까지 괴롭혔다고.

나르시시스트는 단지 이기고 싶어 하는 존재라는 믿음은 완전히 틀렸다. 이유는 간단하다. 이긴다는 건 오직 다이아몬드급 공급만을 말한다. 사람들은 그 이면의 석탄급 공급을 전혀 모른다.

나르시시스트는 타인을 도발하는 걸 좋아한다. 속을 긁는 걸 좋아한다. 그리고 절대로 자기 공급원을 순순히 놓지 않는다.

나르시시스트가 아닌 사람들은 늘 상황을 합리적으로 풀어보려 한다. 상대도 돈을 아끼고 싶어 하고, 명예를 지키고 싶어 하고, 이기고 싶어 할 거라고 생각한다. 하지만 그들은 전혀 모른다. 그 밑바닥에 '또 다른 목적'이 있다는 것을. 나르시시스트 본인조차 그걸 자각하지 못할 수도 있다. 사실, 그럴 때도 여전히 타깃을 공급원으로 삼는다. 다만, 등급이 낮아진 석탄급 공급일 뿐이다.

판사도, 변호사도, 중재인도, 법정 시스템 어디에도 이걸 아는 사람은 아직 거의 없다. 하지만 당신이 만약 회사에서 계약을 두고 협상하거나 영업 현장에서 거래를 하는 등 어떤 형태로든 협상을 하고 있다면 이 사실을 반드시 알아야 한다. 이건 어린아이가 지렁이를 바늘로 찔러대며 꿈틀거리는 걸 구경하는 것과 같다. 순수한 호기심, 재미, 쾌감, 그리고 오락거리일 뿐이다. 상대가 괴로워하는 모습을 즐기는 것이다.

그래서 나르시시스트는 협상에서 목표를 계속 바꾼다. 이게 무슨 뜻일까? 예를 들어, 그들은 어떤 제안을 내민다. 당신은 며칠 동안 고민한다. 솔직히 좋은 조건은 아니지만 그래도 끝내고 싶다는 마음에 가족, 친구들과 상의하고 장단점을 따진다. 마음을 정한다. 비록 만족스럽진 않아도, 그래도 끝낼 수 있겠다는 생각으로.

그래서 그 제안을 받아들이겠다고 말한다. 그런데? 그 제안은 이미 철회됐다. 이제 없다는 것이다. 대신, 당신이 해주기로 한 건 지키라고 한다. 정작 자기들은 아무 책임도 지지 않으면서 말이다. 그리고 이 지옥 같은 상황에서 결정타는, 그 모든 책임을 당신에게 덮어씌운다는 사실이다. '당신이 응답이 늦었으니까', '서류를 안 냈으니까', '네가 그러니까 비가 왔지' 같은 말도 안 되는 이유로 말이다. 남는 건 혼란뿐이다. 어안이 벙벙하다.

이기고 싶어 한다고? 맞다. 그들도 이기고 싶어는 한다. 하지만 그게 다가 아니다. 상대를 조종하고, 도발하고, 쥐어짜고, 고통스럽게 만드는 것. 그 자체가 목적이기도 하다.

당신을 괴롭히고 싶어 하는 사람과는 정상적인 방식으로 협상할 수 없다. 기존의 협상 규칙은 통하지 않는다. 절대 통하지 않는다. 심지어 그들에게 공감하려 들면, 오히려 공급만 더해주는 꼴이다. 상어 앞에서 피 흘리는 것과 같다. 아무런 전략 없이 공감을 드러내는 건 최악의 선택이다.

그래서 당신은 이제, 내가 말하는 한 가지 방법을 배워야 한다. 그건 바로, '윤리적으로 조종자를 조종하는 법Ethically Manipulating The Manipulator'이다.

협상 카드라는 지렛대로
힘의 방향을 바꿔라

전략이 필요하다. 아니, 정확히 말하자. '반드시' 전략이 있어야 한다. 그리고 그 전략 안에는 레버리지(지렛대)가 포함돼야 한다. 하지만 아무 레버리지가 아니다. 내가 말하는 레버리지여야 한다.

레버리지의 핵심은, 나르시시스트가 지금 당신을 괴롭히면서 얻는 공급보다 더 중요하게 여기는 공급원이 무엇인지 알아내는 것이다. 대부분은 다이아몬드급 공급이다. 따라서 협상을 통해 나르시시스트가 그 다이아몬드급 공급을 잃을 수도 있다고 느끼게 만들어야 한다. 즉, 그들이 반드시 지키고 싶어 하는 공급원에 위협을 가해, 그들이 기꺼이 포기할 수 있는 다른 공급원을 내려놓도록 유도하는 것이다. 그 다른 공급원이 바로 당신을 괴롭히며 얻는 석탄급 공급이다.

이때 주의할 점은, 실제로 폭로하면 협상 카드가 사라진다는 것. 그러니 위협은 하되 실제로 실행하지는 말아야 한다. 당신은 그 석탄급 공급이 다이아몬드급 공급을 잃을 만큼의 가치가 없다고 느끼게 만들어야 한다.

이걸 실제 상황에서 어떻게 써먹을 수 있을까? 다시 CEO 부부의 이야기로 돌아가보자. 남편은 결혼 생활 내내 힘의 중심에 있었고, 이혼 과정에서도 마찬가지라고 믿고 있었다. 전형적인 나르시시스트였다. 그가 하는 짓은 모두 전형적이었다.

그러다 아내가 그의 사생활에 관한 어떤 사실을 알게 되었다. 공개되면 그를 완전히 무너뜨릴 만한 내용이었다. 협상 중 아내는 은근히 그 사실이 알려질 수도 있다는 식으로 말했다. 예를 들어, 그가 협상에 응하지 않으면 폭행 및 상해 혐의로 민사 소송을 제기하고 배심원 재판을 요청할 것이라고 말이다. 그렇게 되면 그의 주변 인물들을 대거 증언대에 세울 수 있게 된다. 당연히 그는 자신의 '취미 생활'이 세상에 알려지는 걸 원치 않았다. 그래서 조용히 합의하기로 결정했다.

그는 갑자기 자신이 취약하다는 사실을 깨달았고, 다이아몬드급 공급이 드러날 위험이 있다는 걸 인식했다. 결국 그는 아내를 괴롭히며 얻던 석탄급 공급을 포기했다. 우리는 사건을 원만하게 마무리할 수 있었다. 이게 바로 안전 이별 공식의 힘이다. 안전 이별 공식은 이렇게 현실에서 통한다.

나르시시스트는 다이아몬드급 공급을 지키기 위해서라면 뭐든지 한다. 사실 그들은 모든 공급을 붙잡고 싶어 한다. 공급에 중독된 사람들이다. 남은 고기 조각을 뜯어 먹는 독수리처럼, 썩은 시체에서도 뭔가 더 없나 기웃거린다. 이미 다 먹었는지 확인하려고 다시 돌아오기도 한다. 하지만 결국엔, 영화 〈소피의 선택〉의 메릴 스트립처럼 선택을 강요당하면 석탄급 공급을 포기하고 다이아몬드급 공급을 지키려 한다.

많은 사람이 착각한다. 처음부터 나이스하게 시작해서 양보하면, 나중에 협상에서 유리한 고지를 점할 수 있을 거라고. 전혀 그렇지 않다. 그들은 당신이 뭘 해줬는지 기억하지 않는다. 그냥 당연한 권리처럼 받아들인다. 감정도, 감사도 없다.

협상 카드, 어떻게 만들 수 있을까?

당연히, 누구나 CEO 부인이 가졌던 '결정적 증거' 같은 협상 카드를 갖고 싶어 한다. 하지만 현실은 그렇지 못하다. 대부분의 경우, 그런 카드는 없다. 만들어야 한다.

협상 카드를 만드는 가장 효과적인 방법 중 하나는 기록이다. 파트 5에서 말했듯, 문서화 작업을 시작해야 한다. 그렇게 하면 패턴이 보이기 시작한다. 거짓말과 앞뒤 안 맞는 진술 요약, 연체된 금액 목록, 아이를 데리러 올 때 늦은 시간 정리 등 다양한 요약 자료를 만들 수 있다. 가장 중요한 건, 이 단계를 생략하면 안 된다는 것이다.

타임라인을 만들고, 모든 기록을 정리하다 보면 갑자기 확실한 그림이 보이기 시작한다. '아하!' 하는 순간이 온다. 그다음엔 자문해야 한다. 이 나르시시스트에게 가장 중요한 다이아몬드급 공급은 무엇인가? 그걸 중심으로 협상 카드를 만들어야 한다.

만약 그 사람이 완전히 당신 인생에서 사라지길 원한다면, 그렇게 전략적으로 생각해야 한다. 그들은 다이아몬드급 공급과 석탄급 공급을 동시에 챙길 수 있다면 절대 당신을 놓지 않는다. 계속 당신 주위를 맴돈다면, 여전히 당신에게서 뭔가 얻고 있다는 뜻이다. 단순하다. 아직 공식을 풀지 못한 것뿐이다. 이 공식은 반드시 통한다.

하지만, 상대를 둘러싼 보이지 않는 울타리처럼 조심스럽게 만들어야 한다. 마지막 순간에 그 울타리가 갑자기 나타나는 것이다. 불이 켜지는 것처럼! 그때, 그들은 그 울타리의 존재를 깨닫는다. 이미 갇혔고, 당신이 원하는 방향 말고는 다른 길이 없다. 압박을 받는다. 그래서 평화롭게 합의할 수밖에 없게 된다. 그 마지막 순간, 바로 그때가 협상 카드를 내밀 순간이다.

2단계: 방향 전환하기

파트 5에서 배운 것 기억하는가? 배를 바로 세우고 완전히 방향을 틀어 이제는 당신이 공격 모드로 들어가는 세 단계 말이다.

1단계는 도망치지 않기. 여기서 길들여진 반응을 끊어야 한다. 2단계는 방향 전환이다. 이제 상황을 바꿀 차례다. 그 방법이 바로 무적의 협상 카드를 만드는 것. 이때부터 힘의 균형이 달라진다.

그리고 다음 단계, 그 협상 카드를 상대에게 들이미는 것이다. 이제 당신이 공격한다. 그게 바로 3단계, '결정적으로 벗어나기'다. 당신은 드디어 앞으로 나아가기 시작한다.

언제 협상 카드를 꺼내야 할까

협상 카드를 확보했다면, 다음으로 중요한 건 타이밍이다. 너무 일찍 꺼내면 안 된다. 정말 필요할 때를 위해 아껴야 한다. 어떤 클라이언트는 타이밍을 그르쳐서 치명적인 실수를 저지른 적이 있다. 지나치게 많은 소송이 오갔던 사건이었는데, 그 이유는 양쪽 모두 싸움을 멈추지 못했기 때문이다. 이제 와 생각해보면 두 사람 다 나르시시스트였던 것 같다. 어쨌든 얘기를 해보자.

내 의뢰인이었던 남편은 여전히 신혼집에 살고 있었고, 부인은 이미 집을 나간 상태였다. 그런데 그녀가 집을 나가면서 오래된 휴대폰을 집에 두고 갔다. 그는 그걸 충전해 켰고, 안에는 수많은 문자와 이메일이 저장돼 있었다. 우리에게는 매우 유리한 증거였고, 재판에 제출할 만한 수준이었다. 남편은 그 메시지들을 우리에게 이메일로 보내왔다. 그런데 그날 밤, 잠이 안 와 와인을 마시며 메시지들을 곱씹던 그는 충동적으로 그 모든 메시지를 부인에게 그대로 보냈다. 거기에 온갖 막말까지 덧붙여서.

결과적으로 그는 완벽했던 협상 카드를 스스로 상대에게 넘겨준 셈이다. 그녀는 그 기회를 이용해 해명을 준비하고, 메시지를 왜곡하거나 상황을 설명할 시간을 벌게 됐다. 협상 카드가 가진 힘을 완전히 날려버린 것이다.

중요한 건, 자신이 진짜 원하는 게 무엇인지 분명히 아는 것이다. 그리고 거기에 도달하기 위한 전략을 세우고, 그 과정에서 제대로 된 전술을 써야 한다. 많은 사람이 이 단계를 무시하거나 제대로 생각하지 않는다. 하지만 협상에서 어떤 걸 원하는지, 어떤 건 포기해도 되는지를 명확히 해야 한다.

나는 협상 카드를 꺼내는 가장 좋은 시점이 곧 협상 테이블이라고 본다. 조정, 중재, 혹은 좀 덜 공식적인 자리도 괜찮다. 핵심은 나르시시스트가 '이제 들켰다', '체면 구기게 생겼다', '상황이 역전됐다'는 위기감을 느끼는 순간이다. 그래야 비로소 그들도 협상에 진지하게 임하게 된다. 그러니까 준비되기 전까지는, 모든 카드는 가슴에 품고 있어야 한다.

만약 당신이 소송 중에 협상을 진행하고 있다면, 최상의 시나리오는 서면 합의서까지 미리 준비해 가는 것이다. 당신이 원하는 조건을 정확히 담은 문서다. 심지어 여러 버전을 준비해도 좋다. 노트북과 프린터도 가까이 두고, 필요하면 바로 수정할 수 있도록 준비하라. 그리고 모든 협상 카드를 한꺼번에 꺼내 보여줘라. 사인하거나, 아니면 당신의 계획대로 진행하겠다고 선언하라.

그들은 그 순간, 마치 투명한 덫에 걸린 것 같은 기분을 느낄 것이다. 빠져나갈 구멍이 없다. 골대를 옮길 수도 없다. 그러면 다음 두 가지 반응 중 하나가 나타난다. 하나, 갑자기 매력을 발휘하며 굽히는 척을 한다. "우리 이렇게까지 할 필요 없잖아요", "좀 좋게 해결하자고요."
또는 둘, 자기애적 분노가 폭발한다. "당신은 인간도 아니야", "양심도
없구나", "완전 쓰레기야" 뭐 그런 말들. 그 순간, 당신은 감정적으로 휘
둘리지 않아야 한다. 흔들리지 말고, 눈도 깜빡이지 마라. 이 모든 순간
을 위해 준비해왔던 것이다.

하지만 아직 힘의 지렛대를 작동시킬 타이밍은 아니다. 거기까지
가기 전에 해야 할 일들이 더 있다. 강력하게 제안을 전달하는 법은 파
트 8에서 다루겠다.

협상 카드라는 말에 움찔하는 당신에게

협상 카드라는 말 자체에 거부감을 느끼는 사람들이 있다. 특히 여
성들, 또는 그것을 게임처럼 여기는 이들일수록 더 그렇다. 많은 사람
들이 내게 말한다. 싸우고 싶지 않다, 욕심 많아 보이고 싶지 않다, 게
임 따위 하고 싶지 않다. 그냥 말로 잘 풀고 싶다. 물론 합리적인 사람
끼리는 가능하다. 하지만 나르시시스트에겐 절대 통하지 않는다.

나르시시스트는 본질적으로 망가진 성격의 소유자다. 겉으론 거만
하고 강해 보여도, 그 안에는 극심한 자기혐오와 바닥을 치는 자존감이
숨어 있다. 그래서 이들에게는 외부의 평가, 외적인 요소만이 유일한
가치 기준이다. 결국 당신이 원하는 걸 얻으려면, 상대의 아픈 지점을
찔러 역이용하거나, 도망칠 틈을 아예 막아버려야 한다. 그래야만 움직
인다. 언제 그런 순간이 올지는 아무도 모른다.

악질적인 나르시시스트는 정말로 끝까지 버틴다. 끝까지 몰려야, 결국 무너진다. 한번은 내가 남편 측을 대리한 사건이 있었다. 14년 차 부부였고, 아내는 아이들을 돌보느라 일을 쉬었지만, 이미 갖고 있던 MBA와 CPA 자격으로 사건 당시엔 다시 일하고 있었다. 그런데도 남편이 버는 돈보다 많은 위자료를 요구했다.

그녀는 악성 나르시시스트였다. 가정폭력 허위 신고까지 해가며 사건을 유리하게 끌고 가려 했다. 결국 재판까지 가야 했다. 그런데 재판날, 판사가 갑자기 분위기를 바꿨다. 사실상 조정처럼 흘러가더니, 판사가 이렇게 말했다. "나는 당신에게 위자료 한 푼도 명령하지 않을 겁니다. 이쯤에서 합의하세요."

문제는 그다음이다. 판사는 아무 결정도 내리지 않았다. 그냥 서로 돌아가서 합의하라고 하고, 한 달 뒤에 다시 오라고만 했다. 그때까지 합의되면 내용을 말하고, 아니면 재판을 하자는 식이었다. 어떻게 됐을까? 예상대로 그녀는 그때까지도 버텼다. 여전히 남편이 돈을 숨긴다고 주장하며 위자료를 요구했다.

그런데 막상 날짜가 다가오자, 법정에 들어가기 직전에 합의했다. 이유는 뻔하다. 판사 앞에 다시 서고 싶지 않았던 것이다. 그 자리에서 판사의 존중을 잃는 순간, 그녀의 '다이아몬드급 공급'이 무너질 위험이 있었다. 판결에서 져서 주변 사람들에게 망신당하면, 자기 세계에서 모든 걸 잃을 수 있었다. 하지만 그렇다고 해서, 내 의뢰인을 괴롭힐 마지막 기회까지 놓치고 싶진 않았다. 끝까지 괴롭히고 옥죄고 뒤흔들면서, 기회가 주어진 마지막 순간까지 지옥을 맛보게 했다.

결국 '석탄급 공급원'은 포기했다. 하지만 진짜 마지막 순간까지 버텼다. 법정 문 열기 직전까지도. 그녀는 두 공급원을 끝까지 움켜쥐고 있다가, 마지막 순간에 하나를 놓았다. 결국 다이아몬드급 공급원을 택했다. 나르시시스트는 언제나 더 귀한 쪽을 고른다.

협상 테이블에 앉기까지

'첫 제안' 결정하기

협상 테이블에 앉기 전, 첫 제안은 반드시 준비돼 있어야 한다. 당신이 기대하는 최상의 결과 안에서 범위를 정하면 된다. 그리고 미리 마음을 다잡자. 어디까지 포기할 수 있는지, 어떤 수준까지 받아들일 수 있을지를. 그래야 협상 초반부터 주도권을 쥘 수 있다. 처음엔 실제 목표보다 훨씬 크게 요구하라.

상대방은 협상을 겪으며 달라진다. 뭘 얼마나 받을 수 있을지에 대해, 처음엔 매우 비현실적인 기대를 품고 시작한다. 하지만 협상이라는 배를 타고 몇 번 휘청이며 멀미를 겪으면 비로소 현실을 받아들인다. 내가 직접 경험한 수많은 사건이 그랬다. 결국엔 당신이 처음에 제시한 제안 수준에서 마무리되긴 하지만, 중간 과정은 반드시 험난하다. 그러니 첫 제안은 전략적으로 준비돼야 한다.

처음 제안은 반드시 미리 준비해야 한다. 그리고 협상을 시작하기 전에, 어느 정도까지 양보할 수 있는지, 다시 말해 자신이 받아들일 수 있는 최소 조건이 어디까지인지를 정해둬야 한다. 이렇게 선을 확실히 그어두면, 협상 과정에서 휘둘리지 않고 주도권을 잡을 수 있다. 처음 제안이 강할수록, 그다음 움직임도 훨씬 유리하다. 협상은 흐름 싸움이다. 처음부터 중심을 잡아야 끝까지 밀리지 않는다.

하지만 첫 제안이 정해졌다고 해서, 바로 꺼내서는 안 된다. 협상 카드와 함께 전략적으로 던질 준비가 끝날 때까지는, 힌트조차 주지 말아야 한다. 상대가 눈치를 채면, 그때부터 상황이 꼬이기 시작한다. 오히려 역으로 교란하는 것도 방법이다. 정말 원하지 않는 것을 원하는 척 연기하는 거다. 그렇게 하면 상대는 엉뚱한 것에 집착하게 되고, 진짜 목표는 안전하게 지킬 수 있다.

나르시시스트는 상대가 원하는 걸 알아채는 순간, 그걸 절대 주지 않겠다고 마음먹는다. 당신이 그걸 간절히 바랄수록, 더더욱 막으려 든다. 그 사람의 목적은 '당신을 이기고 통제하는 것'이기 때문이다. 그러니 눈에 띄지 않게 움직여야 한다. 윤리적인 선 안에서, 조종자를 역으로 조종하는 것이다.

무엇을 요구할지 정하는 법

협상에 들어가기 전 충분히 조사한 사람은 다르다. 자신감도 다르고, 태도도 다르다. 어느 정도 판을 읽고 들어가기 때문에, 주도권을 쥐기 쉽다. 무엇을 두고 협상하든, 자신의 입장에서 물러날 여지가 있는지, 아니면 상대방이 양보해야 할 지점을 어떻게 끌어낼지를 미리 판단해두는 게 중요하다.

처음 제안이 받아들여지지 않았을 경우, 어떤 수준까지 수용할 수 있을지 미리 정해두는 것도 필요하다. 협상 전에 '수용 가능한 조건'과 '절대 받아들일 수 없는 조건'을 명확히 해두면, 그 자리에서 충동적으로 결정하거나 설득당해서 나중에 후회할 일을 피할 수 있다.

협상은 언제 해야 할까?

모든 협상에서 타이밍은 중요하지만, 나르시시스트와의 협상에서는 그 중요성이 훨씬 커진다. 다람쥐를 유인해 손에서 도토리를 가져가게 하는 것과 비슷하다. 조금이라도 갑작스러운 움직임이 있으면 바로 도망쳐버린다. 아무리 그들을 달래고, 자존심을 세워줘도, 당신이 '그들 편'이 아니라는 이유만으로 경계심을 풀지 않는다.

나르시시스트는 말 한마디, 제안 하나까지 전부 비틀어 해석하려 든다. 그러니 괜히 자극하거나 불안하게 만들 수 있는 상황에선 협상을 시도하지 않는 게 좋다.

혹시 협상 중에, 갑자기 모든 게 잘 풀릴 것처럼 행동하는 사람이 있다면, 대부분은 다시 당신을 통제하려는 수작일 가능성이 크다. 이들의 모든 행동은 어떤 방식으로든 조종이 목적이다. 물론 그럴 수도 있다. 아직 자기애적 상처를 추스르고 있는 중이라, 당신이 떠나는 걸 막고 싶어서 그런 태도를 보이는 걸 수도 있다. 하지만 이유가 뭐든, 당신은 그것을 역이용할 수 있다. 마치 진지하게 고려하고 있는 것처럼 행동하는 것이다.

만약 자신이 진심으로 변했다고 당신을 믿게 만들고 싶어 한다면, 바로 제안해보라. 문서로 된 합의서를 작성하자고. 앞으로의 조건과 당신을 보호할 조항이 담긴 협약을 함께 쓰자고 제시해보라. 대부분은 서명하지 않을 것이다. 나는 이걸 '허세 제거'라고 부른다. 결국 둘 중 어떤 상황이 벌어지든, 당신에게 유리하게 작용한다.

협상에서 중요한 타이밍은 두 번 있다. 하나는 회의를 '요청'하는 시점이고, 또 하나는 실제 회의가 '열리는' 시점이다. 두 경우 모두, 상대가 당신의 말을 제대로 들을 수 있는 상태여야 한다.

먼저 회의를 요청할 때는 상대가 이메일을 천천히 읽고 생각할 시간을 가질 수 있도록 메일로 제안하는 것도 좋다. 중요한 건 말투다. 비난이나 화난 감정을 드러내는 표현은 모두 빼야 한다. 판단하거나 공격하는 어조 없이, 담백하게 회의 요청만 전달하는 것이 가장 좋다.

서로 변호사가 있다면, 양측 변호사가 회의를 조율할 수도 있다. 또는 중립적인 조정자를 고용하는 방법도 있다. 만약 소송이 진행 중이라면, 강단 있는 전문 조정자[10]의 도움을 받는 것을 추천한다. 당신과 나르시시스트가 같은 방에 있는 상황은 피하는 게 낫다. 서로가 서로를 자극할 수 있기 때문이다. 감정이 격해지기보다는, '해결'에 집중하는 쪽이 중요하다.

조정자는 감정적 언쟁을 줄이고, 쟁점 위주로 대화를 정리해준다. 메시지를 정제해서 전달하고, 제안의 본질이 왜곡되지 않도록 중립적으로 조율해줄 수 있다.

협상 대화 자체도 전략적으로 계획해야 한다. 회의를 제안하는 첫 순간부터 신중하게 접근해야 한다. 상대가 대화에 응할 수 있는 상태인지 판단하고, 일정이 잡히면, 서로가 충분히 말하고 들을 수 있는 시간과 공간을 정해라.

양측 모두 자신이 중요하다고 느껴야 한다. 말할 수 있고, 존중받는다고 느껴야 한다. 이런 과정을 통해서만 원하는 것을 얻을 수 있는 길이 열린다.

나르시시스트와는 기회가 많지 않다. 잘해봐야 한두 번이다. 그 이상은 없다. 한 번 삐끗하면, 바로 등을 돌리고 법정으로 달려가든지, 당신이 아무것도 얻지 못해도 상관없다고 결정해버린다.

소송이 아니어도 마찬가지다. 나르시시스트는 협상이라는 절차 자

---

10) 역자 주: 미국 민사소송에서 흔히 활용되는 사설 중재 전문가를 의미한다. 한국에서도 법원 산하 민사조정위원회 또는 검찰 산하 형사조정위원회 등 공적 조정 제도가 존재하고, 특히 사기 사건 등에서 활발히 활용된다.

체에 인내심이 없다. 많아야 한두 번 기회가 있을 뿐이다. 그 뒤엔 언제든지 버럭 소리를 지르거나, 아예 끝났다고 선언해버릴 수 있다. 누구도 믿지 않고, 심지어 자신에게 유리한 해결책조차도 받아들이지 않는다. 이성적인 판단이 통하지 않는 상대라는 걸 절대 잊지 마라. 절대 나르시시스트의 비이성적인 행동에 이성적으로 대응하려 하지 마라. 논리적인 결론에 결코 도달할 수 없다.

협상은 어디서 해야 할까?

다시 한 번 강조하지만, 나르시시스트와 단둘이 있는 상황은 절대 피해야 한다. 그건 피해야 할 첫 번째 조건이다.

그럼 장소는 어디가 좋을까? 상대 쪽으로 갈지, 당신 쪽으로 부를지, 아니면 중립적인 장소에서 만날지에 대한 심리학 연구는 무척 많다. 일반적으로는 '홈그라운드'가 유리하다는 결과가 많다. 당신도 '홈 어드밴티지'라는 말은 들어봤을 것이다.

하지만 상대가 나르시시스트라면 얘기가 달라진다. 당신 쪽 공간에서 만나자고 하면, 괜히 자존심을 건드릴 수 있다. 그 장소만으로도 자극이 될 수 있다.

이럴 땐 선택지를 주는 전략이 좋다. 당신이 어느 쪽을 선택해도 괜찮을 때, 두세 가지 장소를 제안하자. 상대는 자신이 통제권을 쥐고 있다고 착각할 것이다. 명령이 아닌 선택지일 때, 나르시시스트는 훨씬 더 쉽게 협상에 응한다.

협상 당일

실제 협상 당일은 당연히 스트레스를 많이 받을 수밖에 없다. 하지만 잊지 말자. 협상의 99%는 방에 들어가기 전에 이미 결정된다. 당신은 이 순간을 위해 이미 많은 준비를 해왔다. 조정이나 협상에서 나르시시스트에게 어떤 것이든 동의하게 만드는 건 결코 쉬운 일이 아니다. 하지만 불가능하지도 않다. 당신은 준비돼 있다. 감정을 꼭 붙잡아야 한다. 흔들리지 마라. 눈을 피하지 마라. 그동안 쌓아온 전략과 준비를 떠올려라. 이제 당신은 무엇을 마주할지 안다. 그리고 이길 준비가 돼 있다.

다음 파트에서는 안전 이별의 세 번째 단계로 넘어간다. '이', 이면을 꿰뚫고 두 수 앞서 나가는 예측이다.

🔓 지금 당장 실천 가능한 안전 이별 공식

1. 당신만의 협상 카드와 제안을 정리하자.

   - 지금 당신이 상대하는 나르시시스트에게, 세상에서 가장 중요한 건 무엇일까? 세상에 어떻게 비치는지, 혹은 '다이아몬드급 공급'이 무엇일지.

   - 반대로, 그에게 '석탄급 공급'은 무엇일까?

   - 당신이 쥔 최고의 협상 카드는 무엇인가?

   - 협상에서 첫 제안으로 무엇을 던질 것인가?

2. 협상은 언제, 어디서 하는 게 좋을까?

   - 협상은 언제쯤 시작하는 게 좋을까?

   - 장소는 어디가 적절할까?

오늘의 주문

나는 지금, 새로운 미래를 만들고 있다는 생각에 가슴이 뛴다.
(아니면, 당신만의 문장을 만들어 적어보자. 마음이 움직이는 말이면 무엇이든 좋다.)

PART 7

이면을 꿰뚫는 예측으로
먼저 움직여라

"등 뒤에서 누가 뭐라 하든 신경 쓰지 마.
네가 그 사람들보다 두 걸음 앞서 있다는 뜻이니까."

– 투팍 샤커 *Tupac Shakur*

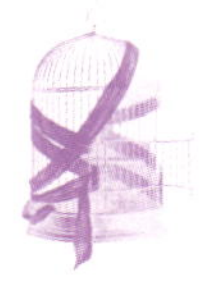

나르시시스트에게는
패턴이 있다

"그 사람, 은밀형 나르시시스트 같아."

심리학자인 친구가 점심 자리에서 이렇게 말했다. 처음엔 믿기지 않았다. 그런데 그 말 한마디가 내 인생의 방향을 완전히 바꿔놓았다. 나는 그저 충격을 받았다. 나르시시스트라고 하면, 남자에다, 여성 혐오 성향이 강하고, 목소리 크고, 겉으로 티 나게 거만하고 잘난 척하는 사람만 떠올렸기 때문이다. 세상 사람들이 다 친절하다고 믿는, 나이 지긋한 여성에게 그 말이 적용된다는 건 도무지 납득이 안 됐다.

"설마." 나는 반박했지만 스스로도 확신이 없었다.

"물론 불안감이 많은 사람이긴 해. 근데 나르시시스트까지는……"

친구는 단호하게 말을 이었다. "아냐, 그 사람은 100% 은밀형 수동 공격적 나르시시스트야."

그러더니 읽어볼 만한 책들을 추천해줬다. 완전히 믿은 건 아니었지만, 일단 책 한 권은 사봤다.

은밀형 나르시시스트에 대한 그 책은 절대 잊지 못할 거다. 데비 미르자Debbie Mirza가 쓴 《그 사람은 내현적 나르시시스트입니다》였는데, 읽는 내내 깜짝 놀라 연신 밑줄을 그었다. 내가 상대하던 그 사람뿐 아니라, 남편과 내가 오랫동안 힘들어했던 가족 구성원까지 똑같이 묘사되어 있었기 때문이다.

그때를 계기로 나는 그 책뿐 아니라 수많은 관련 책을 파고들기 시작했다. 그러면서 점점 보이기 시작했다. 은밀형, 과대형, 악성 나르시시스트의 공통점, 그리고 그들이 소송이나 협상 같은 상황에 들어가면, 유독 특정한 행동 패턴을 보인다는 점도 알게 됐다. 바로 그때, 비로소 내 눈이 트였다. 이제서야 진짜 판이 보이기 시작한 거였다.

그들의 패턴을 알아차리면, 내가 마주한 사람이 어떤 유형의 나르시시스트인지도 파악할 수 있고, 다음에 무슨 행동을 할지 예측할 수 있다. 그렇게 두 걸음 앞서 나갈 수 있게 된다. 예를 들면 이런 식이다.

은밀형 나르시시스트의 행동

- '걱정돼서', '너무 안타까워서' 같은 말로 포장하면서 슬쩍 험담

을 흘리고, 진실의 일부만 말하거나 자신이 피해자인 척하며 당신을 가해자처럼 몰아간다. 그러면서 주변 사람들을 자기 편으로 끌어들인다. 그렇게 모은 조력자들이 바로 플라잉 몽키다.

- 수동 공격적인 방식으로 조종한다.

- 가능한 한 오래 '겉보기엔 착한 사람'인 척한다.

- 들키지 않을 거라고 생각하며 은밀하게 일을 꾸민다. 꼭 빠져나갈 구멍도 만들어둔다.

- 끊임없이 피해자인 척 자기를 포장한다.

과대형 나르시시스트의 행동

- 사실이 아닌 소장을 제출한다.

- 플라잉 몽키를 끌어들이려고 터무니없는 거짓말을 퍼뜨린다.

- 법원 명령을 무시한다.

- 법정 밖 합의를 강요한다.

- 문자나 이메일 같은 증거를 조작한다.

- 근거 없는 주장으로 시간을 끈다.

악성 나르시시스트의 행동

- 스토킹하겠다고 협박하거나 실제로 스토킹한다.

- 전혀 사실이 아닌 끔찍한 거짓말로 당신의 커리어를 무너뜨리려 한다(예: 아동 성추행범이나 가정 폭력 가해자라는 허위 주장).

- 물리적 폭력이나 폭력 위협을 가한다.

나르시시스트들은 평생에 걸쳐 자기 의도를 감추는 데 굉장히 능숙하다. 하지만 일단 그 정체를 알게 되면, 상대하기는 여전히 고통스럽고 괴롭더라도 행동 패턴만큼은 꽤 예측 가능하다는 사실을 알 수 있다. 그들은 본질적으로 '기생충'이자 '에너지 뱀파이어'다. 자신이 붙은 대상에게서 공급이 다 떨어지면, 그다음 먹잇감을 찾아 떠난다.

바로 이 지점이 안전 이별의 이, 이면을 꿰뚫는 예측에 해당한다. 그들의 다음 수를 예상하고, 항상 두 수 앞서 나가야 한다.

앞서 나가면 이런 일들이 가능해진다.

- 상대의 행동을 패턴에 따라 미리 예측할 수 있다.
- 뇌 구조 자체가 일반적인 방식으로 사고하거나 소통하지 않기 때문에, 정상적인 반응을 기대하지 않게 된다.
- 계속해서 당신을 자극하고 흔들려 하기에, 미리 대비책을 갖추고 도발에 넘어가지 않을 수 있다.

최악을 대비하되 최선을 기대하라는 말이 있다. 나르시시스트를 상대할 때야말로 이 말을 절실히 떠올려야 한다. 금전 합의든, 사업 파트너십이든, 이혼이든, 어떤 협상이든 상대의 수에 놀라는 일이 생겨선 안 된다. 그들이 무엇을 요구할지, 어떤 수를 쓸지 예측할 수 있다면, 전략을 더욱 유리하게 펼칠 수 있고, 협상 카드도 제대로 써먹을 수 있다.

나르시시스트는 행동이 제멋대로인 것 같아도, 사실은 꽤 예측 가능한 패턴이 있다. 파트 1에서 다뤘던 각 유형을 떠올려보라. 그들이 어떤 유형인지 파악하면, 그들의 특성을 당신에게 유리하게 활용할 수 있다. 상대가 무슨 말을 할지, 어떤 논리로 나올지, 협상 전에 거의 대부분 예상 가능하다. 그러니 항상 플랜 B를 마련하고, 상대보다 더 철저하게 준비한 상태로 협상에 들어가야 한다.

준비가 되어 있으면, 나르시시스트가 아무리 막무가내로 나와도 당신은 중심을 잃지 않을 수 있다. 이 파트에서는, 당신이 어떤 협상을 준비하든 간에 상대의 모든 수를 예측하고, 어떤 주장을 해도 막아내고, 강력하게 소통할 수 있는 방법을 알려주겠다. 당신이 협상의 흐름을 주도하고, 조건을 설정하고, 끝까지 판을 지배할 수 있도록 말이다.

3단계: 결정적으로 벗어나기

이제 권력의 역학을 바꾸는 세 번째 단계로 넘어갈 차례다. 파트 5에서 세 단계에 대해 이야기한 거 기억나는가? 당신은 첫 단계인 '도망치지 않기'를 통해 길들여지던 패턴을 끊었고, 두 번째 단계인 '방향 전환하기'를 통해 회피하는 방식을 버렸다. 이제는 흔들리지 않고 말하기 시작하고, 세 번째 단계인 '결정적으로 벗어나기'로 나아가게 된다. 이 단계에서 당신은 마침내 나르시시스트로부터 자유를 되찾게 된다.

나르시시스트에 맞서는
소통 전략

나르시시스트는 당신을 자극하는 걸 즐긴다. 당신이 감정적으로 흔들리는 모습을 보는 것만큼 그들이 좋아하는 것도 없다. 그들은 거기서 쾌감을 느낀다.

그러니 그렇게 나올 걸 미리 읽고, 준비하고 있어야 한다. 자극에 휘말리지 말고, 당신을 불편하게 만들고 있다는 티를 절대 내지 마라. 그 이유는 여러 가지가 있다. 당연히, 공급을 주지 않기 위해서다.

하지만 또 하나 중요한 이유는, 당신의 반응을 무기로 삼을 가능성이 크기 때문이다. 한번 상상해보라. 나르시시스트가 당신을 일부러 흔든 뒤, 비웃듯이 말하는 모습. "봐, 감정적인 건 너잖아! 미친 건 너라고!" 절대 그런 만족감을 주지 마라.

그들이 당신을 괴롭히는 데 성공했다고 느끼게 해선 안 되는 또 다른 이유가 있다. 당신이 계속 반응을 보이는 한, 절대 당신을 놔주지 않는다. 기억하라. 공급이 남아 있는 한, 나르시시스트는 언제든 다시 들이닥친다. 냄비 바닥까지 긁어 먹으려는 사람처럼 끝까지 들러붙는다.

자신을 변호하지 마라

나르시시스트에게서 길고 공격적인 문자나 이메일이 올 때가 있다. 그 안엔 늘 계산된 자극이 숨어 있다. '넌 돈을 못 벌어', '넌 형편없는 아빠야', '너 때문에 회사가 망했어', '사실 널 한 번도 사랑한 적 없어', '넌 엄마로서도 빵점이야' 이런 말들을 보면, 당신은 그 모든 주장에 반박하고 싶어질 거다. 하지만 내 말은 이거다. 스스로를 변호하지 마라.

그건 인간적인 반응이고, 나도 그런 말 들으면 반사적으로 그러고 싶어진다. 하지만 누군가의 공격에 반응해서 스스로를 변호한다는 건, 일단 그 주장에 대해 논의할 여지가 있다고 인정하는 셈이다.

당신이 방어 태세에 들어가는 순간, 주도권은 상대에게 넘어간다. 그러니 어떤 유혹이 와도, 자신을 변호하고 싶은 충동은 반드시 억눌러야 한다. 그럼 어떻게 해야 할까? 바로, 당신의 힘을 지키는 것이다.

물론 말처럼 쉽지는 않다. 그래서 내가 여기서 나르시시스트를 직접 상대할 수 있는 다섯 가지 전략을 알려주려 한다. 그리고 다음 파트에서는, 그들을 상대할 때 따라오는 공포와 불안을 다스리는 전략도 따로 알려줄 것이다.

첫 번째 전략: 팩트만 말하기

첫 번째 전략의 이름은 '팩트만 말하기'다. 옛날 미국 드라마 〈드래그넷〉에 나왔던 경찰 캐릭터의 대사에서 따온 이름인데, 참고로 내 세대는 아니다. 그 인물은 늘 이렇게 말했다. "팩트만 말씀해주세요Just the Facts, 부인. 팩트만요." 이 전략의 핵심은, 완전히 감정을 배제한 상태에서 상황을 바라보는 것이다. 물론 이건 말도 안 되게 어려운 일이다. 그래서 가능한 한 모든 상호작용을 짧고, 감정 없이 유지해야 한다.

이제는 당신도 나르시시스트와 경계를 세우기 시작했을 것이다. 이상적인 시나리오는 당신의 미래에서 이 사람이 완전히 사라지는 것이다. 하지만 현실은 다르다. 이 사람이 가족이거나, 직장 동료이거나, 어쩔 수 없이 계속 엮여야 하는 사람이라면 아주 단단한 경계선이 필수다. 그들이 당신을 계속 자극하는데도 감정을 보이지 않는 건 정말 힘든 일이다. 하지만 가능하다. 숨 참는 것처럼, 잠깐은 버틸 수 있다.

그 뒤엔 베개에 얼굴을 파묻고 소리를 지르든, 샤워하면서 울든, 마음껏 감정을 쏟아내도 된다. 단, 그들 앞에서는 절대 그러지 마라. 예전에 유행하던 광고 문구가 떠오른다. "불안한 내색은 금물!" 여기서는 그 말을 네 번 곱해야 한다. 나르시시스트는 당신의 불안한 모습을 보며 공급을 얻는다. 절대 그런 쾌감을 주지 마라. 즉, 그들과 대화할 때는 직접 만나든, 문자든, 전화든 간에 늘 같은 원칙을 지켜야 한다. 팩트만 말하라.

팩트만 말한다는 건 이렇다. 지금 상황에 대해 필요하다면 사실이

나 기록 정도는 전달할 수 있다. 하지만 감정적인 말, 비난, 거친 말은 절대 넣지 마라. 필요하다면, 마치 방송기자가 되었다고 상상하라. 그냥 있는 그대로 보도하듯이 말하는 것이다. 기억하라. 나르시시스트에게 해명하거나, 자신을 정당화할 이유는 없다. 반응은 해도 되지만, 반응하는 것과 말려드는 것은 다르다.

두 번째 전략: 가운뎃손가락

이번에 소개할 전략은 내가 '가운뎃손가락 전략'이라 부르는 방식이다. 예전에 함께 일하던 변호사에게서 배운 건데, 정말 만만치 않은 소송 전문가였다. 냉철하고 머리 회전도 빨랐다. 상대가 악성 나르시시스트일수록, 내 편에 두고 싶은 바로 그런 유형이었다.

변호사 일을 하면 정말 '서류 폭탄'을 맞게 된다. 단순히 허위 소송 서류나 온갖 신청서만 쏟아지는 게 아니다. 매일같이 "당신 클라이언트가 이런 짓을 했더라", "또 그걸 안 했더라" 같은 이메일과 편지가 쏟아진다.[11] 사업 소송이든 가사 소송이든, 나르시시스트는 도처에 있다. 클라이언트로도, 상대방으로도. 그리고 이들은 계속해서 변호사를 자극해 상대에게 공격적인 편지나 이메일을 쓰게 만든다.

그렇게 공격성 짙은 메시지가 오면, 변호사들은 다시 자기 클라이언트에게 연락해 '진짜 이야기'가 뭔지 파악해야 한다. 그리고 또다시

---

11) 역자 주: 미국에서는 소송 중 변호사들끼리 이런 서신을 직접 주고받는 일이 흔하다

답변서를 작성한다. 물론 그 답변이 나중에 재판 증거로 쓰일 수도 있다는 걸 뻔히 알면서도 말이다. 이 과정은 시간과 돈도 많이 들 뿐만 아니라, 공방이 이어지다 보면 결국 당신이 수세에 몰린다. 꺼낼 생각도 없던 협상 카드까지 흘리게 된다.

그래서 이 변호사가 고안한 전략이 바로 내가 '가운뎃손가락 전략'이라고 이름 붙인 방식이다. 왜 그런 이름을 붙였느냐고? 미국에선 가운뎃손가락을 세우는 게 "꺼져Fuck you" 같은 의미니까. 말은 아끼되, 선은 확실히 긋는다는 뜻이다.

이 전략은 '팩트만 말하기' 전략과 비슷하지만 오직 서면 커뮤니케이션에만 집중한다. 즉, 그쪽에서 보낸 문자며 이메일, 페이스북 메시지, DM 같은 걸 쭉 훑어보는 거다. 대부분은 당신을 괴롭히려고, 짜증 나게 하려고 보낸 내용이다. 하지만 아주 가끔, 그 안에 꼭 답해야 하는 한두 가지가 섞여 있을 수도 있다.

하나하나 전부 다 반박하고 싶겠지만, 절대 그러면 안 된다. 예를 들어, 당신이 진짜로 답해야 하는 내용이 언제 어디서 만날지에 대한 정보뿐이라면, '가운뎃손가락 전략'은 이렇게 간단하다.

"보내주신 이메일 잘 받았습니다. 귀하의 모든 주장은 부인합니다. 수요일 오후 3시에 만날 수 있습니다."

이걸로 끝이다. 받았다고만 확인하고, 전부 부인하고, 필요한 내용 하나만 답한다. 그게 다다. 하나하나 반박할 필요 없다. 이 방식이 훨씬 강력하게 느껴지지 않나?

세 번째 전략: 계획은 기본!

이 전략은 내가 '계획은 기본!'이라고 부르는 방식이다. 나르시시스트와 어떤 협상을 하거나 중요한 논의가 필요한 상황이라면, 반드시 미리 의제나 계획, 시간제한을 설정해두고 대화에 나서야 한다. 의제를 미리 상대에게 알려두는 것이 좋다.

이렇게 하면 상대에게 분명한 메시지를 전달할 수 있다. 대화의 범위가 한정되어 있고, 당신이 그 대화를 주도하고 있다는 점이다. 실제 대화 중에도 유용하다. 주제에서 벗어날 경우, 오늘 논의할 의제에 집중해달라고 차분하게 요청할 수 있기 때문이다. 마찬가지로, 대화가 정해둔 시간을 넘기면 자리에서 일어나야 한다고 말하면 된다. 약속이 있다고 핑계를 대도 괜찮고, 적당한 이유를 대도 좋다. 다음 대화를 기대하고 있다고 덧붙이면 더욱 자연스럽다.

이건 이제 당신이 상황의 주도권을 쥐기 시작한 거다. 앞으로 나아가는 시작이다. 다만, 여기서 한 가지 주의할 점이 있다. 상대가 그동안 당신에게 얼마나 큰 권력을 행사해왔는지에 따라, 혼자 만나지 않는 편이 나을 수도 있다. 필요하다면 증인이 돼줄 사람을 대동하거나, 중립적인 제삼자를 배석시키는 것도 고려하라.

네 번째 전략: 어깨 뽕 살짝 넣어주고, 토는 나중에

이번 전략은 '어깨 뽕 살짝 넣어주고, 토는 나중에'라는 이름으로 부른다. 나르시시스트가 다이아몬드급 공급을 얼마나 사랑하는지 이미 알고 있을 것이다. 이번에는 그 욕구를 당신이 활용하는 것이다. 이번에도 마찬가지다. 조종자를, 윤리적으로 조종하는 거다.

여기서 핵심은 '나르시시스트용 뽕'을 살짝 주입하는 것이다. 마치 어깨에 뽕을 넣어 외적으로 부풀리는 것처럼, 상대의 자존감을 부풀려주는 거다. 이때 쓰이는 재료가 바로 칭찬과 찬사다. 특히, 상대가 중요하게 여기는 사람들 앞에서 칭찬한다면 더 효과적이다.

이걸 철저하게 계산적으로, 목적을 갖고 해야 한다. 상대에게 아부하거나 바보처럼 굴라는 뜻이 아니다. 오히려 그 반대다. 무엇을 위해서 이 말을 하고 있는지 정확히 알고 하는 거다.

예를 들어, "이번 달 더존 처리 좀 맡아줄 수 있어요? 훨씬 더 빠르고 정확하시잖아요. 제가 하는 것보다 훨씬 잘될 거예요"라고 말하는 식이다. 중요한 건, 이 말을 할 때 절대 비꼬는 말투를 섞지 말아야 한다는 점이다.

나르시시스트는 말투에 아주 민감하다. 마치 고주파 소리만 따로 잡아내는 센서처럼. 당신이 아무 의도 없이 말해도 무언가를 느낀다. 또 하나, 이때 절대 자신에 대한 긍정적인 언급은 하지 말아야 한다. 예를 들어 "나도 더존 좀 다룰 줄 아는데 요즘은 너무 바빠서 부탁하는 거예요" 같은 문장은 금물이다. 이런 말 한 줄만으로도 전체 전략이 무너질 수 있다. 그들은 당신이 스스로를 좋게 말하는 걸 절대 용납하지 않기 때문이다.

이 전략은 두 가지 효과를 동시에 가져온다. 상대는 자신이 원하는 찬사를 받고 다이아몬드급 공급을 채운다. 그리고 당신은 원하는 결과를 얻는다. 그들에게 원하는 걸 약간 주고, 대신 당신도 원하는 걸 챙기는 것이다.

물론, 이 전략은 조심스럽게, 필요한 순간에만 써야 한다. 그리고 나중에 토하고 싶다면 그래도 된다. 그래서 내가 이 전략 이름을 '어깨 뽕 살짝 넣어주고, 토는 나중에'라고 지은 것이다.

다섯 번째 전략: 쿨 워드

협상장에서 감정이 폭발할 때, 어떻게 진정시킬 수 있을까? 나는 예전부터 이상하게도, 나르시시스트 앞에서 내가 화났다는 걸 내비치면 오히려 그게 그들에게 먹잇감이 된다는 걸 직감적으로 알고 있었다. 아직 그들이 나르시시스트라는 걸 몰랐을 때조차도 말이다.

변호사로 일하며 수많은 협상 자리에 앉아봤다. 직접 마주하는 협상일수록 감정이 더 크게 요동치는 걸 봤고, 특히 상대와 개인적인 관계가 있던 경우엔 더더욱 심했다. 어떤 사람은 벽에 주먹질을 했고, 어떤 사람은 소리를 지르거나 물건을 던지고 자리를 박차고 나가버리기도 했다. 누군가는 말문이 막혀 아무 말도 못 하고, 또 어떤 사람은 바닥에 주저앉아 오열하기도 했다. 심지어는 공포에 질려 온몸을 덜덜 떠는 사람도 있었다.

하지만 이 책에서 내가 알려주는 방법들을 따르면, 당신은 이런 상황에서 완전히 벗어날 수 있다. 협상에서 이기는 건 마인드셋의 문제다. 나도 한때는 "이기는 협상은 80%가 방에 들어가기 전에 결정된다"라고 말하곤 했다. 그런데 어느 날 《밥 프록터의 본 리치》의 저자이자 영화 〈시크릿〉에도 출연한 전설, 밥 프록터Bob Proctor를 인터뷰하게 됐고, 그가 내 팟캐스트에서 이렇게 정정했다. "아니요, 99%입니다." 나는 바로 고개를 끄덕였다.

결국 승부는 마음가짐에서 갈린다. 침착함을 유지하고, 감정이 당신을 압도하게 두지 않는 것. 그러기 위해 내가 만든 전략이 바로 '쿨 워드COOL Words'다. 여기서 쿨은 감정을 다스리는 4단계 전략의 머리글자를 따서 만든 것이고, 워드Words는 당신이 직접 고르게 될 자기만의 파워 문장을 뜻한다. 이 전략은 협상 자리, 즉 실제로 마주 앉거나 화상으로 협상할 때 쓰는 것이다.

1. C: 잠깐 쉬자 Chill Out

C는 Chill Out, 즉 잠깐 멈추고 숨을 고르라는 뜻이다. "죄송하지만 잠시 나갔다 오겠습니다" 한마디 남기고 회의실을 나가자. 화장실에 가서 찬물로 얼굴을 씻거나, 심호흡을 몇 번 해도 좋다. 바깥 공기를 쐬며 잠시 산책해도 된다. 중요한 건 단 몇 분이라도 나 혼자만의 시간을 통해 긴장감을 내려놓는 것이다. 그리고 그 시간 동안 상대도 자연스럽게 긴장이 풀린다.

잠시 쉬는 또 다른 방법은 협상 방식 자체를 바꾸는 것이다. 예를 들어 중재인이 있다면, 중재인이 나 혼자 혹은 내 변호사와만 얘기하거나, 상대측 혹은 그쪽 변호사와만 따로 얘기하게 해보자. 말하는 조합을 바꾸기만 해도 분위기가 전환되면서 감정 온도가 내려갈 수 있다.

2. O: 감정 없이 행동만 말해주자 Observe Their Behavior Verbally to Them without Emotion or Judgment

COOL의 첫 번째 O는 상대의 행동을 감정이나 판단 없이 말해주는 것이다. 예를 들어 "지금 많이 화가 나 보이시네요" 또는 "무척 속상해 보이시네요"처럼 말이다. 또는 "무엇 때문에 그렇게 화가 나셨나요?"라고 물어봐도 좋다. 그렇게 해서 상대가 자기 감정을 직접 말하게 유도한다.

핵심은 내가 개입하지 않는 것이다. 상대의 행동을 있는 그대로 말하거나, 설명을 요청할 뿐이다. 감정도 판단도 넣지 않는다. 방어하지도 않는다. 맞서 싸우지도 않는다. 그냥 관찰자처럼 말해주는 것이다.

3. O: 방관자처럼 바라보자 Observe the Situation as If You Are a Bystander

두 번째 O는, 마치 내가 방관자라도 된 것처럼 상황을 바라보는 것이다. 즉, 나 자신을 완전히 빼고 상황을 지켜보는 것이다. 마치 바닥에서 생떼를 쓰는 두 살 아이를 바라보듯 말이다. 아이가 소리 지르고 울고불고해도, 같이 바닥에 드러눕진 않는다. 우리는 그냥 지켜본다.

그냥 게임이라 생각해도 괜찮다. 지금 이 순간 벌어지는 일이긴 하지만, 내 진짜 삶까지 흔들 필요는 없다고 여겨보는 것이다. 상대가 하는 말과 행동을 절대 내 탓으로 받아들이지 말자. 누군가를 대하는 방식은 결국, 그 사람이 자기 자신을 어떻게 느끼는지의 반영일 뿐이다.

4. L: 말은 그냥 흘려보내자 Let It Go by You

이번엔 말 그대로, 상대가 내뱉는 말을 흘려보내는 것이다. 그 말들이 내 곁을 휙 지나가는 것처럼, 옆으로 비켜서서 바라보는 거다. 나를 때리지도 않고, 닿지도 않는다.

예전에 내가 아이였을 때 피구가 엄청 유행했다. 난 그 게임이 정말 싫었다. 항상 공을 맞을까 긴장했기 때문이다. 그런데 아주 가끔 공을 피했을 땐, 공이 내 머리를 스치듯 지나가 벽에 부딪히고 바닥에 떨어지는 걸 보며, 아무렇지 않다는 걸 깨달았다. 이 전략도 마찬가지다. 상대의 말이 내 옆을 휙 스쳐 벽에 맞고 바닥에 떨어지도록 두는 것이다.

5. Words: 파워 단어 되뇌기

이건 내가 직접 재판에서 썼던 비밀 전략이다. 정신을 집중하고, 강하고 이기는 마인드셋을 유지하기 위해 써왔던 방식이다. 내가 톱 변호사로 성장할 수 있었던 비결 중 하나이기도 하다. 이 전략을 통해 난 두려움에서 벗어날 수 있었다.

방법은 이렇다. 스스로에게 힘이 되는 단어들을 써서 눈에 잘 보이는 곳에 붙여두는 것이다. 사람들이 보면 안 되는 상황이라면, 단어의 앞 글자만 써도 된다. 무엇을 뜻하는지는 나만 알면 된다. 중요한 건 하루 종일 내 시야 안에 있도록 두는 것이다.

이 단어들은 나의 강함을 상기시켜준다. 내 안의 '절대 무너지지 않는 나'를 계속해서 깨워주는 것이다.

화상 회의나 전화 미팅이라면 더 쉽게 적용할 수 있다. 대면 회의라면 이니셜이나 심벌만 기억해도 된다. 나에게만 의미가 있으면 된다. 이런 단어들이 좋다.

- 힘
- 강인함
- 레버리지
- 회복탄력성
- 자신감
- 통제력

───────────── ◇◇◇◇ ─────────────

《생각하라, 그리고 부자가 되어라》의 저자 나폴레온 힐Napoleon Hill은 '자기 암시'의 힘을 강조했다. 이건 뇌와 신경 회로를 다시 프로그래밍하는 방식이다. 방 안에서 누군가의 말에 상처받기 쉬운 순간에도, 이 단어들이 중심을 잡아주면 스스로를 '멋진 나'라고 인식하는 습관이 생긴다. 어떤 상황에서도 흔들리지 않는 마인드셋을 유지할 수 있게 된다. 그러니 감정이 들끓는 순간이 오면, 꼭 '쿨 워드'를 기억하자.

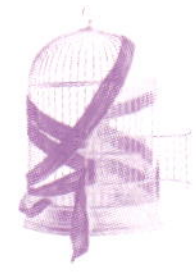

예측은 가장 강력한 전략이다

예측하고 차단하라

내가 협상에서 가장 효과적이라고 느꼈던 전략 중 하나는, 상대가 꺼낼 주장을 예상하고 먼저 꺼내서 무력화시키는 것이다. 공식 협상이든 비공식적 자리든 이 전략은 통한다. 예를 들면 이렇게 말하는 식이다. "상대 쪽에서 이런 주장을 하실 거라고 예상합니다. 제 대답은 이렇습니다" 혹은 "상대편이 이 입장을 고수할 것이라 예상합니다. 그에 대한 제 입장은 다음과 같습니다" 이런 식으로 상대의 논리를 하나씩 짚고, 그게 왜 말이 안 되는지를 내가 먼저 설명해버리는 것이다.

이건 실제로 내가 법정에서도 써왔던 전략이다. 재판 서두에 먼저 상대 논리를 언급하고, 증인신문 때마다 그 주장을 하나씩 반박하는 식이다.

특히 내게 불리한 점이 있을 때 아주 효과적이다. 본능적으로는 약점을 감추고 싶겠지만, 오히려 그 반대가 더 강력하다. 상대가 나를 공격하려 준비 중인 사실이 있다면, 숨기려 애쓰기보다는 내가 먼저 말을 꺼내버리는 게 낫다. "상대가 제가 과거에 이런 행동을 했던 사실을 들고 나올 것으로 예상됩니다. 맞습니다, 그렇게 했습니다. 하지만 지금 그게 중요할 이유는 전혀 없습니다"라고 말하는 것이다.

이 전략의 핵심은 내가 주도권을 쥐고 있다는 걸 상대에게 각인시키는 데 있다. 바람의 방향을 바꾸고, 상대를 중심에서 벗어나게 만든다. 이건 심리적인 기선 제압이기도 하며, 협상에서 실제로 우위를 점하는 방식이기도 하다.

넘치게 준비하라

협상장에 들어서기 전, 아니면 줌으로 접속하기 전에 논리, 자료, 협상 카드 등 모든 것을 준비해둬야 한다. 나르시시스트는 당신의 약점을 냄새만으로도 찾아내는 사냥개처럼 정확하게 집어낸다. 이들은 평생을 사람 약점 파악에 바쳐온 존재다. 첫 제안도 미리 준비해둬야 한다. 그리고 그 제안은 당신이 실제로 받아들일 수 있는 수준보다 훨씬 더 크게 잡아야 한다.

최종 한계선을 정하라

협상에서 나의 목을 조여오는 지점, 그러니까 이쯤이면 물러나야겠다 싶은 선을 미리 정해두는 게 중요하다. 나는 이걸 '최종 한계선'이라고 부른다. 협상 당일엔 감정이 휘몰아칠 수 있다. 그래서 미리 계산을 끝내두는 게 낫다. 위험 분석을 통해, 내가 어디까지 받아들일 수 있고 어디서부터는 손을 털지 계산해둔다.

그 지점에 도달하면, 감정 섞지 말고 이렇게 말하면 된다. "전 여기까지입니다. 감사합니다." 그리고 그 자리를 당당히 떠나라.

어떻게 보일 것인지 결정하라

무엇을 입을지부터 고민하라. 외모는 심리에 직접적인 영향을 준다. 마치 백만 불짜리처럼 느껴지는 옷을 입어야 한다. 자신감과 존재감을 드러낼 수 있는 차림이 필요하다. 색상은 타인의 인식에도 영향을 준다.

빨간색은 강렬하지만 공격적으로 보일 수 있다. 노란색은 유약해 보이기도 한다. 검정은 강한 인상을 주지만, 이질감도 줄 수 있다. 이 주제만으로도 책이 나올 정도지만 간단히 말하자면 파랑, 보라, 초록, 흰색이 무난한 선택이다.

유대감을 형성하라

마지막 단계는 유대감을 형성하는 것이다. 당신은 나르시시스트가 꼴도 보기 싫을 거다. 나도 그 기분 정말 잘 안다. 게다가 나는 비위를 잘 맞추는 성격도 아니다. 차라리 발톱을 뽑는 게 낫겠다 싶을 정도였다. 정말이다.

하지만 당신은 지금 그 나르시시스트에게서 뭔가를 얻어내고 싶어 협상 테이블에 앉은 것이다. 아니었으면 애초에 만날 일도 없었을 테니까. 이건 '어깨 뽕 살짝 넣어주고, 토는 나중에' 전략과 같은 맥락이다. 썩 마음에 들지 않아도 참아야 한다. 웃으며 인사하고, 악수하고, 정중하게 행동하라(단, 가정 폭력 등의 이력이 있어 안전이 걱정된다면 이 조언은 따르지 않아도 된다).

상대보다 성숙하게 대응하는 모습을 보여줘라. 당신은 더 이상 흔들리지 않는다는 걸 보여줘야 한다. 당당하게, 자신감 있게 방에 들어서라. 파트 8에서 이걸 도와줄 연습법도 알려줄 예정이다.

같은 방에 있을 때 상대가 어떤 제안을 한다면, 그 제안을 다시 한 번 확인해주고, 인정해주는 말도 건네보자. 그 한마디만으로도 상대는 존중받았다고 느낀다. 그럴 때는 '쿨 워드'를 활용해 대화하자. 상대의 몸짓을 따라 하는 것도 좋은 방법이다. 그렇게 하면 상대가 더 편안하게 느낀다.

만약 조정 상황이라면, 각자 다른 방에 머물고 조정인이 오가게 하는 게 좋다. 감정이 격해지는 걸 막을 수 있다. 좋은 조정인은 양쪽의 제안을 각자 받아들이기 쉬운 방식으로 다듬어서 전달해준다. 전달 방식만 달라도 상대방이 훨씬 잘 받아들이게 되니까, 합의 가능성도 높아진다.

나르시시스트와 법적 다툼을 벌이는 상황이라면, 반드시 유능하고 단호한 조정인의 도움을 받아야 한다. 그게 타협의 큰 실마리가 될 수 있다. 나르시시스트는 자신이 존경하는 인물 앞에서 나쁜 모습을 보이는 걸 싫어한다. 예를 들면 변호사, 판사, 조정인 같은 사람들이다. 그래서 이런 상황에서는 함부로 굴 확률이 좀 줄어든다. 항상 그런 건 아니지만, 대부분 그렇다.

결론: 예측은 곧 기습이다

나르시시스트는 강력한 적이다. 집요하고, 한번 벼르면 절대 놓아주지 않으며, 무자비하고, 잔인하다. 하지만 그들에게도 분명한 약점이 있다. 바로 작은 전투에서 이기려고 큰 전쟁을 포기한다는 점이다. 감정을 조절하지 못하고 충동적으로 행동하기 때문에, 그리고 대체로 긍정적인 반응보다 부정적인 반응을 먼저 보이는 예측 가능한 패턴을 지녔기 때문에 오히려 그들은 덫에 걸리기 쉽다.

사실 당신은 그 사람이 어떤 행동을 보일지 꽤 정확히 예측할 수 있다. 아마 지역 기상 캐스터가 이번 주말 날씨를 예보하는 것보다 더 정확할 거다. 상대의 반응, 소통 방식, 행동, 주장, 협상 태도를 예측할 수 있다면 당신은 철저히 준비할 수 있다. 그의 행동 패턴이 곧 당신이 구사할 논리와 협상 카드가 된다. 나르시시스트가 필요로 하는 '공급'을 파악하는 것만으로도 유리한 고지를 점할 수 있다.

반대로, 당신은 쉽게 예측되지 않을 것이다. 나르시시스트는 지금까지 관계에서 당신이 보여준 모습 그대로 계속 행동할 거라고 착각한다. 완전히 잘못된 가정이다. 상대의 이런 착각은 오히려 당신에게 강력한 무기가 된다. 과소평가당하는 건 큰 이점이다. 그걸 비장의 무기로 간직하라. 나르시시스트를 상대할 때 기습은 매우 강력한 전략이다.

계속 공격적인 입장을 유지하고, 오직 당신의 마인드셋과 입장에 집중하라. 파트 8에서 이 부분을 훨씬 더 깊이 다룰 것이다.

🔓 지금 당장 실천 가능한 안전 이별 공식

1. 오늘부터 바로 실행할 전략은 무엇인가? 어떻게 실행할 것인가?

   - 팩트만 말하기
   - 계획은 기본!
   - 쿨 워드(어떤 말을 쓸 것인가?)
   - 가운뎃손가락
   - 어깨 뽕 살짝 넣어주고, 토는 나중에

2. 어떤 논쟁이 벌어질지 예상해보자.

   - 상대는 어떤 주장을 펼칠까?
   - 당신의 약점은 무엇인가?

3. 철저히 준비하기 위해 무엇을 할 것인가?

4. 협상에 어떤 옷을 입고 갈 것인가?

5. 어떻게 유대감을 형성할 것인가?

오늘의 주문

모든 것이 내게 좋은 방향으로 흐르고 있다.
(또는 자신에게 더 와닿는 문장을 직접 만들어도 좋다.)

PART 8

별것 아닌 것처럼 털어내는 당신의 강한 마음

"당신은 원래부터 힘이 있었어요.
스스로 깨닫기만 하면 됐던 거예요."
– 〈오즈의 마법사〉중, 착한 마녀 글린다의 대사

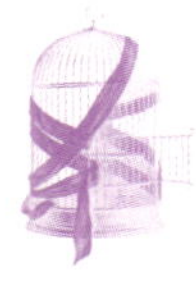

당신의 논리에 집중하라

수전과 남편 스티브는 이미 크게 성공한 사업가다. 그때 등장한 게 잭슨이다. 직원이긴 했지만 두 사람보다 스무 살이나 어린 그는 어느 날 그들에게 파트너십을 제안했다. 수전의 말에 따르면 그는 "매사에 완벽했고, 매력 그 자체"였다. 두 사람은 완전히 매료됐다. 수전은 그와 그의 아내가 마치 자기 자식들 같았다고 했다. 언젠가 이 든든한 후배 부부에게 사업을 맡기고 자신들은 여행도 하고 여유도 즐기길 바랐다.

그런데 그를 사업 파트너로 들이고 나서 3개월이 채 지나지 않아 악몽이 시작됐다. 잭슨은 점점 더 많은 걸 요구했다. 출장비, 주거 지원비, 추가 복지 혜택까지, 요구가 끝이 없었다. 그런데 정작 본인이 맡은 프로젝트는 제대로 마무리하지 않아 갈등이 커졌고, 수전과 스티브 사이에도 금이 갔다. 스티브는 그런 잭슨을 자주 두둔했다. 수전은 그를 내보내야겠다고 느꼈지만, 스티브는 항상 "사정이 있었겠지"라며 넘어갔다.

결정적인 배신은 그로부터 몇 달 뒤에 벌어졌다. 잭슨이 몰래 다른 회사를 차린 사실이 드러난 것이다. 심지어 그 과정에서 수전 부부 휘하의 직원을 여러 명 빼갔다. 철저한 배신이었다. 그런데 그 사실을 따져 묻자, 그는 뻔뻔하게 거짓말까지 했다.

결국 법정 싸움으로 이어졌고, 법원에 들락날락하며 수천 달러가 들어갔다. 완전히 무력감을 느꼈고, 아무리 해도 이길 수 없을 것만 같았다. 포기하고 싶다는 생각만 들었다. 하지만 우연히 내가 만든 안전 이별 공식을 알게 된 순간, 모든 게 바뀌기 시작했다.

나르시시스트는 당신이 패배할 존재라고 믿게 만든다. 심지어 "네가 날 자극했잖아. 네 잘못이야"라고 말하면서 죄책감까지 덮어씌운다. 이런 세뇌에 빠지면, 사람들은 싸움이 벌어졌을 때 본능처럼 상대편만 들여다보게 된다. '쟤는 지금 무슨 수를 쓰고 있을까?', '쟤 전략은 뭐지?', '왜 쟤는 아무 처벌도 안 받아?', '왜 나만 이런 걸 요구받지?', '쟤 주변 사람들은 또 무슨 말을 하고 있을까?'

이렇게 상대편 울타리 너머만 계속 신경 쓰다 보면, 결국 중심을 잃게 된다. 그렇게 되면 절대 이길 수 없다. 그래서 안전 이별 공식의 마지막 글자, '별'은 바로 별것 아닌 것처럼 털어낼 '당신'을 뜻한다. 당신의 입장, 공격 전략, 마인드셋, 그리고 당신 편의 논리에 집중하라는 뜻이다. 이게 핵심이다.

진짜 이기고 싶다면, 완전히 판을 바꾸고 싶다면, 나르시시스트 앞에서 더는 흔들리지 않으려면, 이제 그 울타리 너머를 들여다보는 습관부터 끊어야 한다. 물론 쉽지 않다. 나도 예전에 똑같이 해봤으니까.

그래서 나는 이 전략을 두 가지 흐름으로 나눠서 설명하려 한다. 첫 번째는 협상 그 자체의 전략과 전술에 집중하는 법이다. 두 번째는 당신이라는 사람 자체, 즉 마인드와 셀프케어에 집중하는 법이다.

반격의 주체는 당신이다

방어가 아니라 공격이 먼저다

실제 협상에 들어가면, 가장 먼저 '방어'가 아닌 '공격' 관점으로 사고방식을 바꿔야 한다. 비전 선언문을 항상 기준으로 삼고 실행 계획을 꾸준히 수행해나가야 한다.

그러면서 언제, 어떻게 협상 카드를 전략적으로 쓸지 항상 계산해둬야 한다. 특히 협상 카드를 꺼내는 타이밍은 상황마다 다르지만, 한 가지는 확실하다. 가지고 있는 핵심 증거는 끝까지 철저히 감춰야 한다. 완전히 준비됐다는 확신이 들기 전까지는 절대 먼저 꺼내지 마라.

내가 본 가장 흔한 실수 중 하나는, (심지어 수많은 변호사조차도) 상대방 진영을 들여다보느라 정작 자기 공격에 집중하지 못하는 것이다. 상대가 뭘 하는지에만 집중하느라 정작 자신의 공격 기회는 놓친다. 수비만 잘해서는 월드컵에서 우승하지 못한다. 결국 점수를 내야 이긴다. 상대를 막는 것도 필요하지만, 결국 내가 직접 점수를 올려야 한다.

내가 맡았던 제이슨이라는 아빠의 사례가 있다. 네 살 된 아들 콜을 자기가 사는 플로리다로 데려오고 싶어 했다. 1년 전, 제이슨은 변호사 없이 혼자 양육권 소송에 나섰고, 그때 판사는 엄마 첼시가 콜을 데리고 매사추세츠주로 이사 가는 걸 허락해버렸다. 그런데 첼시는 다시 새로운 남자를 만나고, 그 남자가 사는 워싱턴주로 이사를 가고 싶다고 법원에 이전 신청서를 냈다. 그때 제이슨이 나를 고용했고, 나는 콜을 플로리다로 다시 데려오는 청구를 제기했다. 제이슨이 주 양육자가 되고, 첼시는 방학이나 휴일, 연중 원하는 주말에 콜을 만날 수 있도록 하는 안을 냈다.

우리는 첼시가 제이슨에게 요구했던 방문 일정을, 이번에는 똑같이 첼시에게 적용하자고 주장했다. 제이슨에게 괜찮았던 일정이라면, 첼시에게도 당연히 괜찮아야 한다는 논리였다. 이 안건은 결국 법정으로 넘어갔다. 첼시 측 주장은 단 하나였다. 제이슨이 술꾼이라는 것이다. 친구들도 모두 술에 빠져 있고, "그중 한 명은 5년 전에 음주 운전으로 벌금도 냈다"라는 이야기를 들이밀었다.

첼시는 페이스북에서 퍼온 사진까지 들고나왔다. 가족이 함께한 추수감사절 사진 속 식탁 위에 와인 잔이 놓여 있었다(물론 제이슨이 마시는 장면은 없었다). 사설탐정까지 고용했는데, 그가 찍은 건 제이슨이 마트

에서 맥주 여섯 캔을 들고나오는 장면이었다. 그게 그쪽 변호사가 준비
한 비장의 한 수였다.

하지만 문제는 셀 수 없이 많았다. 우선, 제이슨은 음주 운전 전력이
전혀 없었다. 둘째, 첼시는 원래 아동 보호국 직원이었다. 그런 전문성
이 있는 사람이, 정말로 제이슨이 위험하다고 생각했다면 절대 아이를
그냥 맡기지 않았을 것이다. 그런데 첼시는 별다른 의심도 조건도 없
이, 정기적으로 제이슨에게 아이를 보냈다. 이건 결국 그녀가 스스로도
제이슨을 위험하다고 생각하지 않았다는 증거였다. 셋째, 판사는 친구
들이 어떤지에 대해선 관심조차 없었다. 그리고 결정타. 내가 사설탐정
에게 물었다. "맥주 사진 찍힌 날, 제이슨이 콜과 함께 있었나요?" 탐정
이 대답했다. "아뇨, 그날은 콜을 보지 않은 날입니다."

첼시가 주장했어야 할 건 사실 그게 아니었다. 워싱턴주가 콜에게
얼마나 좋은 환경일 수 있는지, 그런 이야기를 해야 했다. 학교는 어떤
지, 동네는 어떤지, 집은 어떤지, 콜의 방은 어떤지, 가족은 가까이에
있는지, 삶의 질을 끌어올릴 더 나은 일자리를 구해서 살 수 있는지, 단
하나도 말하지 않았다. 결국 아이가 자기랑 함께 있으면 된다는 말밖에
없었다.

반면 나는, 플로리다에서 콜이 어떤 삶을 살게 될지를 그려서 보여
줬다. 제이슨은 콜이 태어났을 때 마련한 집에서 여전히 살고 있었다.
제이슨의 가족들은 모두 재판장에 나와서, 매주 일요일 가족 모임을 한
다며 기꺼이 증언에 나섰다. 형과 형수는 지역 성당과 학교 운영위원회

에도 깊이 관여하고 있었다. 그 성당 부설 학교는 유치원부터 중학교까지 운영되고 있었고, 지역에서 선호도가 가장 높은 곳이었다. 콜은 거기에 사촌들과 함께 다니게 될 예정이었다.

그리고 나는 첼시가 제이슨에게 제안했던 방문 일정이, 이제 그녀에게도 똑같이 적용돼야 한다고 주장했다. "그게 괜찮았다면, 이제는 본인 차례입니다." 나는 또 제이슨에게 증언하게 했다. 만약 첼시가 나중에 플로리다로 다시 이사 오겠다고 하면, 양육권을 반반으로 나눌 생각이 있다는 걸(그는 처음엔 좀 망설였지만, 결국 내 전략을 믿고 따라줬다).

보통 양육권 판결은 시간이 걸린다. 그런데 이번에는 예외였다. 판사는 그 자리에서 바로 판결했다. 아이는 즉시 플로리다로 돌아갈 것. 제이슨에게 1차 양육권을 부여한다. 그렇게 판결은 간단히 내려졌다.

그러니 기억하라. 공격적으로 가야 한다. 방어적으로 움츠러들지 마라. 당신 쪽 입장과 그림에 집중하라. 재판이든 협상이든 원리는 같다. 상대의 약점을 지적하는 건 중요하다. 하지만 전부를 상대방 잘못에만 기대지 마라.

사실과 비전에 집중하라

몇 년 전, 나는 여성 혐오적이고 자기애에 미친 나르시시스트 상사 밑에서 일한 적이 있다. 그 남자는 매일같이 내게 모욕적인 말을 퍼부었다. 회사를 그만두기로 마음먹고 다른 길을 고민하던 그 시기, 나는 사람이라면 누구나 그렇듯 주변 사람들에게 계속 불평을 털어놓았다.

시간이 갈수록 직장은 더욱 끔찍하게 느껴졌고, 그 상사는 뭘 해도 다 엉망처럼 보였다.

바로 그때, 중요한 교훈을 하나 배웠다. 당시 내 비즈니스 코치가 이런 차이를 알려줬다. 뭔가가 싫어서 떠나는 것과, 더 나은 선택지를 향해 나아가는 것은 전혀 다르다는 것이다. 즉, 도망치는 것이 아니라 나에게 좋은 무언가를 향해 나아가라는 말이었다. 이건 엄청난 차이다.

부정적인 게 아니라 긍정적인 방향에 집중하는 것. 그게 내게는 옳은 선택이었다. 지금 당신에게도 그 말을 꼭 전하고 싶다. 여기까지 잘 해왔다. 이제는 나르시시스트의 패턴을 분석해 정리한 자료, 그리고 당신의 협상 카드와 비전 선언문에만 집중해야 한다. 당신의 조사와 관찰, 그리고 당신의 계획에 집중하는 것이다.

물론 알고 있다. 이 글을 읽으며 그게 말처럼 쉽냐는 생각이 들 수도 있다. 매일같이 나르시시스트에게 두들겨 맞는 상황에서는, 아무리 마음을 다잡아도 그 소용돌이에 휘말리기 쉽다. 말다툼, 혼란, 감정 소모가 매일같이 일어나니까. 진짜 너무 쉬운 일이다. 의도하지 않아도 자기도 모르게 빨려 들어간다.

어떤 날은 하루를 보낸 기준이 '오늘 몇 번이나 혼잣말로 욕했는지'로 정해질 정도다. 오전도 지나기 전에 열 번 넘게 "뭐야, 진짜?"라고 중얼거렸다면, 그날은 아주 심각한 날이다. 충분히 이해한다. 매일 공격받는 상황에서는 끊임없이 방어적인 태도가 되기 마련이다. 그러다 보면 자기도 모르게 상대의 주장에 집착하게 된다.

하지만 그들에게 그런 만족감을 주지 마라. 당신은 도망치는 게 아니라, 더 나은 방향을 선택하고 있는 것이다. 수비가 아니라 공격이다.

약점도 협상에 쓸 카드가 된다

내가 이제 막 변호사 일을 시작했을 때, 인생 첫 양육권 사건을 맡게 됐다. 의뢰인 알렉스는 헌신적인 아버지였다. 그 시절엔 엄마가 기본적으로 양육권을 가져가고, 아빠는 2주에 한 번 주말과 수요일 저녁 식사 시간만 허락받는 게 일반적인 분위기였다.

그런데 이 사건에서 엄마인 자넬은 도를 넘었다. 그녀가 며칠간 남자 친구와 국내도 아닌 해외로 여행을 갔다는 거다. 더 어이없는 건, 알렉스와 자넬 사이의 세 아이들만 집에 남겨두고 갔다는 점이다. 아이들을 돌봐줄 어른은 아무도 없었다.

열두 살짜리 큰딸에게 열 살, 여덟 살 동생들을 맡겨놓고 떠난 거였다. 물론 열두 살이 운전을 할 수 있는 것도 아니고, 설령 운전할 줄 안다 해도 차가 없었다. 요즘처럼 누구에게나 휴대폰이 있던 시절도 아니었다. 자넬은 집에 약간의 음식은 남겨뒀지만, 현금 한 푼도 안 줬고, 다른 어른들에게도 아무런 연락을 남기지 않았다.

그 주말은 알렉스의 양육 시간이 아니었기에 그는 전혀 몰랐다. 아이들이 굶다시피 하며 겨우 버티고 있다는 사실을 말이다. 아이들은 엄마의 지시에 따라 이 사실을 숨기고 있었고, 알렉스가 다시 아이들을 돌보게 되었을 때, 그제야 실토했다. 당연히 알렉스는 격분했다.

이런 일이 가능하다는 것 자체가 충격이었다. 하물며, 양육권 다툼이 한창일 때 이런 행동을 했다는 게 더 놀라웠다. 솔직히 난 속으로 외쳤다. '이건 절호의 찬스다. 이걸로 이길 수 있어!' 재판의 핵심으로 삼을 계획이었다.

실제로 재판이 열렸을 때, 우리는 그녀가 아이들을 방치한 증거를 모두 제출했다. 동시에 알렉스가 얼마나 좋은 아버지인지, 아이들에게 얼마나 안정적인 존재인지를 보여주는 자료도 함께 냈다.

변론을 앞두고 나는 당시 일하던 로펌의 파트너에게 조언을 구했다. 그 사람은 미국 최고의 변호사 중 한 명이었다. 내가 준비한 변론 내용을 듣고 그녀는 조심스럽게 조언했다. 자넬의 무책임한 행동을 당연히 강조하되, 재판부가 알렉스에게 양육권을 주어야 하는 이유는 그녀를 벌주기 위해서가 아니라, 아이들의 최선의 이익 때문이라고 강조하라는 것이었다. 다시 말해, 공격이냐 수비냐의 차이였다.

그들의 나쁜 행동은 분명 당신의 패가 될 수 있다. 그리고 그걸 현명하게 이용할 수 있다면, 그것만큼 강력한 무기는 없다. 마치 상대 팀 선수를 몰래 우리 편 유니폼을 입혀서 내보내는 것 같은 효과다.

다시 말하지만, 상대의 점수를 막는 데 그치지 말고 당신의 점수를 올려야 한다. 상대의 약점을 지렛대로 삼는 것이다. 그게 가장 효과적인 방법이다. 항상 품위를 지켜라. 항상 도덕적으로 우위에 있어야 한다. 늘 당신이 옳은 쪽이어야 한다.

제안을 효과적으로 전달하는 법

제안은 누가 먼저 꺼내는 게 좋을까? 나는 가끔 나르시시스트가 먼저 말하게 두기도 한다. 사실 누가 먼저 말하든 큰 차이는 없다. 앞서 말했듯, 그들에게 선택권을 주는 건 나쁘지 않다. 스스로가 결정권이 있다고 느끼게 해주면, 통제력을 쥐고 있다고 착각하니까.

하지만 당신이 제안할 차례가 되면, 실제로 받아들일 의사가 있는 것보다 더 많이 요구해야 한다. 다만 이건 좀 까다롭다. 나르시시스트를 상대로는 너무 과하게 요구하면 곧바로 폭발할 수 있다. 자리를 박차고 나가거나 고함을 치며 판을 엎을 가능성도 있다. 그렇게 되면 협상은 거기서 끝이다.

그러니 미리 마음속으로 '양보 가능한 한계선'을 정해두는 게 좋다. 실제로 그 지점을 양보하게 됐을 땐, 최고의 연기력을 발휘해라. 메릴 스트립 뺨치는 감정 연기로 그게 세상에서 제일 억울한 일인 것처럼 보여야 한다. "세상에! 이걸 양보하다니!" 혹은 "이건 너무 부당해! 말도 안 돼!" 이런 식으로 말이다.

무슨 말인지 알 것이다. 이럴 땐 자존심은 잠깐 내려놔야 한다. 내가 이겼다는 티를 내며 나르시시스트에게 그걸 들키는 순간, 승리는 사라진다. 그들은 절대 물러서지 않는다. 당신을 '타깃'으로 정한 이상, 계속 괴롭히고 싶은 게 그들의 심리다. 그러니 당신이 해야 할 일은, 그들이 다른 사람을 타깃으로 삼고 당신은 놔주게끔 만드는 것이다.

또한 절대, 정말로 원하는 게 뭔지 들키면 안 된다. 나르시시스트는 당신이 진심으로 원하는 건 절대 주지 않으려 할 것이다. 그래서 가짜 목표를 앞세우고, 진짜 원하는 건 무심한 척 숨겨야 한다. 일종의 심리전이다. 조심스럽게, 하지만 전략적으로 상대를 조종하는 기술이다.

나르시시스트를 움직이는 협상 기술

우선, 동의 가능한 영역부터 시작해 점점 핵심으로 다가가라. 앞서 언급했듯 나르시시스트와의 협상은 어느 정도 친밀감을 형성하는 것이 먼저다. 그들을 내 입장 쪽으로 조금씩 움직이게 하려면, 처음부터 정면으로 부딪쳐서는 안 된다. 그들은 누군가 자신에게 반대하면 거기서 에너지를 얻는다. 그러니 부드럽게 밀어주는 게 핵심이다.

이걸 손바닥 밀치기라고 생각해보자. 누군가가 내 손바닥을 밀면, 나도 무의식적으로 반작용을 한다. 하지만 그 손이 사라지면? 더 이상 밀 대상이 없다. 나르시시스트에게도 이 원리가 그대로 통한다. 그들을 살짝 흔드는 전략이 필요한 이유다.

가장 쉬운 방법은, 의견이 일치할 만한 지점부터 출발하는 것이다. 서로 "그래, 그건 그렇지"라는 분위기를 만드는 게 중요하다. 그렇게 작은 합의를 하나씩 쌓아가다 보면, 서로가 가치를 주고받고 있다는 감각이 생긴다. 협상이 잘 풀린다는 착각도 들고, 기세가 오른다.

그 흐름이 만들어지면 이제 본격적인 쟁점으로 들어갈 때 상대도 조금씩 양보할 수 있다. 처음부터는 절대 안 할 말도 분위기가 무르익으면 꺼내볼 수 있다. 그 시점엔 이미 '이 판을 깨긴 아깝다'는 생각이

들기 때문이다.

두 번째, 그들이 원하는 걸 당신의 제안을 통해 얻을 수 있다고 설득하라. 이 전략은, 당신의 제안이 어떻게 상대에게 이득이 되는지를 구체적으로 설명하는 것이다. 협상 전에 얼마나 치밀하게 준비했는지가 승부를 가른다. 양쪽의 상황을 잘 파악하고 있어야 한다. 그래야 당신의 제안이 그들에게 어떤 가치를 주는지 명확하게 보여줄 수 있다.

세 번째. 반대로, 거절할 경우 그들이 감수해야 할 리스크도 명확히 보여줘라. 당신의 제안이 어떤 이득을 주는지 말한 뒤에는, 만약 거절했을 때 어떤 위험이 따르는지도 반드시 짚어야 한다. 그 리스크는 되도록 상대가 타격감을 느낄 만큼 구체적이고 생생하게 설명해야 한다. 이 지점에서 당신이 가진 협상 카드가 진짜 힘을 발휘한다.

협상 카드를 활용하라

이제 당신이 쥔 협상 카드를 활용할 차례다. 이 단계에서 해야 할 일은, 윤리적으로 조종하는 방식으로 그 사람을 움직이는 것이다. 즉, 오늘 협상에 응하는 게 자기한테 이익이 되는 일임을 스스로 깨닫게 만들어야 한다. 당장 감수해야 할 리스크보다 얻을 보상이 크다는 걸 이해시키는 거다.

여기서 당신은 지금까지 준비해온 것들을 공개한다. 왜 오늘 합의하는 게 그들한테 유리한지, 명확하게 보여주는 것이다.

무엇보다 중요한 건, 그들의 '다이아몬드급 공급원'이 위협받고 있다는 위기의식을 심어주는 것이다. 그래야 그 공급원을 지키기 위해 스스로 움직이게 된다. 당신이 바라는 건 이거다. 그 사람이 리스크와 보상을 저울질할 때, 당신을 자극해서 분노하게 만들고, 질질 끌고 다니며 괴롭히고, 인생을 엉망으로 만드는 식의 행동으로는 계속해서 석탄급 공급밖에 얻을 수 없다는 걸 깨닫게 해야 한다. 그 석탄을 붙들고 있다간 다이아몬드급 공급원을 잃게 된다는 걸 알려주는 것이다.

그 결과, 이 사람한테서 받아내는 '자기애적 공급'은 그다지 쓸모없는 자원이 됐다는 결론에 이르게 만들어야 한다. 그래야 포기한다.

진흙탕 싸움에 주의하라

"차라리 당신한테 돈 주고 말지. 개보단 낫잖아요." 한 나르시시스트 고객이 내게 한 말이다. 실은, 난 그 사건을 5년 가까이 맡았다. 물론 변명이긴 하지만, 그땐 나르시시즘에 대해 아는 게 하나도 없었다.

그 남자는 아내와 이혼을 앞두고 있었고, 단순히 전처를 골탕 먹이는 재미에 빠져 있었다. 자료를 제출하라는 요구를 알면서도 계속 무시했고, 결국은 법원 명령에 따라 내야 했지만 그 과정 자체를 즐겼다. 한번은 위자료를 보내는 수표에다 왼손(오른손잡이였다!)으로, 그것도 크레용으로 사인을 했다.

심지어 나까지도 자기 공모자로 끌어들이려고 했다. 나를 통해 전처를 더 괴롭히려는 속셈이었다. "레베카, 당신은 천국에 혼자 가겠네요. 얼마나 외롭겠어요?" 이런 식으로 말하곤 했다.

그런데 이 일이 그렇게까지 길어진 게, 꼭 그 남자 때문만은 아니었다. 아내 역시 반격하겠다는 마음이 컸다. 남편의 반응을 유도해 일부러 일을 벌이고, 그다음엔 불필요한 신청서와 소장을 계속 쏟아냈다. 결국 우리는 그 모든 것에 일일이 대응해야 했다.

둘은 서로를 먹이 삼아 연명하고 있었다.

결과는 어땠을까. 양쪽 변호사에, 양육권 감정사 두 명, 회계사 두 명, 몇 차례의 조정, 여러 번의 재판, 거기다 항소와 상고까지 들인 돈만 수억이다. 그런데 결국 도달한 결과는 처음부터 도달했어야 할 자리였다. 그리고 이 얘기엔 믿기 어려운 후일담이 있다. 그 둘, 결국 다시 합쳤다!

또 하나의 사례가 있다. 내 남편은 기업 소송 전문 변호사다. 그가 맡은 사건은 한 골프 클럽을 대리하는 건이었는데, 상대측은 골프를 치다가 다쳤다며 클럽을 상대로 소송을 걸었다. 그런데 넘어져 다친 것도 아니었다. 골프 치다가 다른 골퍼랑 주먹다짐을 벌인 거다. 그런데 그게 어떻게 클럽 책임이라는 건지 모르겠다.

그 남자 역시 전형적인 나르시시스트였고, 더 웃긴 건 그 남자의 변호사도 마찬가지였다(나는 항상 말한다. 고객과 변호사는 개와 주인 같아서, 서로 닮은 사람을 꼭 찾아낸다). 게다가 그 변호사는 성공 보수 조건으로 계약했기 때문에, 무슨 수를 써서라도 합의를 이끌어내야만 돈을 벌 수 있는 상황이었다.

그 클럽은 아무 잘못도 없었지만, 처음엔 이 사태를 빨리 끝내고 싶어서 2만 달러를 제안했다. 변호사는 거절했다. 그래서 클럽 측은 3만 달러로 올렸다. 또 거절했다. 마지막으로 5만 달러까지 올렸다. 자기 잘못으로 주먹다짐을 벌이고, 술기운까지 있었던 이 사람한테 5만 달러나 주겠다고 한 거다. 그런데도 그들은 받아들이지 않았다.

그래서 결국 소송은 본격적으로 치열해졌다. 상대측 변호사는 보상을 받아야만 수임료를 챙길 수 있으니, 어떻게든 밀어붙였다. 클럽은 플로리다 최대 개발 업체가 소유한 곳이었기에 자금 여유는 충분했다. 뉴욕까지 날아가 증언을 받기도 하고, 각종 출장비가 쌓여갔다. 몇 달이나 이어졌다. 결국 3일 동안 재판까지 치렀다.

결과는? 그 남자의 완패였다. 어떤 합의금도 받지 못했다. 끝난 게 아니었다. 싸움을 벌였던 그 남자는 상대 골퍼와 클럽 양쪽의 소송비용까지 다 물게 됐다. 그리고 그는 결국 파산 신청을 했다. 누구도 돈을 받지 못했다. 오직 내 남편과 클럽 측 변호사들만 돈을 받았다. 맞다. 그 남자는 그냥 처음에 5만 달러 받고 끝냈어야 했다. 교훈은 하나다. 진흙탕 싸움에 빠지지 마라.

'내가 옳아'라든가 '원칙의 문제지' 같은 생각에 사로잡히는 순간, 당신은 이미 게임에서 진 것이다. 그런 식으로는 절대 평화롭고 효율적인 결말에 도달할 수 없다.

결국 판을 결정짓는 건 뭘까? 전략이다. 그리고 협상 카드다.

그리고 언제나 당신의 비전 선언문을 잊지 마라.

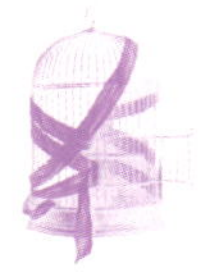

변화는 당신 안에서 시작된다

마지막으로 가장 중요한 이야기를 남겨두었다. 이제는 오롯이 당신에게 집중할 차례다. 책 전반에 걸쳐 여러 번 강조했지만, 지금 이 순간이야말로 다시 한 번 말할 때다.

나르시시스트와의 협상에서 진짜 승부는 방 안에 들어가기 전 이미 99% 결정된다. 그런데 더 강력한 사실이 있다. 인생이라는 게임에서 승리하는 모든 순간은 바로 당신 안에서부터 시작된다는 것이다.

나르시시스트와의 싸움은 결국 그냥 싸움일 뿐이다. 프랭클린 루스벨트의 부인이자 인권운동가 엘리너 루스벨트Eleanor Roosevelt는 이렇게 말했다. "당신이 동의하지 않는 한, 누구도 당신을 열등하게 만들 수 없다." 이 말을 진짜 이해하는 순간, 변화는 시작된다. 여기서 중요한 차이를 짚고 가고 싶다. 당신은 계약서를 두고 협상할 수 있다. 조건이나 사안도 협상할 수 있다. 원한다면 어떤 주제든 협상할 수 있다. 하지만 절대 협상해서는 안 되는 것도 있다. 당신의 가치는 협상의 대상이 아니다. 당신의 자존감도 마찬가지다.

그리고 당신이 누구인지, 그 본질 역시 협상할 수 없다. 영화 〈오즈의 마법사〉 마지막 장면을 떠올려보자. 착한 마녀 글린다가 도로시에게 이렇게 말한다. "넌 언제든 집에 갈 수 있었어. 다만, 너 스스로 깨달아야 했을 뿐이야." 어릴 땐 그 장면을 보면서 '뭐야, 완전 사기잖아. 왜 그걸 지금 말해?'라고 생각했지만, 이제는 안다. 그 이야기의 진짜 의미를.

나는 내 유튜브 영상 마지막마다 이렇게 말한다. "오늘은 당신 인생 최고의 협상을 시작하기 딱 좋은 날입니다." 〈당신 인생 최고의 협상 Negotiate Your Best Life〉이라는 내 팟캐스트 이름과도 같다. 그리고 때때로 이런 말도 덧붙인다. "우리 인생의 첫 협상은, 나 자신과의 협상일지도 모릅니다. 내 가치를 인정하는 일부터 시작하는 거니까요." 공감하는 사람, 분명 많을 것이다.

나르시시스트를 이기고, 그들과 소통하며, 인생을 스스로 설계해나가는 비밀은 우리 바깥에 있지 않다. 그건 '안에서 바깥으로' 시작되는 일이다. 내가 말하는 이 '안에서 바깥으로'란, 내 안에 있는 힘을 먼저 인식하고 느낀 다음, 거기서부터 바깥을 향해 나아가는 것이다. 이 구조를 이해하지 못하면, 우리는 결국 같은 싸움을 반복하게 된다. 그리고 그 싸움에서 지는 쪽은 늘 자신일 수밖에 없다.

우리는 하루 종일 자신을 향해 '확증 편향'을 되풀이한다. 어릴 때부터 '나는 가치 없어'라는 내면의 이야기를 반복하고, 세상 속에서 그걸 증명해줄 증거를 끊임없이 찾는다. '거 봐, 난 역시 남들이랑 달라', '그래, 난 살 빼는 데 재주가 없나 봐', '나는 역시 별로야', '난 언제나 관계를 망쳐' 같은 말들. 무의식중이든 의식적으로든, 그렇게 스스로를 깎아내린다. 결국 우리는 자기 자신을 가장 강하게 공격하는 존재가 된다.

우리 뇌에는 '망상 활성계Reticular Activating System'라는 부위가 있다. 한 번에 받아들이는 정보량이 제한되어 있어서, 뭔가를 의식하면 그것만 계속 눈에 띄게 만드는 필터 같은 역할을 한다. 예를 들어 빨간색 토요타 코롤라를 샀다고 해보자. 갑자기 도로에 빨간 코롤라만 가득해 보인다. 그건 뇌가 그렇게 인식하도록 프로그래밍됐기 때문이다. 우리의 가치도 마찬가지다. 자신이 이기고 있다고 믿기 시작하면, 그 승리들이 눈에 들어오기 시작한다.

좋은 소식은, 우리 뇌도 컴퓨터의 중앙처리장치CPU처럼 완전히 재프로그래밍할 수 있다는 것이다. 우리는 자신의 무한한 가능성을 표현할 수 있도록 뇌를 다시 설계할 수 있다. 충분히 가능하다.

만약 당신이 공감 능력이 뛰어난 사람이라면, 이 과정이 더더욱 어렵게 느껴질 수도 있다. 당신이 그렇다고 생각한다면, 맞다. 1단계, 2단계, 3단계는 모두 그동안 길들여졌던 반응에서 벗어나, 방향을 전환하며, 날 힘들게 하던 사람들과 당당히 소통할 수 있을 만큼 강해지기 위한 시간이었다. 그게 업무 관계든 사적인 관계든 말이다. 사실, 나르시시스트와 공감형 인간 사이에는 서로를 얽어매는 고리가 있다.

나 역시 공감형 인간이고, 예전에 나르시시스트와 비즈니스 관계를 맺은 적이 있다. 그땐 몰랐지만 지금 돌아보면 그 메커니즘이 꽤 흥미롭다. 피해자라고만 여겨졌던 내가 사실은 그 고리를 잇는 한 축이었다는 것. 그리고 그 고리에서 빠져나오는 방법은 밖이 아니라 내 안에 있다는 사실 말이다.

왜 나르시시스트는 공감형 인간을 노릴까

공감형 인간은 타인을 깊이 이해하고 배려하는 사람이다. 보통 따뜻하고, 매력 있고, 창의적이며, 똑똑한 경우가 많다. 그래서 주변에 사람이 많이 모이고, 나르시시스트는 그런 사람 곁에 머무르고 싶어 한다. 다른 사람에게 가치 있어 보이는 사람에게 들러붙고 싶어 하고, 자신을 돌봐줄 사람도 원하기 때문이다. 나르시시스트는 자신을 받들어 주고 모든 필요와 욕구를 최우선으로 챙겨줄 사람을 원한다.

공감형 인간은 이런 관계를 쉽게 허용한다. '그냥 맞춰 주자'는 태도로 넘어가게 되는 경우가 많다. 사실 공감형 인간도 저마다 내면의 상처를 안고 있는 경우가 많다. 이 상처는 그들을 공동 의존적_{Codependent}으로 만들고, 나르시시스트와 쉽게 트라우마 결속 관계를 형성하게 한다. 이렇게 시작된 관계는 결국 파괴적인 악순환으로 이어진다. 공감형 인간은 끊임없이 애정과 관심, 지지와 가치를 쏟아붓는다.

나르시시스트는 늘 무언가 도와줘야 할 사람처럼 보인다. 학대받은 어린 시절을 고백하며 피해자인 척하기 때문이다. 하지만 알고 보면 그건 끝이 없는 밑 빠진 독이다. 나르시시스트는 결코 그 사랑을 되돌려 주지 않는다. 가끔 러브 밤을 살짝 던져주지만, 사실은 공감형 인간을 빨아먹는 기생충일 뿐이다. 더 이상 뽑아 먹을 게 없어지면, 다음 공급원을 향해 떠난다.

만약 당신이 공감형 인간이면서 내면에 깊은 상처를 안고 있다면, 내면 깊숙이 낮은 자존감이나 낮은 자기 가치감이라는 뿌리 깊은 감정을 지니고 있다면, 이런 일을 겪고도 스스로를 탓하게 될 수 있다. 사랑받을 자격이 없다고 느끼거나, 좋은 사업 파트너가 될 수 없다고 여길 수도 있다. 나르시시스트의 행동이 어쩌면 당신 때문이었을 거라 생각하게 되는 것이다. 이런 경험은 당신이 다시는 자신을 믿지 못하게 만들 수 있다. 업무에서든, 사적인 관계에서든 말이다. 나르시시스트와의 관계는 깊은 심리적 상처를 남긴다.

이런 방식으로 두 성향은 서로에게 무언가를 충족시켜주는 것처럼 보이지만 이 관계는 건강하지 않고, 오래 지속될 수도 없다. 매일 정크 푸드만 먹으며 연명하는 것과 같다. 살아는 있겠지만, 기분은 바닥을 친다. 협상이든 일상적인 대화든, 나르시시스트와 관계를 맺는 상황에서는 이 패턴이 끊어지지 않는다는 걸 알아야 한다. 중간에 멈춰 세우지 않으면 계속 반복된다.

당신은 마치 자석에 끌리듯 다시 빨려 들어가게 된다. 나르시시스트는 당신의 약점을 정확히 알고 있다. 다시 끌어들이기 위해 어떤 말과 행동을 해야 할지도 잘 알고 있다. 그리고 그 약점을 최대한 이용할 것이다. 공감형 인간에게 이걸 끊어내는 일은 정말로 어려운 과제다.

뇌 재프로그래밍하기

우리의 뇌는 몸의 CPU 같은 존재다. 어린 시절 우리는 다양한 자극을 받고, 이를 통해 스스로 결론을 내리곤 했다. 예를 들어보자. 한 아이가 할머니 무릎에 앉고 싶어 했는데, 이미 그 자리에 언니가 앉아 있었다. 그래도 아이는 그냥 달려가 앉았고, 그 순간 할머니가 외쳤다. "두 명 다는 안 돼! 내려가!" 아이는 아마 이렇게 결론 내렸을 것이다. '나는 사랑받을 자격이 없구나.'

물론 어른이 되어 다시 그 상황을 떠올리면, 그냥 장난꾸러기 둘이 한꺼번에 무릎에 앉는 게 버거워서 그랬다는 걸 알 수 있다. 그건 사랑과는 아무 상관 없는 반응이다. 하지만 우리는 그렇게 받아들이지 않는다. 인간이기 때문이다. 그 순간 아이는 스스로를 '사랑받지 못할 존재'로 여긴다. 며칠 후 학교에서도, 하고 싶었던 역할에 선생님이 다른 아이를 뽑는다. 다시 확인된다. '나는 사랑받지 못할 존재야.' 그리고 며칠 후, 피구 팀을 나눌 때 마지막으로 뽑힌다. '역시, 나는 사랑받을 수 없어.'

그런 생각은 머릿속에 끝없이 반복되는 노래처럼 각인된다. 한번 시작되면 좀처럼 멈추지 않는다. 그 아이는 자라서 어른이 되고서도, 마음속 깊은 곳에 여전히 '사랑받지 못할 사람'이라는 믿음을 품고 살아간다. 그리고 그걸 진실이라 착각한다. 에스더 힉스Esther Hicks는 이렇게 말한다. "믿음이란, 자꾸 되풀이해 떠올리는 생각일 뿐이다." 바로 그 믿음이 당신의 삶을 가로막는다. 결국 다 머릿속에서 벌어지는 일이다.

조 디스펜자Joe Dispenza 박사는 책《브레이킹, 당신이라는 습관을 깨라》에서 이렇게 설명했다. 우리의 뇌 속에는 함께 작동하는 신경 회로가 존재한다. 뇌는 효율을 추구하는 장기이기 때문에, 특히 어린 시절에 반복되는 반응 패턴을 기억하고 강화한다. 같은 자극이 반복되면, 뇌는 매번 같은 방식으로 반응하게 된다. 마치 도미노처럼 말이다. 첫 조각이 넘어지면 나머지도 줄줄이 쓰러진다. 그렇게 패턴은 뇌 속에 단단히 각인된다. 뇌는 이미 그렇게 프로그램되어 있다.

이건 당신 안에 부끄러움, 비밀, 아무도 모르는 내밀한 감정이 있다는 의미다. 그 감정은 당신이 어딘가 모자라고, 사랑받을 자격이 없다고 속삭인다. 그래서 평생을 그 감정을 감추거나, 아니면 자신이 가치 있는 사람임을 증명하려 애쓰며 살아간다. 성공을 좇고, 번듯한 겉모습을 꾸미려는 것도 결국은 마음속 깊은 불안과 상처를 감추려는 몸부림이다. 브레네 브라운은 이런 모습을 '자기 가치에 대한 쟁취'라 부른다.

하지만 사실, 애초부터 당신은 가치 없는 존재가 아니었다. 그 모든 결론은 잘못된 논리에서 비롯된 오해였을 뿐이다. 나르시시스트와의 관계 안에서는 이 오래된 뇌 회로가 다시 작동하기 시작한다. 그들이 당신을 깎아내리고, 작아지게 만들고, 주변 사람들을 동원해 당신을 몰아가고, 교묘하게 조종하기 시작하면 당신은 다시 그 시절로 돌아간다.

당신 안의 상처가 처음 생겼던 열 살 무렵, 혹은 그보다 더 어렸던 시절로 말이다.

그들이 당신을 형편없는 부모, 배우자, 동료라고 몰아붙이기 시작하는 순간, 도미노가 쓰러지듯 회로가 작동한다. 패턴이 작동하고, 감정을 다루는 부위인 변연계가 활성화되면, '쾅' 하고 마음속 깊이 숨어 있던 '나는 모자란 사람이야'라는 생각이 터져 나온다. 그러면서 마음속으로, 혹은 무의식중에 이렇게 생각하게 된다. '큰일이야. 사람들이 진짜 내 모습을 알아버릴지도 몰라. 내가 가치 없는 인간이라는 걸.'

반면, 나르시시스트는 공감 능력은 전혀 없지만, 상대의 약점을 알아차리는 데는 천재적이다. 마치 상어가 물속의 피 냄새를 맡는 것처럼, 상대의 취약점을 정확히 감지하고, 그걸 무기로 삼는다. 특히 당신이 그들의 '공공의 적 1호'가 되면 그 약점을 집중적으로 파고든다. 더 세게, 더 교묘하게 공격한다.

그렇기 때문에 나르시시스트와 대화하거나 협상할 때는, 그들을 감정적으로 철저히 차단해야 한다. 동시에 당신의 뇌도 다시 훈련해야 한다. 더는 옛 회로가 작동하지 않도록, 새로운 신경 경로가 자리 잡도록 말이다. 그럴 수 있다. 당신도 할 수 있다. 마음먹기 나름이다. 다른 가능성은 아예 없다고 생각하라. 가능성을 하나로 좁히면 길이 열린다.

나르시시스트의 뇌에 관해

본격적으로 어떻게 주도권을 쥐고 나르시시스트를 압도할지 이야기하기에 앞서, 꼭 짚고 넘어가야 할 게 하나 있다. 앞서 말한 뇌의 작동 방식은 나르시시스트에게도 똑같이 적용된다. 그렇기 때문에 나르시시스트는 때때로 자기애적 분노와 감정 폭발을 일으킨다. 파트 2에서 나르시시스트의 뇌가 어떻게 형성되었는지 설명했던 것을 기억하는가? 그들이 겪은 자기애적 상처가 자극을 받을 때, 그 분노는 걷잡을 수 없이 폭발한다. 바로 지금 그 이야기를 다시 하는 이유다.

그들도 결국 어떤 자극에 반응한 것이다. 마음속에서 오래전 기억의 도미노가 넘어진 셈이다. 나르시시스트의 변연계가 자극을 받으면, 그들은 파괴적으로 변한다. 때론 자기 자신에게도 해를 입힐 만큼 통제력을 잃는다. 그 순간 그들에겐 당신이 보이지도, 느껴지지도 않는다. 어떤 말을 해도 자기 방식대로 비틀어 받아들이고, 이성적인 대화는 통하지 않는다. 그러니 이성적으로 설득하려 애쓰지 마라. 특히 그들이 분노 상태일 땐 더욱.

그렇다면, 나르시시스트는 어떤 상황에 자극을 받을까? 아이러니하게도 당신과 똑같다. 의식적이든 무의식적이든 과거의 상처를 건드리는 자극에 격하게 반응한다. 거절당하는 것도 극도로 싫어한다. 그리고 공통적으로 버려지는 것, 어리석어 보이는 것, 약해 보이는 것에 대한 극심한 두려움을 품고 있다. 하지만 그 무엇보다도, 앞서 '협상 카드' 파트에서 언급했듯이 그들이 가장 아끼는 '다이아몬드급 공급원'이 위협받는 순간, 그들은 가장 거세게 반응한다. 그게 바로 이들의 분노를 폭발시키는 최대 트리거다.

피해자 혹은 승자: 당신이 말한 대로 된다

스스로를 피해자라고 말하고 싶어 하는 사람은 아무도 없다. 나도 마찬가지였다. 앞서 말했듯, 나 역시 두 명의 은밀형 나르시시스트에게 타깃이 된 적이 있다. 둘 다 정말 교묘하게 움직였다. 그들과 관계가 진행되는 동안 나는 나 자신을 피해자로 보지 않았다. 문제는 그들이라고 생각했지, 내가 피해자라고 느끼진 않았다.

하지만 매일같이 사업에서든 가족 안에서든 일이 생길 때면 늘 속이 상했다. 그러고는 밤늦게까지 끙끙 앓고, 생각을 곱씹으며 남편이나 친구, 가족에게 몇 시간이고 털어놓곤 했다. 하지만 그 시기에 누가 내게 "지금 피해자처럼 굴고 있어"라고 말했으면, 아마 단박에 반박했을 것이다.

나는 스스로를 강한 사람이라고 여겼다. 그땐 이미 20년 가까이 변호사 생활을 해왔고, 굵직한 상대와 맞붙어 이긴 적도 많았다. 나라에서 손꼽히는 소송 전문 변호사로 선정되기도 했으니까. 그러니 '피해자 모드'처럼 행동하고 있다는 말은 내게 '약하고, 통제당하고 있다'는 말과 같았다. 어쩌면 그 말은 내 안의 수치심이나 자격지심, 낮은 자존감을 들춰내는 것처럼 느껴졌을지도 모른다.

하지만 부정할 수 없는 사실은 그 사람들이 정말 나를 흔들고 있었다는 점이다. 나는 그들과 대화하는 걸 피했고, 정면으로 부딪히는 걸 피했다. 속으론 평화를 지키려는 거라고 합리화하고, 내가 너무 민감하게 반응하는 걸지도 모른다고 생각했다.

은밀형 나르시시스트는 정말 교묘하고 교활하다. 겉으론 티 나지 않게, 뒤로는 비열하게 사람을 조종한다. 그래서 다른 사람에게 그들의 행동을 설명해도, 그게 별로 나쁘게 들리지 않거나, 아니면 그 사람과 전혀 어울리지 않는 얘기처럼 들린다. 다른 사람 눈에는 그 사람이 늘 완벽해 보이니까. 이건 마치 서서히 피를 말려 죽이는 것처럼 사람을 지치게 만든다. 가스라이팅에도 능해, 내가 이상한 건 아닐까 의심하게 만든다. 아마 그래서 내가 목소리를 내지 못했을 것이다.

하지만 냉정하게 말하면, "쟤가 날 힘들게 해"라거나 "내 인생을 망치고 있어"라고 말하는 순간, 당신은 스스로를 피해자 프레임에 가두고 있는 것이다. 이런 얘기는 듣기 불편할 수도 있다.

반면, 당신이 "나는 승자다"라고 선언하는 순간, 사람들이 당신을 어떻게 볼지 결정할 권한도 당신에게 주어진다. 나는 이걸 아주 강하게 느꼈던 적이 있다. 한창 변호사 일을 하다 잠시 그만두고, 모건스탠리에서 금융 컨설턴트로 일하던 시절이 있었다. 아이가 어리다 보니 조금 더 나은 삶을 살고 싶었기 때문이다. 물론, 현실은 생각과 달랐다.

그러던 어느 날, 가족 전문 변호사로 일하던 친구가 내게 제안을 했다. 자기가 타지로 이사 가게 되어 본인의 로펌을 통째로 넘기겠다고 한 것이다. 그때 나는 다시 법조계로 돌아가 내 사무실을 열기로 결심했다. 그 무렵 나는 비즈니스 코치의 도움을 받기 시작했는데, 그가 내 인생에서 가장 중요한 조언 하나를 해줬다. 나는 지금도 그 말을 품고 살아간다. 그리고 당신도 꼭 기억했으면 좋겠다.

그때 나는 시작조차 못 할 뻔했다. 내가 사는 곳은 플로리다의 네이플스다. 작고 잘사는 마을인데, 다들 서로 알고 지내는 사이에다, 남의 일에 관심도 많고 평가도 서슴지 않는 분위기다. 그래서 나는 사람들이 날 이상하게 볼까 봐 걱정됐다. 변호사 하다가 금융계로 갔다가 또다시 변호사로 돌아온 사람이라니. 사람들이 나를 보며 '쟤 뭐야? 또 뭐 하겠다는 거야?'라고 생각할 것 같았다.

그런 내게 코치가 내 눈을 똑바로 보며 이렇게 말했다. "사람들은 당신이 말해준 대로 생각해요." 그리고 더 강한 어조로 덧붙였다. "당신은 스스로를 '오락가락하는 사람'으로 보이게 할 수도 있고, 아니면 '금융 지식까지 갖춘 유일한 가족 전문 변호사'로 만들 수도 있어요. 어떤 사람이 더 나은 사람일까요?" 그리고는 잠시 말을 멈췄다. "어떤 얘기를 들려주고 싶어요?"

내가 어떤 이야기를 선택했을지는 이미 짐작할 거다. 2년 만에, 나는 플로리다주 안에서 손꼽히는 가족법 전문 변호사가 되었다. 돈 있고 영향력 있는 사람들이 내 고객이었다. 그런 사람들이 아무나 고용하지는 않는다.

그래서 나는 말하고 싶다. 당신이 계속해서 '나르시시스트가 이랬어, 저랬어'라며 그들의 행동에 집중하고 있다면, 당신은 지금 최고의 자신을 살려내지 못하고 있는 것이다. 시선을 다시 자신에게로 돌려야 한다. 사람들은 결국 당신이 들려준 이야기를 믿게 되어 있다.

나르시시스트든 누구든 간에, 당신이 새로운 룰을 만들었다고 알려

쥐야 한다. 피해자 마인드를 덜어야 한다. 인정하고 싶진 않겠지만 사람은 때때로 피해자 역할에 중독되기도 한다. 그 안에서 얻는 이득이 분명 있기 때문이다. 예를 들면 이런 것들이다.

- 관심을 받을 수 있다.
- 내가 옳고 상대가 틀렸다고 말할 수 있다.
- 책임을 상대에게 돌릴 수 있다.
- 내 잘못을 인정하지 않아도 된다.
- 사람들이 날 불쌍하게 여기고, 내 편을 들어준다.
- 상대는 나쁜 사람, 나는 좋은 사람이라는 이미지를 심을 수 있다.

게다가 마음 한구석에서는 우리가 손가락질을 멈추는 순간, 그들이 아무런 대가 없이 빠져나갈 것처럼 느껴지기도 한다. 마치 내가 피해자라는 사실을 붙잡고 있어야 그들에게 책임을 물을 수 있다고 믿는 것처럼. 하지만 실제로는 그렇지 않다.

'피해자 모드'로 머무는 동안 우리는 삶의 주도권을 잃는다. 그건 세상과 나 자신에게 이렇게 말하는 것이나 다름없다. "지금 이 인생은 내가 결정하는 게 아니라, 다른 누군가가 좌우하고 있어요."

당신이 진짜로 자신의 인생을 이끌고 싶다면, 지금 이 순간 결단해야 한다. 더 이상 '피해자 모드'에 머물지 않겠다고.

이제부터 당신은 가장 강력한 자신으로 살아야 한다.

마음의 방향을 바꾸는 연습

파트 4에서 이야기했듯, 내가 꾸준히 하면서 효과를 본 것 중 하나는 바로 생각의 전환이다. 부정적인 생각이 스며들기 시작하면, 곧바로 다른 생각으로 뇌를 다시 훈련시킨다. 이게 핵심이다. 대안이 없으면 결국 사람은 익숙한 생각으로 되돌아가기 때문이다.

요즘 '자기 돌봄Self-Care'이라는 말을 여기저기서 흔히 듣는다. 그런데 정작 이 말이 정확히 뭘 뜻하는지, 실제로 어떻게 해야 하는 건지 모를 때가 많다. 내가 떠올리는 셀프케어는 보통 스파에서 수건에 싸인 채 오이 팩 얹고 누워 있는 이미지다. 듣기엔 환상적이지만, 그걸 일상적으로 누가 언제 하겠는가?

일, 가족, 혹은 둘 다 챙기며 늘 바쁘게 살아가는 우리에겐 잠깐의

고요한 시간조차 사치일 수 있다. 나도 그걸 누구보다 잘 안다. 그런데 나르시시스트와 관계를 맺고 있는 상황이라면, 그건 훨씬 더 힘들어진다. 이럴 때의 셀프케어는 단순히 나를 챙기는 일이 아니다. 자신을 보호하고, 치유를 시작하며, 정신과 체력을 회복하는 일이다. 인생에서 가장 힘든 싸움 앞에서 내가 제대로 버틸 수 있도록 준비하는 것이다. 파트 4에서 이미 몇 가지 방법을 이야기했지만, 여기에 몇 가지를 더 소개하고 싶다.

모든 걸 개인적으로 받아들이지 않기

나르시시스트는 마치 도자기 가게에 들어서서 날뛰는 황소와 같다. 부서지는 게 많지만, 그렇다고 특정 도자기를 일부러 노리고 들이받은 건 아니다. 그냥 그 자리에 있던 것뿐이다. 이들은 타깃을 정해 집착하는 것처럼 보이지만, 사실 그저 옆에 있는 사람에게 빨대를 꽂을 뿐이다. 공급만 된다면 누구든 상관없다.

그들이 당신을 공격할 때조차, 정말로 당신을 향한 개인적인 감정에서 비롯된 건 아닐 수 있다. 실제로는 자기 자신을 몹시 싫어해서 생기는 공격성이다. 자신을 증오하기에 그 근처에 오는 모든 이를 미워한다. 사람이 다른 사람을 대하는 태도에는 결국 그 사람이 자기 자신을 어떻게 느끼고 있는지가 그대로 반영된다. 좋든 나쁘든, 그건 당신과는 무관한 일이다. 공감 능력이 높은 사람에게 이건 특히 어려운 과제다. 뭐든 너무 깊이 받아들이니까.

자가 진정 요법

몸을 기반으로 하는 자가 진정 요법도 있다. 이것은 '소매틱 테라피 Somatic Therapy'라는 접근법에서 비롯된 것으로, 외상 후유증을 겪는 이들이 몸 깊숙이 남아 있는 긴장을 풀고 회복할 수 있도록 돕기 위해 개발되었다. 여러 전문가가 이 분야에서 활동하고 있지만, 가장 유명한 인물은 피터 레빈 Peter Levine 박사다. 소매틱 테라피에는 다양한 방식이 있지만, 초보자도 쉽게 시도할 수 있는 몇 가지를 소개하겠다.

- 심장과 배 위에 손 얹기: 아침에 일어나자마자 한 손은 가슴 위에, 다른 손은 배 위에 올린다. 손의 무게를 느끼고, 숨을 들이쉬고 내쉬며 호흡을 느껴보자. 그다음 이렇게 말한다. '지금 이 순간 나는 괜찮고, 사랑받는 존재야.' 이 말을 세 번 반복하며 천천히 호흡한다.

- 자기 자신을 안아주기: 오른팔을 왼쪽 어깨 너머로 감아 심장 쪽을 감싸고, 왼팔은 오른쪽 어깨 위로 감는다. 그 상태로 최소 1분간 자신을 단단히 껴안고, 몸과 마음에 '지금 안전하다'는 신호를 보내준다.

- 명상: 명상을 해본 적이 없다면, 꼭 한번 시도해보자. 하루에 1분부터 시작해 2분, 5분으로 점차 늘려도 좋다. 우리의 머릿속은 늘 바쁘게 돌아간다. 그런 뇌에게 몇 분이라도 휴식을 주면, 하루 중 겪게 되는 혼란과 스트레스 속에서도 중심을 잡을 수 있는 공간이 생긴다. 잡생각이 너무 많

아 명상이 어렵게 느껴진다면 요즘엔 다양한 앱도 있고 유튜브에 무료 영상도 많다. 그냥 시작하면 된다. 아침에 몇 분 일찍 일어나 나를 위한 시간으로 명상을 시작해보자. 나 역시 그렇게 해서 말 그대로 인생이 바뀌었다.

- 깊은 호흡: 스트레스를 받을 때, 우린 자신도 모르게 얕은 숨을 쉬게 된다. 이렇게 되면 산소 섭취량이 줄고, 체내에 이산화탄소가 쌓인다. 장기적으로 피로감이 높아지는 건 물론이고, 신장이나 폐 건강에도 영향을 줄 수 있다.

  그래서 가끔씩 멈춰 서서 깊은숨을 들이마시고 내쉬는 것만으로도 도움이 된다. 숨을 깊이 들이마시며 긍정적인 에너지가 내 안으로 들어온다고 상상하고, 내쉴 때는 내 안의 독소와 부정적인 감정이 빠져나간다고 상상해보자.

  이건 누구나, 언제든, 어디서든 할 수 있는 연습이다. 돈도, 특별한 옷도, 장소도 필요 없다. 지금 당장 시작할 수 있다. 하루에도 여러 번 해보자. 휴대폰에 알람을 설정해두고, 정해진 시간마다 호흡 연습을 해도 좋다.

매일 감사 실천하기

내가 팟캐스트를 사랑하는 이유는 사람들에게 도움이 된다는 점 외에도 정말 멋진 사람들을 만날 수 있기 때문이다. 지금까지 수십 명을 인터뷰했는데, 그중에서도 가장 설레던 순간은 밥 프록터를 만났을 때였다. 그가 세상을 떠나기 전 직접 만날 수 있었다는 사실에 너무 감사하다. 정말 짜릿한 경험이었다.

그날 그가 해준 말 중 몇 가지는 지금도 내 안에 깊이 남아 있다. 특히 매일 감사를 실천하는 습관이 얼마나 중요한지에 대한 조언이 그랬다. 나는 그날 이후로 매일 아침 감사한 일을 열 가지씩 적으며 하루를 시작한다. 내 삶에 아주 커다란 변화를 가져다준 습관이다.

매일 감사를 실천하는 습관이 뇌에 어떤 영향을 주는지를 다룬 과학적 연구도 있다. 연구 결과에 따르면, 감사 습관은 정신 건강을 개선하고 낙관적인 태도를 키우며 스트레스, 불안, 우울 증상을 줄이는 데도 효과가 있다. 어떤 연구에서는 감사 표현이 자존감을 높이고, 시간이 지날수록 신체 이미지에 대한 인식까지 긍정적으로 변화시킨다고도 한다. 감사와 삶의 만족도 사이에는 분명한 상관관계가 있는 셈이다.

감사를 느낄 때 우리는 '받을 준비가 된 상태'에 들어선다. 마음이 열리고, 내 삶에 이미 많은 것이 존재한다는 걸 깨닫게 된다. 그 사실을 인식하는 순간, 우리는 더 많은 것을 받아들일 수 있는 사람이 된다.

당신의 에너지가 무기 그 자체다

나르시시스트는 상대의 약함과 두려움을 감지하자마자 그대로 파고든다. 반대로 말하자면, 자신감 있고 에너지가 높은 사람에게는 좀처럼 다가가지 않는다. 그들은 점점 위축되고, 당신에게서 더 이상 공급을 받을 수 없다는 걸 느낀다. 기억하자. 그들은 당신이 그들을 무서워하는 것보다 더 당신을 무서워하고 있다.

당신 자신에게 집중하고 정신 건강을 돌보다 보면 협상에서도, 소통에서도 훨씬 더 강인하고 자신감 있는 사람이 될 것이다. 결국에는 그 나르시시스트가 무슨 생각을 하더라도 신경 쓰이지 않게 될 것이다. 그냥, 당신은 더 강하고, 더 당당하고, 더 단단한 '당신 자신'이 되어 있을 테니까. 단단한 참나무처럼. 흔들림 없이. 굳건하게.

그래도 아직 마음속 어딘가가 조금 불안하다면, 다음 파트 9에서 아주 간단하고 실용적인 안전 이별 협상 도구들을 전해줄 예정이다. 나르시시스트라는 녀석에게 아주 확실하게 보여주자. 이제 끝났다고.

🔓 지금 당장 실천 가능한 안전 이별 공식

1. 당신의 협상 준비
   - 협상에서 당신의 강점은 무엇인가(공격과 수비, 양쪽을 모두 고려하자)?
   - 협상에서 당신의 약점은 무엇인가?
   - 상대의 강점과 약점은 무엇인가?
   - 당신의 첫 제안은 무엇이 될까?
   - 당신의 한계선은 어디인가?

2. 피해자가 아닌 승자가 되기 위해 시작할 연습은 무엇인가?
   - 마음의 방향 바꾸기
   - 심장과 배 위에 손 얹기
   - 명상
   - 감사 실천하기
   - 자가 진정 요법
   - 자신을 안아주기
   - 깊은 호흡

오늘의 주문

나는 돌봄을 받을 자격이 있다. 그럴 만한 가치가 있다.
(혹은 당신만의 문장을 적어도 좋다. 마음에 와닿는 말이라면 무엇이든.)

PART 9

그 X는 끝장났고
당신은 해냈다

"용기는 힘든 일이 닥쳤을 때 갑자기 생기는 게 아니다.
용기란, 힘든 시간을 지나고 나서야
그 시간이 사실은 별것 아니었단 걸 알게 되었을 때
비로소 생기는 것이다."

– 맬컴 글래드웰*Malcom Gladwell,*《다윗과 골리앗》

완벽한 승리를 위한
마지막 꿀팁

〈나르시시스트를 공포에 빠뜨리는 법〉

이게 내가 유튜브에 올린 영상 중 조회 수 1위다. 이 제목이 뭔가를 말해주지 않는가? 그 나르시시스트를 박살 내버리는 상상, 한 번쯤 해본 적 있지 않은가? 아니면, 그 사람이 벌벌 떨게 만들면 얼마나 좋을까 하고 밤새 뒤척였던 적은? 나도 그런 밤이 하루이틀이 아니었다. 그냥 지구가 쩍 갈라지면서 그 인간들이 싹 사라져버리면 얼마나 좋을까 하고, 진심으로 그렇게 바랐던 적도 있다.

여기까지 읽었다는 건, 아마 당신도 그런 기분을 느껴봤다는 뜻일 거다. 꼭 다윗과 골리앗의 이야기처럼. 혹시 모를 수도 있으니까 간단히 설명하자면, 다윗은 어린 소년이었고, 골리앗은 거대한 전사였다.

골리앗은 온갖 무기를 휘두르면서 싸우자며 덤볐고, 자기가 당연히 이길 거라 믿었다. 그런데 결과는? 다윗이 이겼다. 그야말로 썰어버렸다 SLAY. 단순히 이긴 게 아니라, 완전히 압도하고 멋지게 끝내버린 거다. 어떻게 가능했을까? 그는 자기 자신을 믿었다.

오히려 당황하고, 공포에 질린 쪽은 골리앗이었다. 당신도 마찬가지다. 올바른 도구와, 반드시 이길 수 있다는 믿음이 있다면, 당신도 끝장낼 수 있다. 단순한 상징이 아니라, 진짜 전략이다. 시작부터 이길 거라고 믿는 순간, 상대는 이미 진 거나 마찬가지다.

이렇게 말해보자. 이제 당신은 안전 이별을 위한 강력한 전략을 세웠고, 전황을 뒤집을 협상 카드도 갖췄다. 이보 앞서 상대의 행동과 반응을 예측할 수 있게 됐고, 협상에서 무엇보다 별것 아니라는 듯이 상대의 입장은 넘겨버리고 당신 자신에게 집중하는 법도 안다. 이 정도면 나르시시스트와 대화하거나 협상할 수 있는 기본기를 다 갖춘 셈이다. 그들이 어떻게 생각하는지, 어떤 식으로 움직이는지 이제 다 꿰고 있다. 심지어 그들보다 당신의 수가 한 발 더 앞서 있다.

이제 협상 테이블에 앉을 준비는 끝났다. 이미 수많은 전략을 짜고 훈련해왔기 때문에, 당신은 안전 이별할 준비가 되어 있다. 나르시시스트는 아직 모르고 있겠지만, 사실 지금쯤이면 벌써 불안에 떨고 있어야 정상이다.

하지만 솔직히 말해서, 아직 마음 한편 어딘가엔 조그맣게나마 두려움이 남아 있지 않나?

그래서 이 장을 준비했다. 여기서는 지금까지 배운 걸 다시 한 번 정리하면서, 안전 이별 협상을 제대로 끝내기 위한 몇 가지 아주 간단하고 강력한 팁을 알려주려 한다. 당신은 이미 준비되어 있지만, 확실히 이겼다는 걸 느끼게 해주고 싶다.

끌어내야 드러난다

나르시시스트는 '다이아몬드급 공급'을 지키기 위해서라면 수단과 방법을 가리지 않는다. 그래서 내가 새롭게 알게 된 강력한 전략 하나를 알려주고 싶다. 만약 지금 진행 중인 소송이 있다면, 그들에게 아주 미묘하게라도 이런 신호를 흘려보내라. "당신이 가장 아끼는 사람들인 최상급 공급원들을 내가 정식 절차를 통해 만나게 될 수도 있어요."

바로 '선서 증언'이라는 형식을 통해서다. 선서 증언Deposition은 증인이 법정 선서 아래 질문에 답해야 하는 공식 절차다. 질문은 변호사가 하고, 그 자리에 법정 속기사가 함께한다. '소환장'이라는 강력한 법적 권한을 통해 변호사는 어떤 사람이든 반드시 그 자리에 나오게 만들 수 있다.

물론 증인이 거부할 수도 있다. 하지만 그럴 경우, 별도의 변호사를 선임해 보호 명령을 신청해야 하고, 또 그걸 재판부에 상정해 심리를 받아야 한다. 만약 당신이 상대하는 나르시시스트가 특정 인물이 이 절차에 끼는 걸 극도로 꺼린다면, 그것만으로도 이미 당신은 막강한 협상 카드를 손에 넣은 셈이다.

게다가 이 절차에서 던질 수 있는 질문의 범위는 꽤 넓다. 재판에 도움이 되는 증거로 이어질 가능성이 있는 모든 질문이 허용된다. 물론 전혀 무관한 이야기나, 변호사와의 비밀 대화 같은 '특권이 있는 정보'는 제외다. 예를 들어, 성생활처럼 이번 소송과 아무 상관 없는 내용이나, 상대 변호사의 조언 내용 등은 물어볼 수 없다. 하지만 그 외에는 문이 거의 활짝 열려 있다고 보면 된다.

이게 바로 나르시시스트들이 뼛속 깊이 두려워하는 순간이다. 그들은 자신이 아끼는 다이아몬드급 공급원 주변에 당신이 얼씬거리는 것조차 원하지 않는다.

참고로 한국에는 미국처럼 '선서 증언'이라는 공식 절차는 없다. 하지만 우리 법정에서도 증인신문은 반드시 선서를 하고 진행되며, 증인은 법원의 소환에 따라 출석해야 한다. 만약 상대가 어떤 사람이 증인으로 나오는 걸 꺼린다면, 그 사실만으로도 이미 강력한 압박이 될 수 있다. 불리한 진술이 나올까 봐 불안한 나르시시스트에게는, 그 상황 자체가 강력한 협상 카드다. 특히 그 사람들에게 당신에 대한 온갖 거짓말을 퍼뜨려서 새로운 이야기를 지어낸 경우라면, 그 진실이 들통나는 걸 상상만 해도 소름 돋을 것이다.

게다가 당신 쪽 변호사가 실력 있는 사람이라면, 질문을 살짝 우회해 던지는 방식으로 그 다이아몬드급 공급원에게 나르시시스트가 절대 들키고 싶지 않은 정보를 넌지시 흘릴 수도 있다. 이건 아주 미묘한 기술이 필요하지만, 가능하다. 다음은 실제로 내가 코칭했던 사례다.

내 고객 데이비드는 소규모 개인 여행사를 운영하고 있었다. 그는 한 여행 박람회에서 피터라는 사람을 만났고, 두 사람은 금방 친해졌다. 피터 역시 몇 명의 직원과 함께 여행사를 운영 중이었고, 둘은 이상하리만큼 잘 맞았다. 행사가 끝난 뒤에도 계속 연락을 주고받으며 빠르게 가까워졌다.

피터는 매우 매력적인 사람이었고, 최근 공동 창업자가 이사를 가면서 혼자 모든 걸 감당하느라 힘들었다고 털어놨다. 데이비드 역시 운영·교육·세일즈를 모두 혼자서 맡고 있어 벅찼다. 그러자 피터는 파트너십을 제안했다. 교육과 세일즈는 자기 전문 분야니까 자기가 맡고, 데이비드는 운영만 전담하면 된다는 이야기였다.

만난 지 한 달도 안 돼 데이비드는 피터와의 합병을 결정했다. 비록 두 사람의 사무실은 전혀 다른 지역에 있었지만 말이다. 불안한 마음도 있었지만, 그걸 표현할 때마다 피터는 "걱정하지 마, 다 잘될 거야"라며 데이비드를 안심시켰다. 그렇게 넘어갔지만, 수상한 낌새는 분명히 있었다. 합병 절차에서 피터가 해야 할 일을 안 하거나, 자꾸 미루는 경우가 많았다. 하지만 그는 늘 그럴싸한 이유를 댔다. 아내가 아프다, 직원이 갑자기 결근했다, 그래서 자기가 대신 자리를 메워야 했다, 이런 식이었다. 결국 데이비드는 초기 업무 대부분을 혼자 처리하게 됐다.

합병이 본격화되면서 데이비드는 더욱 이상한 낌새를 느끼기 시작했다. 그는 파트너십 계약서를 작성하자고 했지만, 피터는 알겠다고 해놓고는 늘 답이 없었다. 계약서 조율을 재촉하면 피터는 짜증을 냈고,

"아직 내 변호사랑 상의 못 했다"라며 오히려 데이비드가 자신을 못 믿는다고 몰아붙였다. "파트너십 시작하는 태도가 그게 뭐냐"라고 죄책감까지 심어줬다. 딱 봐도 수상했다. 하지만 데이비드는 이미 직원과 고객에게 합병을 공표한 상태였다. 이제 와서 무를 수는 없었다.

다음 달, 데이비드는 새로 채용할 직원들을 위한 세일즈 교육 일정을 잡고 싶었다. 그래서 피터에게 직접 물었다. 교육은 어떻게 할 것인지, 대면으로 할 것인지, 특정 장소에 다 모이게 할 것인지, 하루 종일 진행할 것인지, 월별로 할 생각인지……. 피터는 "걱정 마, 내가 다 알아서 할게"라는 말만 반복했다.

데이비드는 그 말을 믿고 운영 업무에 집중했다. 그런데 몇 달이 지나자, 신입 직원들이 제대로 된 교육을 전혀 받지 못하고 있다는 걸 알게 됐다. 결국 본인이 교육 일정을 다시 짰다. 그런데 피터가 그 교육에 갑자기 나타나더니 진행에 앞장섰고, 직원들은 당연히 피터가 그 모든 걸 준비한 줄로만 알았다. 데이비드는 그에 대한 어떤 인정도 받지 못했다.

게다가 피터가 맡기로 했던 세일즈 인력 채용조차 데이비드가 전부 처리했다. 그 결과, 회사 매출이 눈에 띄게 뛰었다. 그런데도 피터는 그 공마저 모두 가로챘다.

결국 데이비드는 한계를 느꼈다. 방향을 아예 바꿔야겠다고 생각했다. 피터는 데이비드가 거리를 두기 시작했다는 걸 눈치챘다. 그리고 그 무렵, 데이비드는 피터가 뒤에서 직원 몇 명을 자기편으로 끌어들이

고 있다는 사실을 알게 됐다. 나아가 피터는 아예 회사를 따로 차릴 생
각까지 하고 있었다.

데이비드는 두려웠다. 이 상황에서 어떻게 협상을 시작해야 할지
전혀 몰랐다. 그래서 내가 함께 계획을 짰다. 우리가 만든 전략은 '협상
카드 만들기'였다. 이 경우, 협상 카드는 바로 피터가 직원들 앞에서 자
신이 아무 기여도 안 했다는 사실이 드러나는 걸 극도로 꺼린다는 점이
었다.

그래서 우리는 이런 그림을 그렸다. 데이비드가 피터에게 회사를
적절한 가격으로 매입하겠다는 제안을 하되, 만약 이를 거절하면 바로
소송을 걸겠다고 통보하는 것이다. 파트너십 청산을 위한 소송이 진행
되면, 모든 직원이 증인으로 불려와 선서 증언을 해야 하고, 그 자리에
서 이런 질문을 받을 수 있다.

"피터가 회사 성장에 기여한 바가 있다고 보십니까?"

이게 바로 '끌어내야 드러난다' 전략의 핵심이다. 나르시시스트에게
는 이 방식이 특히 강력하게 통한다.

데이비드는 협상 테이블에 두 개의 문서를 들고 나갔다. 한 손에는
피터에게 제시할 회사 주식양수도계약서, 즉 옵션 A가 있었다. 다른 손
에는 다음 날 법원에 제출할 파트너십 청산 청구서가 있었다. 옵션 B였
다. 이 청구서는 이미 변호사를 통해 초안까지 완성된 상태였다. 데이
비드는 어느 쪽이든 바로 실행할 수 있는 완벽한 준비가 돼 있었다. 그
는 한 치의 흔들림도 없었다. 결과는? 피터는 협상에 응했다. 옵션 A를

선택한 것이다.

그들의 자아를 만족시키고, 당신의 영혼을 해방하라

상대가 마치 스스로 결정을 내린 것처럼 느끼게 대화를 유도하면, 원하는 결론에 도달할 수 있다. 그들이 먼저 그 아이디어를 떠올린 것처럼 꾸미라는 말이다. 그들의 의견을 물어보고, 당신보다 훨씬 더 상황을 잘 꿰뚫어 본다고 말하라. 그들은 공을 독차지하고 싶어 하니까.

애초에 당신은 자신이 원하는 것보다 훨씬 많은 걸 요구할 예정이었고, 결국 상대가 내놓은 조건이 수용할 만하다면 그대로 받아들이면 된다. 그들이 '그 판을 설계한 사람'이 되어야만 만족하니까.

길게 보는 전략이 필요하다. 어차피 원하는 걸 얻게 된다면, 겉으로는 나르시시스트가 마지막 말을 하게 놓아두는 것도 하나의 방법이다. 조종자를 윤리적으로 조종하는 방식이라고 보면 된다. 그들의 자아를 채워주고, 당신의 영혼을 해방하라.

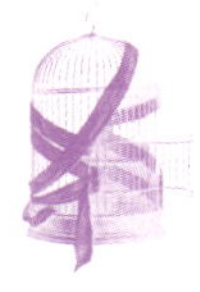

법정에서 나르시시스트를 만난다면
'기습'을 기억하라

프리실라는 40대 이혼 여성으로, 중소기업에서 임원 비서로 일해왔다. 자녀들은 이미 독립했고, 그녀는 고양이들과 친구들 곁에서 평화로운 일상을 보내고 있었다. 주말이면 요가 수업, 장보기, 다이어트 모임, 부모님과의 저녁 식사, 밀린 빨래 같은 소소한 일상이 그녀에겐 가장 편안한 루틴이었다.

그러던 어느 날, 하워드가 프리실라 앞에 나타났다. 하워드는 은퇴한 CEO로, 경제적으로 여유로운 60대 남성이었다. 처음엔 그에게 큰 관심이 없었지만, 하워드는 끈질기게 다가왔다. 결국 프리실라는 그의 다정함과 매력에 마음을 완전히 빼앗기고 말았다.

하워드는 순식간에 그녀의 삶을 완전히 장악했다. 만난 지 한 달이 채 되기도 전에, 프리실라에게 직장을 그만두고 살던 집도 정리해서 자신의 집으로 들어오라고 압박했다. "내가 책임질게." 하워드는 확신에 찬 목소리로 말했다. 자유롭게 여행하려면 직장은 그만두는 게 맞다는 논리였다. 두 사람은 곧 세계 곳곳을 함께 여행했고, 인도의 타지마할 앞에서 하워드는 무릎을 꿇고 청혼했다. 프리실라는 자신이 동화 속 왕자님을 만난 줄로만 알았다. 알고 지낸 지 겨우 석 달 만의 일이었다.

미국으로 돌아오자마자 하워드는 혼전 계약서를 내밀었다. "그냥 형식적인 거야." 어차피 평생 함께할 사이고, 자신이 프리실라를 잘 보살필 거라고도 했다. 하지만 결혼한 지 한 달도 지나지 않아 프리실라는 그 모든 것이 거짓이었음을 깨달았다. 하워드는 돌변했고, 끊임없는 언어폭력과 심리적 압박으로 그녀를 통제했다.

몇 년 후 프리실라는 뜻밖의 사건으로 더 큰 충격을 받았다. 하워드가 스위스에 비밀 계좌를 숨겨놓고 있었던 것이다. 심지어 그 사실은 국세청의 조사로 인해 드러났다. 부부 공동명의로 세금 신고를 하면서 하워드는 해외 계좌의 수익을 철저히 숨겼고, 결국 탈세 혐의로 조사를 받게 된 것이다. 이제 그는 세금 추징은 물론 형사처벌까지 피하기 어려운 상황이었다.

하워드는 즉시 최고의 변호사를 고용해 자신을 보호하는 데만 집중했고, 프리실라에게는 가차 없이 선을 그었다. "네 문제는 네가 알아서 해." 프리실라를 위한 변호사? 그런 건 처음부터 고려 대상조차 아니었다. 프리실라는 철저히 혼자 남겨졌다. 믿기 힘들었지만, 그것이 하워드의 진짜 얼굴이었다.

절망 속에서 프리실라는 결국 내 사무실을 찾아왔다. 우리는 즉각 이혼 소송 절차를 진행했고, 하워드가 뉴욕 파크 애비뉴의 고급 아파트에서 나오는 순간을 노려 소장을 직접 전달했다. 하워드의 얼굴은 얼어붙었다. 완벽히 허를 찔린 표정이었다.

중재 절차에서 하워드는 혼전 계약서에 명시된 조건만큼만 지급하겠다고 버텼다. 그러나 하워드가 놓친 중요한 사실이 있었다. 혼전 계약서는 '모든 재산이 투명하게 공개되는 것'을 전제로 효력이 발생한다는 점이었다. 스위스 비밀 계좌는 그 어디에도 기재되지 않았다. 프리실라는 절대적인 협상 카드를 손에 쥐게 되었다.

혼전 계약의 유효성을 놓고 법정에서 다투게 된다면, 하워드는 엄청난 변호사 비용을 감당해야 했고, 승산도 없었다. 결국 하워드는 현실을 받아들이고 합의로 결론지었다.

나르시시스트를 상대할 때는 반드시 '기습 효과'를 활용해야 한다. 그렇지 않으면, 그들은 언제든 은밀하게 계획을 세워 당신의 뒤통수를 칠 것이다. 특히 법적 분쟁 중이라면 더더욱 그렇다. 지금부터는 나르시시스트를 상대로 법정 싸움을 준비하고 있다면 반드시 기억해야 할 '기습 전략' 도구들을 소개하려 한다. 당신의 상황이 그렇다면, 지금 이 시기를 버티는 데 꼭 필요한 무기들이다.

1. 눈감고, 귀 닫고, 입 다물기

절대 먼저 나서지 마라. 아무것도 모르는 사람처럼 행동하라. 변호인이 있다면, "모든 건 변호사가 처리하고 있다. 나는 법적으로 공정한 결과만 원한다"라는 말만 반복하라. 태연하게 행동해야 한다.

2. 순진한 척하기

혹시 그들이 다가와서 다시 잘해보자고 하면, 관심이 있는 듯 행동하라. 약한 모습을 보이면, 오히려 그들이 무리수를 두게 된다. 물론 "그럼 그 사람이 원하는 대로 다 하게 두는 건가요?" 싶겠지만, 여기서 중요한 건 장기 전략이다. 그들의 반복된 패턴을 기록할 기회를 만들고, 당신의 카드를 미리 드러내지 않아야 한다.

3. 진짜 원하는 건 숨기기

나르시시스트는 당신이 원하는 걸 절대 주기 싫어한다. 그래서 그들이 보기엔 당신이 원할 만한 다른 걸 원하는 척해야 한다. 그러면 그들은 그걸 뺏으려고 달려든다. 정작 당신은 처음부터 그걸 원한 게 아니니 잃을 게 없다. 필요한 정보만 그들에게 흘려라. 기만을 기만으로 되갚는 것이다. 윤리적으로 조종자를 조종하기다.

4. 흙탕물에 끌려들지 않기

억울한 순간이 많을 것이다. 그들이 아무 짓도 한 적 없는 척하는 걸 보면 당장 소리치고 싶을지도 모른다. 하지만 현실은 요정이 나타나 "네가 잘못했어!" 하고 정의를 바로 세워주지 않는다. 그나마 영향력을 가질 수 있는 사람은 판사뿐이다. 그러니 당신은 철저히 깔끔하고 정중하게 행동해야 한다. 그들의 행동을 계속 기록하라. 미소 지어라. 거리를 두고, 위엄 있게 행동하라. 어차피 그들이 더 악랄하게 굴면 굴수록 법정에서는 당신에게 유리해진다.

5. 반응하되, 감정은 내비치지 않기

감정을 터뜨리면 그들의 덫에 걸린다. 그들이 원하는 것이 바로 그것이다. 당신이 흔들리는 걸 보면서 쾌감을 느낀다. 그래서 아무리 화가 나도, 절대 감정적으로 반응하지 마라. 문자, 이메일, 소셜 미디어에 당신이 남긴 말 하나하나가 그대로 법정에 증거로 올라갈 수 있다. 그 사실을 절대 잊지 마라.

6. 제안은 옵션 A와 옵션 B로 하기

협상할 때는 왔다 갔다 편지 주고받는 방식은 절대 금물이다. 완전 시간 낭비다. 제대로 압박할 수단을 확보한 뒤, 그들을 완전히 몰아넣은 상황에서, 예컨대 중재 장소에서 직접 제안하라. 그리고 두 가지 선택지를 주는 거다. 옵션 A는 당신이 원하는 조건. 그 자리에서 바로 사인해야 하는 조건이다. 옵션 B는 그들이 절대 피하고 싶은 조건. 즉, 그들의 다이아몬드급 공급이 만천하에 폭로되는 결과다. 이때 당신은 준비가 200% 되어 있어야 한다. 아니면 모든 전략이 무너진다.

7. 최고의 증거는 마지막 순간까지 숨기기

법적으로 자료를 제출해야 할 시점이 오기 전까지는, 절대 당신의 가장 강력한 카드는 꺼내지 마라. 제출해야 한다면 어쩔 수 없지만, 그 전까지는 최소한의 것만 보여줘라. 최대한 늦게, 최대한 전략적으로 협상 카드를 내밀어야 한다. 무엇보다 중요한 건 '기습 효과'다. 협상 카드를 너무 일찍 내어주면 절대 안 된다.

여기서 놓치지 말아야 할 가장 중요한 포인트가 있다. 나르시시스트를 '보통 사람'이라고 착각하지 마라. 그들에게 연민을 느낄 수는 있다. 하지만 그 연민은 거리감 있게, 멀리서 보내는 것으로 충분하다. 지금 필요한 건 당신 자신을 지키는 일이다.

당신의 비전 선언문에 끝까지 집중하라. 전략을 실행하고, 행동 계획을 따르며, 협상 카드를 활용하고, 두 발 앞서 움직여라. 결국 '안전 이별'이 답이다. 전략을 실천하는 1, 2, 3단계를 따라가라. 그게 바로 당신이 원하는 결과를 얻는 방법이다. 반격 없이 원하는 걸 얻게 되는 방식이다.

그리고 그 과정을 지나면, 어느 순간 변화가 찾아올 것이다. 당신은 완전히 다른 사람으로 거듭난다. 그게 바로 평생 승리자가 되는 길이다. 이제, 다음 파트에서 그 이야기를 해보자.

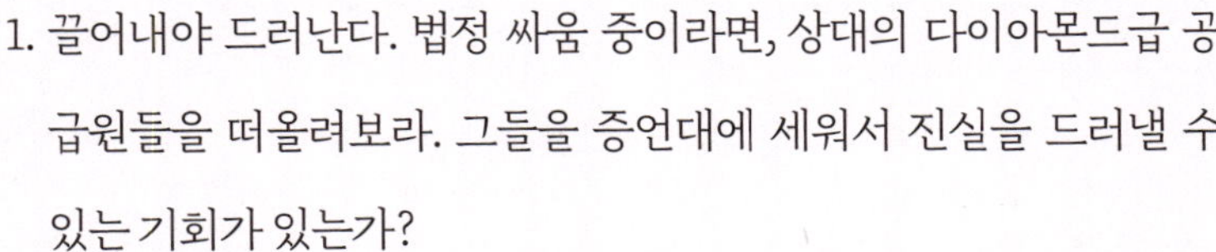

지금 당장 실천 가능한 안전 이별 공식

1. 끌어내야 드러난다. 법정 싸움 중이라면, 상대의 다이아몬드급 공급원들을 떠올려보라. 그들을 증언대에 세워서 진실을 드러낼 수 있는 기회가 있는가?

2. 그들의 자아를 만족시키고, 당신의 영혼을 해방하라. 상대의 자존심을 살려주는 척하면서 원하는 방향으로 유도할 수 있는 지점이 있는가? 있다면, 그게 무엇인지 적어보라.

3. 예상치 못한 기습은 강력한 무기다. 지금 소송 중이라면, 다음 사항들을 어떻게 실천할지 점검해보라.

   - 눈감고, 귀 닫고, 입 다물기
   - 순진한 척하기
   - 진짜 원하는 건 숨기기
   - 흙탕물에 끌려들지 않기
   - 반응하되, 감정은 내비치지 않기
   - 제안은 옵션 A와 옵션 B로 하기
   - 최고의 증거는 마지막 순간까지 숨기기

오늘의 주문

나는 계획이 있고, 그 계획은 잘 작동하고 있다.
(혹은 당신 마음에 와닿는 문장을 직접 만들어보라.)

PART 10

안전 이별
그 후

"당신의 삶에 불을 지펴라.
그 불꽃을 활활 타오르게 해줄 사람을 찾아라."

— 루미*Rumi*

진짜 변화는 지금부터다

축하한다! 당신은 해냈다. 당신은 결국 이겨냈다. 설령 지금까지 한 일이 이 책을 끝까지 읽은 것뿐이라 해도, 스스로의 어깨를 가볍게 두드려줘도 좋다. 당신 자신을 인정하라. 당신이 스스로에게 준 정보와 지식, 용기와 깨달음이라는 소중한 선물에 감사할 시간을 가져라. 권력의 균형을 바꾸는 일은 절대 쉽지 않다. 특히 나르시시스트와 오랫동안 관계를 맺어온 사람이라면 더 그렇다. 그런 점에서, 용기를 내어 이 여정을 시작한 당신은 충분히 자랑스럽다. 아마도 지금 걷고 있는 이 길이 당신 인생에서 가장 중요한 여정이 될지도 모른다.

또한 서로의 삶에 함께할 수 있음에 감사를 표현하는 시간을 잠시 가져보자. 우리는 한 번도 실제로 만난 적 없을 수도 있다. 하지만 당신에게 지식과 정보의 전달자가 되고, 교사가 될 수 있도록 허락해준 당신에게 나는 진심으로 고마움을 전한다. 당신과 우리의 이 관계를 깊이 존중한다.

언제나 감사할 기회를 찾고, 매일 그 감사를 표현하라. 이제 당신은 더 이상 피해자도, 타깃도 아니다. 이 사실에 감사하라. 감사함을 표현하는 동시에 불행할 수는 없다. 감사를 표현하는 순간 당신의 에너지는 즉시 달라지고, 삶의 진동수는 한순간에 높아진다.

당신이 처한 어떤 상황이라도 감사할 만한 일들은 반드시 존재한다. 바로 그 감사가 당신의 진동수와 기운을 순식간에 바꿀 것이다. 스스로가 다시 피해자처럼 느껴질 때마다, 감사할 무언가를 찾아라. 언제나, 언제든지, 언제라도 감사할 일은 있다. 그게 신선한 공기든, 따뜻한 잠자리든, 깨끗한 물 한 잔이든 말이다. 하루에 몇 분 만이라도 멈춰 서서 그 순간의 감사함을 자신에게 선물하라.

회복의 여정이 계속되면, 언젠가는 나르시시스트를 향한 감사를 느끼게 되는 순간도 찾아올지 모른다. 지금 이 말을 듣고 당신이 무슨 생각을 할지 충분히 알고 있다. 하지만 오해하지는 말아 달라. 그 사람과 다시 만나서 차를 마시며 어울리라는 이야기를 하는 것이 아니다. 내가 말하고 싶은 것은, 영적인 관점에서 보면 우리에게 주어진 모든 시련에는 의미가 있다는 것이다.

그것이 법정에서의 시련이든, 삶 자체의 시련이든 마찬가지다. 우리가 진정 누구인지 밝혀지는 순간은 바로 그 역경의 순간들이다. 결국 나르시시스트는 당신이 충분히 극복할 수 있는 하나의 장애물에 불과하다. 진짜 강인함이란, 처음부터 쉽게 할 수 있는 일을 하는 데서 비롯되지 않는다. 할 수 없다고 생각했던 일을 마침내 극복해내는 데서 비롯된다.

햇볕 좋은 날을 감사하기 위해서는 비 오는 날이 필요하다. 우리 영혼은 배움의 기회를 얻지 못하면 결코 성장할 수 없다.

내가 가장 좋아하는 자연의 비유 중 하나는 연꽃이다. 중국 문화에서 연꽃은 가장 추앙받고, 아름답다고 여겨지는 꽃 중 하나다. 흥미롭게도, 이 꽃은 진흙탕에서만 자랄 수 있다. 꽃이 피기 시작하면 꽃잎이 한 장씩 천천히 열린다. 이 얼마나 아름다운가? 우리 인간도 마찬가지다. 진흙 같은 역경 속에서도 꽃을 피우며 삶의 교훈을 하나씩 배워나간다.

강해질수록 당신은 더 나은 사람이 된다. 왜냐하면 당신은 마침내 깨닫게 될 테니까. 절대 할 수 없을 거라고 생각했던 그 일을 결국 해냈다는 것을 말이다. 당신이 삶에서 진짜로 원하는 건 모두, 그 '안전지대' 밖에 있다. 아, 그리고 참고로 말하자면 그 안전지대라는 것도 사실은 거짓말이다. 뇌가 당신을 작고 약한 상태로 붙잡아 두기 위해 편한 구역에 있으라고 속삭이는 것이다.

그러니 이제 작게 사는 걸 그만둬야 한다. 혹시 알고 있나? 당신이 오늘 떠올린 생각의 95%는 어제도 했던 생각이고, 내일도 똑같이 반복될 거라는 사실을. 혹시 영화 〈사랑의 블랙홀〉을 본 적 있다면 이해할 거다. 매일 똑같은 하루가 반복되는 느낌. 그런데 우리는 심지어 그 사실조차 인지하지 못한다.

당신은 더 큰 존재로 태어났다

나르시시스트의 지배 아래에서 당신의 영혼이 숨 막혔던 진짜 이유는, 창조를 갈망하는 존재이기 때문이다. 당신은 무언가를 창조하며 살아가도록 태어난 존재다. 이 싸움을 끝내고 나면, 당신의 영혼은 반드시 다음 단계로 도약할 준비가 되어 있을 것이다. 당신은 무엇이든 이겨낼 수 있다. 그러니 매일 잠시라도 조용히 내면의 소리에 귀를 기울여라. 당신 안의 진실을 듣고, 당신의 영혼을 느껴보라.

당신은 이제 영혼과 친해져야 한다. 게리 주커브Gary Zukav가 《영혼의 자리》에서 말했듯, 내면의 진정한 의도를 세우고, 성격과 영혼의 목적을 일치시킬 줄 알게 되면, 마침내 '진정한 힘'을 얻게 된다. 그건 결코 빼앗길 수 없는 힘이다. 당신의 영혼에서 나오는, 진짜 힘이다.

이제 다음 기회를 창조할 시간이다. 당신의 영혼을 가장 높은 수준으로 이끌기 위해. 이건 당신이 해야 할 일이다. 내가 믿기로 세상이 당신에게 준 재능은 세상을 위해 쓰라고 준 선물이다. 이제 당신에게는 올라갈 기회가 있다. 당신이 겪은 고통과 트라우마는 다른 사람을 치유하는 데 쓰일 수 있다. 지금이 바로 힘과 영감을 받아야 할 순간이다.

오늘은 당신 인생 최고의 협상을 시작하기에 딱 좋은 날이다

내 콘텐츠를 꾸준히 봐온 사람이라면 내가 매 영상, 매 팟캐스트에서 이 말을 반복하는 걸 들었을 거다. "지금 이 순간, 당신의 여정 어디쯤에 있든 바로 지금이 출발점입니다." 지금이 바로 그 출발점이다. 절대 늦지 않았다. 이제 당신 인생의 다음 단계가 무엇인지 알아봐야 할 때다.

이제는 삶의 '핵심 과목'에 집중할 때다. 부수적인 것들에 에너지 낭비할 시간이 없다. 진짜로 중요한 것, 당신의 삶에서 가장 의미 있는 것에 집중해야 한다. 어떤 이들은 이것을 인생의 '핵심 F'라고 부른다. 순서와 상관없이 소개하자면 이렇다.

- 가족Family
- 믿음Faith
- 재정Finances
- 친구Friends
- 즐거움Fun
- 건강Fitness

나는 여기에 한 가지를 더 추가하곤 한다. F 발음은 나지만 'Ph'로 시작하는 단어. 바로 자선Philanthropy이다.

이제 펜과 종이를 꺼내서, 위의 각 영역별로 당신의 가장 이상적인 모습이 어떤지 구체적으로 써보라. 아주 상세하게. 나도 이걸 해봤는데, 실제로 엄청난 끌어당김의 힘이 있었다. 자, 이제 다음 질문들을 참고해서 생각해보자.

가족

- 가족 구성원 각각과의 관계는 어떤가?
- 당신의 일상은 어떤 모습인가?

믿음

- 당신이 신, 우주, 사랑 등 '더 큰 존재'라고 믿는 대상과 어떤 관계를 맺고 있는가?
- 당신은 어떤 방식으로 명상하고 있는가?

재정

- 당신의 재정 상황은 어떤가?
- 정기적으로 얼마를 저축하고 있나? 어떻게 투자하고 있나?
- 어떤 옷을 입고 다니나?
- 어디에서 살고 있나?

즐거움

- 당신은 무엇을 즐기며 살고 있나?
- 당신은 자신에 대해 어떤 감정을 품고 있나?

친구

- 당신의 가장 친한 친구는 누구인가?

- 사람들이 당신 곁에 있을 때 어떤 기분을 느끼나?

건강

- 스스로를 돌보기 위해 어떤 일을 하고 있나?

- 당신은 어떤 루틴으로 몸을 관리하나?

- 당신의 몸은 어떤 모습인가? 몸무게는 얼마나 나가나?

자선

- 다른 사람을 돕는 일에 얼마를 기부하고 있나?

이 질문들은 단지 출발점일 뿐이다. 당신이 원하는 만큼 더 추가해도 좋다. 이제 이걸 다 썼다면, 각 영역별로 '이상적인 자신'이 되기 위한 실행 계획을 세워야 한다. 예를 들어, 1년 후 어디에 도달해 있을지를 먼저 정하고, 그걸 월 단위, 일 단위로 쪼개보라. 이 파트에서는 파트 5에서 배운 '비전 선언문' 만드는 방법을 다시 활용할 수 있다. 반드시 위에 나온 모든 항목이 다 포함되도록 하라.

이게 바로 당신 인생 최고의 협상을 하는 법이다. 이 과정을 통해 당신은 다시 온전하고 충만한 감정을 느끼게 될 것이다. 기억나는가? 책 초반에 사람들이 "나는 이렇게 느끼고 싶다"라고 말했던 바로 그 감정 말이다. 당신이 그 나르시시스트를 이겨냈다면, 이제 어떤 것이라도 이겨낼 수 있다.

안전 이별 공식을 적용해 마침내 벗어날 수 있었던 사람들의 후기를 소개한다.

"드디어 도망칠 힘이 생겼고, 다시는 뒤돌아보지 않았어요! 며칠 전엔 그 사람의 이름조차 거의 잊을 뻔했다니까요."

— 데비

"지금 기분이 정말 좋아요. 정말로요. 이런 느낌, 정말 오랜만이에요. 이젠 알겠어요. 내가 이 세상에 있는 건 분명한 이유가 있다는 걸요. 누군가에게 도움이 되는 삶을 살라고, 더 의미 있는 일을 하라고 존재하는 거라는 사실을요. 이건 제 인생을 완전히 바꿔놨어요."

— 니콜

"예전엔 내가 이렇게 달라질 줄은 정말 상상도 못 했어요. 안전 이별의 마지막인 '당신'에 집중하는 게 가장 중요하더라고요. 쉽진 않겠지만, 그 과정을 지나고 나면, 모든 게 달라져요. 안전 이별 공식은 정말 효과 있어요. 삶이 완전 엉망이었거든요. 근데 그 모든 걸 아주 단순하게 정리해주는 틀이 있었고, 그게 제 새 인생의 출발점이 됐어요. 쉬운 길은 없어요. 하지만 그 길을 통해 내 힘을 되찾을 수 있다면, 정말 그만한 가치가 있어요. 당신도 해낼 수 있어요."

- 치코디

"매일매일 마음이 가볍고 기쁨이 느껴져요."

- 라이언

"빅터 프랭클Viktor Frankl이 이런 말을 했어요. '고통은 의미를 발견하는 순간 고통이기를 멈춘다.' 나는 매일 악마 취급을 받았어요. 안전 이별 공식을 통해서 그 모든 행동 패턴을 자각하고 나니까, 모든 게 완벽하게 이해됐어요. 정말 큰 안도감이었죠. 그러고 나서 모든 게 아주 부드럽게 풀려나갔어요. 법적 절차도 모두 마무리했어요. 내가 겪은 일을 의미 있게 만드는 방법은, 이제 다른 사람을 돕는 거예요."

- 크리스천

"이혼 협상에서 나르시시스트를 상대로 성공적인 협상을 이끌어냈어요. 근데 더 놀라운 일은 그다음에 벌어졌어요. 협상이 끝나자 내 안의 두려움이 사라졌어요. 단지 그 사람에 대한 두려움뿐만 아니라, 인생 전반에 걸친 불안이 사라진 거예요. 지금은 제 인생 전체에 더 자신감 있고, 힘이 생긴 느낌이에요. 정말 기적 같은 변화예요."

– 매릴린

나는 이런 후기를 수천 개나 가지고 있다. 전 세계의 수많은 사람들이 보내왔다. 이건 그중 일부일 뿐이다. 왜냐하면 당신도 이렇게 느끼게 될 거니까. 하지만 그렇게 되기 위해선, 그곳까지 가기 위한 '단계'를 직접 밟아야 한다.

중국 속담에 이런 말이 있다. "천 리 길도 한 걸음부터." 맞다. 막막하게 느껴질 수도 있다. 하지만 당신도 할 수 있다. 잭 콘필드Jack Kornfield는 《붓다의 가르침》에서 이렇게 말했다. "문제는, 당신에게 시간이 있다고 착각한다는 것이다."

'언젠가'는 절대 오지 않는다. '언젠가'는 그냥 안일한 생각의 습관일 뿐이다. 그게 당신을 계속 미루게 만든다. 이제 행동하는 습관을 만들어라. 계획을 세우고, 직접 실천하라. 작은 걸음부터 시작해도 좋다. 그것만으로도 당신은 자기 자신에 대해 훨씬 더 호감을 느끼게 된다.

스스로 한 약속이야말로 가장 중요하다. 당신 자신에게 한 약속은 반드시 지켜야 한다. 그 순간부터 모든 것이 달라진다.

진정성을 지키는 것, 그게 바로 나를 진짜로 사랑하는 방법이다. 진정성 없이는 어떤 것도 제대로 작동하지 않는다. 진정성은 모든 관계의 기반이고 중심이다. 건물도 기초가 튼튼해야 한다. 기초에 금이 가면, 사람들은 그 기반이 무너졌다고 말한다. 당신 자신에게 한 말도 그 정도로 중요하게 여겨야 한다.

아침마다 침대를 정리하겠다고 스스로 약속했다면 호텔에 있어도, 청소 서비스가 오더라도 무조건 스스로 침대를 정리하라. 자기 자신과의 약속을 지키는 것이니까. 그건 단순한 행동이 아니라 에너지고, 카르마고, 약속이다.

작은 약속을 지킬 수 있다면 큰일도 반드시 해낼 수 있다. 그렇게 하나하나 쌓이다 보면 '나는 가치 있는 존재야', '나는 소중해' 같은 확신이 생긴다. 그리고 세상도 당신을 그렇게 대하기 시작한다. 세상이 당신 앞에 전혀 다른 모습으로 나타나게 될 것이다.

하루만이라도 시도해보라. 그다음엔 이틀, 사흘, 그리고 1년을 그렇게 살아봐라. 당신의 인생이 달라지는 걸 직접 보게 될 것이다. 잊지 마라. 당신의 가치는 당신이 직접 만들어가는 것이다. 당신에게는 힘이 있다. 그 힘은 늘 당신 안에 있었다. 당신이 스스로 승자라고 믿는 순간, 당신은 진짜 승자가 된다. 그게 진짜 안전 이별이다. 안전 이별 공식의 마지막, 결정적인 요소인 '별'. 그건 바로 별것 아닌 것처럼 털어내고 결국 이길 당신의 모습이다.

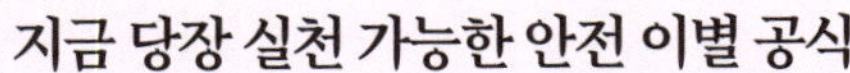

지금 당장 실천 가능한 안전 이별 공식

1. 삶의 핵심 과목에 집중하라. 사소한 것에 에너지 낭비하지 마라.

- 가족
- 믿음
- 재정
- 친구
- 즐거움
- 건강
- 자선

위 항목별로, 당신 삶의 '가장 이상적인 모습'을 아주 구체적으로 적어보라. 최고의 자신을 그려내라.

2. 그다음엔 비전 선언문을 작성하라(파트 5에서 배운 방식대로). 각 항목에 대해, 원하는 결과를 어떻게 이룰지 구체적으로 적어라. 예를 들어 1년 뒤의 모습을 정한 다음, 그걸 월 단위, 일 단위로 나눠라. 모든 항목을 빠짐없이 작성하라.

3. 안전 이별에 성공한 지금의 기분을 적어보라. 지금 당신 삶은 어떻게 달라졌는가? 당신은 어떤 사람으로 바뀌었는가?

오늘의 주문

나는 나의 미래가 밝다는 걸 안다. 나는 그걸 누릴 자격이 있다.
그리고 그 미래를 즐길 준비가 되어 있다.
(혹은 당신 마음에 와닿는 문장을 직접 만들어보라)

이제 나르시시스트를 끊어내기로 했다

축하한다. 이 책을 다 읽었을 것이다. 하지만 이제 어떻게 해야 할까? 어디서부터 다시 시작해야 할지 막막할 수도 있다.

책 서두에서 약속했듯 이 여정을 함께할 거라고 했고, 그 약속은 진심이다. 가장 힘든 순간은 혼자서 모든 걸 해내려 할 때다. 마치 고속도로 옆 갓길에 쓰러져 있는 것처럼 느껴질 수도 있다. 나르시시스트라는 독수리에게 감정적 공급을 모조리 뜯기고 나면, 그런 사람과 계속 협상을 반복한다는 생각만으로도 숨이 막힐 수 있다.

이 책을 읽은 건 아주 훌륭한 출발이다. 이제 나르시시스트가 어떻게 사고하고, 어떻게 타깃을 길들이는지 알게 되었을 것이다. 그리고 안전 이별 공식과 전략 도구들도 손에 넣었다. 무엇보다, 권력 구도를 바꾸기 위한 3단계도 이해하게 되었다. 1단계는 '도망치지 않기', 2단계는 '방향 전환하기', 그리고 3단계는 '결정적으로 벗어나기'다. 이제는 반대 방향으로 힘차게 나아갈 차례다.

하지만 실제로 삶에 의미 있는 변화가 일어나려면, 가장 중요한 건

'실행'이다. 이 실행이야말로 모든 차이를 만들어낸다. 그런데 나르시시스트와의 관계에서 겪은 경험들을 생각하면, 실행을 해내기 위해서는 반드시 외부의 지지가 필요하다.

내 사명은 이 지구상에서 가능한 한 많은 사람들이 해로운 관계에서 벗어나, 자기 인생의 주도권을 되찾고 최고의 삶을 살아가도록 돕는 것이다. 그리고 한 가지 확실한 건, 우리가 이렇게 만난 건 우연이 아니라는 점이다. 웨인 다이어는 "우연은 없다"라고 말했다. 이 모든 만남은 다 의미가 있다. 당신 인생의 중요한 전환점에 함께할 수 있어 내게도 큰 영광이었다.

진흙탕 속에서 피어오르는 연꽃처럼, 당신이 완전한 모습으로 피어나기를 진심으로 응원한다. 언젠가 직접 만나, 당신이 이겨낸 이야기를 들을 수 있기를 바란다.

진심 어린 감사의 마음을 담아

레베카 정 *Rebecca Zung*

나르시시스트와 협상하고 이기는
'안전 이별 공식' 요약

안전 이별 핵심 개요

- **안**은 안전 이별을 위한 전략Strategy을 뜻한다. 여기에서 당신은 '초강력 전략'을 세운다. 협상의 전 과정에서 기초이자 내비게이션 역할을 하게 될 전략이다. 목표를 명확히 설정한 다음, 그에 맞는 비전과 실행 계획을 수립하는 단계다.

- **전**은 전황을 뒤집을 협상 카드Leverage를 뜻한다. 나르시시스트가 평화로운 합의에 이르고 싶어지도록 동기를 부여하고, 압박하고, 유인하는 전략을 세우는 부분이다. 핵심은 그들이 어떻게 작동하는지 이해하는 것이다. 나르시시스트는 일반적인 사람처럼 생각하지 않는다. 따라서 그들과 협상하려면 전혀 다른 방식이 필요하다. 전략을 제대로 세우고, 적절한 협상 카드를 손에 넣으면 오히려 나르시시스트 쪽에서 협상에 매달리게 만들 수 있다.

- **이**는 이면까지 꿰뚫는 상황 예측Anticipate을 뜻한다. 이 단계에서는 나르시시스트의 반응, 주장, 동기를 미리 읽고 두 발 앞서 대비한다.

- **별**은 별것 아닌 것처럼 털어내는 당신과 당신의 입장You and Your position을 의미한다. 이 파트는 크게 두 부분으로 나뉜다. 첫째는 공격적으로 사고하는 '전략적 측면'이며, 둘째는 자신의 믿음을 강화하는 '마인드셋 전환'이다. 반드시 이길 수 있다는 확신을 갖는 것이 핵심이다.

나르시시스트의 특징

- 나르시시스트는 유년기에 겪은 복잡한 트라우마로 인해 변형된 변연계(감정 중추)를 갖고 있다. 그래서 일반적인 사람들과는 전혀 다른 방식으로 사고하고 반응한다. 이들과의 소통이나 협상에서는 관점을 바꾸는 것이 절대적으로 중요하다.

- 또한 나르시시스트의 타깃이 된 사람들은 그 자체로 이미 큰 상처를 입은 경우가 많다. 나르시시스트는 타깃을 불안정하게 만들고, 지배하는 다양한 수법과 도구를 사용하기 때문이다.

- 단지 일반 대중뿐 아니라, 법률가, 판사, 법원 종사자, 조직 관리자, 기업 임원, 의료진, 교사, 종교인, 심지어 일부 정신 건강 전문가들에게도 이 문제를 교육할 필요가 있다. 일반적인 사람들은 협상 과정에서 진짜 합의를 목표로 삼지만, 나르시시스트 성향을 가진 사람들은 상대를 무너뜨리는 데 집중하며 협상을 망치기도 한다. 이들은 자신에게 필요한 공급이 끊기는 것을 원치 않기 때문에 합의를 바라지 않는다.

- 전문가들은 전 세계 인구 중 최대 15%가 자기애성 성격장애를 갖고

있거나, 그 특성을 일부 가지고 있거나, 또는 공감 능력이 결여된 반
사회성 성격장애를 갖고 있다고 추산한다. 현재 전 세계 인구는 약
80억 명이며, 미국 인구는 약 3억 4,000만 명이다. 전 세계 15%의
사람들이 살아가며 단 3명씩만 정서적 학대를 한다고 가정해도, 약
36억 명이 해로운 유형의 사람들에게 피해를 입게 되는 셈이다. 미
국만 따져도 1억 5,000만 명이 이에 해당한다. 그래서 이런 일이 누
구에게나 일어나는 것처럼 느껴지는 것이다.

나르시시스트의 동력, 자기애적 공급

- 우리는 그동안 나르시시스트와의 협상이나 소통을 완전히 잘못된
  방식으로 시도해왔다. 일반적인 협상법이 이들에게는 전혀 통하지
  않는다. 나르시시스트는 오직 하나, '자기애적 공급Narcissistic Supply'만을
  동기로 움직인다. 이게 바로 게임의 룰을 바꿀 열쇠다. 공급이란 나
  르시시스트의 자아를 부풀려주는 모든 것이다.

- 자기애적 공급에는 위계가 존재한다. 그중에서도 가장 강력한 '다이
  아몬드급 자기애적 공급Diamond Level Narcissistic Supply'은 이들이 세상에 어떻
  게 비치는지를 말한다. 다이아몬드급 공급은 최고 등급의 공급이다.
  나르시시스트는 이것을 지키기 위해 어떤 대가라도 감수한다. 명예,
  사회적 평판, 화려한 커리어, 대단한 인맥, 눈부신 성과, 거대한 재
  산 같은 것들이 이에 해당한다.

- 두 번째 공급원은 내가 '석탄급 자기애적 공급Coal Level Narcissistic Supply'이라

부르는 것이다. 이건 그들의 이면, 어두운 본성에 가깝다. 상대를 비하하거나 일부러 자극하는 행동이 여기에 속한다. 중요하긴 하지만, 막다른 상황에 몰리면 석탄급 공급은 포기할 수 있다. 다이아몬드급 공급을 지키기 위해서라면 말이다.

- 나르시시스트와의 협상에서 가장 큰 오해는 이것이다. 대부분의 사람이 이렇게 믿는다. 지독한 나르시시스트는 단지 이기고 싶을 뿐이라고. 그건 완전히 틀린 생각이다. 이건 다이아몬드급 공급만 보고 하는 오해다. 석탄급 공급의 존재는 완전히 무시되기 일쑤다. 물론 이기고 싶어 한다. 하지만 그보다 더 중요한 건, 당신이 괴로워하는 모습을 즐긴다는 것이다.

- 그들은 이기고 싶어 하지만, 동시에 조종하고, 자극하고, 곤란하게 만들고, 그냥 당신 삶을 엉망으로 만드는 것도 즐긴다. 당신을 괴롭히는 것 자체가 공급이다. 그러니 '정상적인 방식'으로는 절대 협상할 수 없다. 평화로운 해결을 목표로 한 협상법은 이들과는 통하지 않는다. 그들은 두 가지 공급 모두를 원하기 때문이다.

- 나르시시스트는 절대 자기 공급원을 스스로 포기하지 않는다.

협상 카드를 어떻게 활용할까

- 협상 카드의 핵심은, 그들이 집착하는 다이아몬드급 공급이 석탄급 공급보다 더 소중하다는 점을 이용하는 것이다. 협상 과정에서 그들에게 이런 메시지를 주는 거다. "이거 계속하면 네가 목숨처럼 지키

는 다이아몬드급 공급이 위험해질 수도 있어." 자기 평판이나 사회적 위신이 위협받는다고 느끼는 순간, 그들은 태도를 바꾼다.

- 하지만 전술적으로는 그 위협을 실제로 실행에 옮기지 않고 자제해야 한다. 실행하는 순간, 협상 카드는 사라지기 때문이다. 이 전략은 언제나 통한다. 이게 바로, 조종자를 윤리적으로 조종하는 방식이다.

권력 구도를 바꾸는 3단계

- **1단계: 도망치지 않기**

이건 나르시시스트에게 길들여진 반응을 끊는 단계다. 피하려는 습관, 뒤로 빠지던 행동을 멈추는 것이다.

- **2단계: 방향 전환하기**

돌아서야 한다. 그리고 협상 전략을 세워야 한다. 이 단계부터 권력의 판도가 바뀌고 협상 카드를 만들 수 있다.

- **3단계: 결정적으로 벗어나기**

이젠 앞으로 나아가야 한다. 당신의 제안을 꺼내고, 입을 열어야 한다. 바로 이 시기에 당신은 천천히, 그러나 확실히 자기 자신을 되찾고, 본래의 힘을 회복하게 된다. 그 힘은 언제나 당신 안에 있었다.

- 상대가 어떤 유형의 나르시시스트인지 알게 되면, 그들의 행동을 예측할 수 있다. 그리고 항상 두 수 앞서 대응할 수 있다.

- 항상 공격적인 입장에서 접근하라. 상대의 반응에 휘둘리지 말고,

당신의 전략에 집중하라.

협상 가능한 것들

- 계약 사항은 협상할 수 있다. 쟁점과 조건도 협상할 수 있다. 어떤 주제든 협상은 가능하다.

협상 불가능한 것들

- 당신의 가치는 협상의 대상이 아니다. 당신의 자존심은 협상의 대상이 아니다. 당신 자체는 협상의 대상이 아니다.
- 당신은 반드시, 진심으로, 자신이 이길 수 있다고 믿어야 한다. 당신의 가치는 오직 당신이 결정한다.

- 사람들은 당신이 어떻게 행동하느냐에 따라 당신을 판단한다.
- 그들과 법정에서 진짜 재판을 하든, 일상에서 인생의 재판을 치르든, 결국 우리의 본모습은 고난 속에서 드러난다. 나르시시스트는 당신이 극복할 수 있는 시련의 상징일 뿐이다.
- 당신의 영혼은 알고 있다. 당신은 더 큰 삶을 위해 태어났다는 걸. 나르시시스트를 이겨낸다면, 그 어떤 것도 이겨낼 수 있다.
- 이제 다음 기회를 만들 차례다. 당신의 영혼이 가장 빛날 수 있는 길을 택하라.
  - 오늘은 당신 인생 최고의 협상을 시작하기 딱 좋은 날이다.

X와의 안전 이별

초판 1쇄　2026년 5월 11일

지은이　레베카 정
옮긴이　고영훈
펴낸이　허연
편집장　유승현

책임편집　민경연
편집부　정혜재 김동준 고병찬 이예슬 장현송
마케팅　한동우 박소라 김영관
경영지원　김정희 오나리
디자인　김보현 한사랑

펴낸곳　매경출판㈜
등록　2003년 4월 24일(No. 2-3759)
주소　(04557) 서울시 중구 충무로 2(필동1가) 매일경제 별관 2층 매경출판㈜
홈페이지　mkbook.mk.co.kr　　**스마트스토어**　smartstore.naver.com/mkpublish
페이스북　@maekyungpublishing　　**인스타그램**　@mkpublishing
전화　02)2000-2611(기획편집) 02)2000-2646(마케팅) 02)2000-2606(구입 문의)
팩스　02)2000-2609　**이메일**　publish@mkpublish.co.kr
인쇄·제본　㈜M-print　031)8071-0961
ISBN　979-11-6484-879-9(03190)